本书为教育部产学合作协同育人项目 2024 年度第一批"研究生翻译能力校企合作培养实践研究"（课题编号：230906342205528）的部分研究成果

翻译硕士专业学位（MTI）教育教学研究与实践

初胜华◎著

燕山大学出版社
·秦皇岛·

图书在版编目（CIP）数据

翻译硕士专业学位（MTI）教育教学研究与实践 ／ 初胜华著. -- 秦皇岛：燕山大学出版社，2025. 6.
ISBN 978-7-5761-0828-6

Ⅰ．H315.9

中国国家版本馆CIP数据核字第2025A82E77号

翻译硕士专业学位（MTI）教育教学研究与实践
FANYI SHUOSHI ZHUANYE XUEWEI (MTI) JIAOYU JIAOXUE YANJIU YU SHIJIAN

初胜华 著

出 版 人：陈　玉	
责任编辑：张　蕊	策划编辑：张　蕊
责任印制：吴　波	封面设计：刘馨泽
出版发行：燕山大学出版社	电　　话：0335-8387555
地　　址：河北省秦皇岛市河北大街西段 438 号	邮政编码：066004
印　　刷：涿州市般润文化传播有限公司	经　　销：全国新华书店
开　　本：710 mm×1000 mm　　1/16	印　　张：19.75
版　　次：2025 年 6 月第 1 版	印　　次：2025 年 6 月第 1 次印刷
书　　号：ISBN 978-7-5761-0828-6	字　　数：307 千字
定　　价：96.00 元	

版权所有　侵权必究

如发生印刷、装订质量问题，读者可与出版社联系调换

联系电话：0335-8387718

序

全球化的深化对翻译的需求日益增长,翻译在国际交流中扮演着关键角色。如何培养符合我国新时代经济发展需求的高层次、应用型、专业化翻译人才,是我国外语教育领域亟待解决的重要问题。《翻译硕士专业学位(MTI)教育教学研究与实践》一书,旨在深入探讨这一课题,为我国翻译硕士专业学位(master of translation and interpreting,MTI)教育教学的创新改革和发展提供理论支撑和实践指导。

本书作者初胜华,凭借其在英语教学领域的丰富经验,以及对 MTI 翻译教学的长期研究,对 MTI 教育教学进行了深入探讨。本书系统回顾了 MTI 教育的发展历程,全面分析了 MTI 学位设立的宏观背景与意义、核心理念与目标定位,为理解 MTI 学位教育的本质与使命提供了清晰的框架。尤为重要的是,本书对 MTI 教育的核心问题及现状进行了深入分析,采用实证研究方法总结了 MTI 教育教学中存在的问题与挑战。书中揭示了 MTI 教育在培养目标、课程设置、教学方法、实践基地、师资力量等方面的不足,并为后续改革与创新提供了依据。

本书在对 MTI 教育教学问题进行分析的同时,提出了一系列具有前瞻性和可操作性的解决方案。特别是在 MTI 教学模式创新方面,建议引入现代教育理念和现代信息技术,如"互联网+"、翻转课堂、项目式学习、翻译工作坊及同伴反馈等,以创新和改革 MTI 翻译教学。这些措施和方法能有效提升学生的学习兴趣和自主学习能力，通过模拟真实翻译场景、强化实践训练，提高学生的翻译实践能力和职业素养，展现 MTI 教育的创新特色，丰富其教学方法，为提高教学质量和效果提供新思路。此外，本书也对 MTI 师资培养问题给予了深入关注，提出加强校企合作、建立"双师型"教师队伍、构建非正式网络学习共同体并开展定期培训与研讨等策略，以丰富和提升 MTI 教师的翻译实践经验和教学能力。

在研究方法上，本书以严谨和创新为原则，以实证实验法为主要研究方法，通过问卷调查、访谈、教学实验和数据分析等多种方法收集并分析了真实的第一手数据，并进行了严谨的数据分析，确保了研究结果的科学性和可信度。这种基于数据和实验的研究方法，为研究结论和发现提供了有力的支持，为 MTI 教育政策制定者提供了决策依据，也为其他研究者提供了可借鉴的研究路径。

总体而言，本书是一部集理论研究与教学实践于一体的作品，为 MTI 教育教学的改革和发展提供了理论支持，也为 MTI 翻译教育工作者提供了操作指南。本书的出版将对我国 MTI 教育的健康发展产生积极影响，并助力我国翻译人才培养质量和国际竞争力的提升。作为从事外语教育研究的教育工作者，我认为本书在翻译教学研究、MTI 教育研究等方面具有价值和意义。本书深化了我们对 MTI 教育的理解，并探索了未来 MTI 教育教学改革与创新的途径和方向。本书的出版将对 MTI 教育的发展产生积极推动作用，为培养高素质、应用型的翻译人才贡献智慧和力量。

在此，谨对本书作者的付出和努力表示感谢，并期待更多学者和教师投身于 MTI 教育教学的研究与实践，共同推动我国职业翻译教育教学研究和实践的繁荣与进步。

王林海
2024 年 10 月 15 日

前　言

在全球化持续推进和我国经济社会稳步发展的背景下，中国与其他国家之间的交流与合作愈发频繁和紧密。在这一背景下，翻译作为沟通语言和文化的重要工具，其战略重要性不断增强，成为连接不同文明、促进国际理解与合作的关键纽带。然而，翻译行业对高层次、应用型、专业化翻译人才的需求仍未得到充分满足，高水平翻译人才的短缺已成为制约我国对外交流与合作深化的显著障碍。尤其是在科技、法律、医学等专业领域，对高层次、应用导向型翻译人才的需求更是持续增长。而这些领域的翻译工作往往要求译者不仅具备深厚的语言功底，还要精通专业知识，能够准确、流畅地在不同文化背景下传递信息。翻译硕士专业学位（MTI）教育，自设立之初便受到国家的重视，旨在通过系统的专业训练，培养精通翻译技能并具备较高职业素养的翻译人才，满足国家对外开放和文化传播的战略需求。在政府的强力支持与学术界的大力关注下，MTI教育在理论与实践探索中取得了显著成就，为我国翻译事业的繁荣发展注入了新的活力。MTI已经成为我国培养高层次、应用型、专业化翻译人才的主阵地。近年来，MTI教育实现了快速发展，但同时也暴露出诸多问题与挑战。一方面，教学内容与市场需求之间存在一定程度的脱节，导致部分毕业生难以迅速适应实际工作环境；另一方面，教学方法的滞后与创新能力的不足，也在一定程度上制约了MTI教育质量的进一步提升。此外，师资力量的薄弱、实践教学资源的匮乏等问题，同样成为制约 MTI 教育发展的瓶颈。MTI 毕业生尚未得到市场的充分认可和接纳，我国高水平翻译人才短缺的问题并未得到有效解决，在一定程度上也制约了我国经济社会和全球化的发展。

本书的创作正是在对 MTI 教育诸多问题的深刻反思与前瞻思考基础上进行的研究与实践。作为在英语教学领域深耕二十余载、近十年专注于 MTI 翻译教学的教育工作者，作者深刻认识到 MTI 教育在国家发展战略中的重要性，同时也对其发展过程中的困境与挑战有着切身的体会。正是这些亲身经历与深切感悟，促使我决定撰写此书，旨在通过全面分析和深入探索 MTI 翻译教学，为我国翻译教育事业的发展作出贡献。

本书采用自下而上的研究路径，从 MTI 教学实践出发，结合"研究—实践—再研究—再实践"的循环迭代思路，对 MTI 翻译教学的课程设置、教学方法、师资队伍、实践教学、教师专业发展、实习基地建设等多个层面进行深入剖析与反思。同时，借鉴国内外先进的教育理念与实践经验，提出针对性的改进策略与建议，并进行实证研究，以期为 MTI 教育的优化与提升提供有价值的参考与借鉴。本书共设置八章，第一章作为研究背景，主要介绍了 MTI 设立的背景、可行性、必要性、学位特点、办学意义等内容，同时梳理了 MTI 教育的现状及存在的问题，为后续章节的讨论提供背景信息参考、问题导向和目标趋向。第二章对 MTI 和外国语言文学硕士学位（MA）在办学定位、办学理念、教学设置等方面进行了深入的辩证性对比分析，目的在于明确 MTI 实践教学应该遵循的特色办学理念和思路，为 MTI 教学提供理论支撑和原则导向。第三章对 MTI 学生应掌握的翻译能力及其影响因素进行了剖析，界定了 MTI 学生应该具备哪些翻译能力和翻译职业素养，存在哪些影响翻译能力和素养发展的主、客观因素，并据此提出宏观的应对策略和微观的改进措施，为后续章节的理论与实证研究奠定了基础，使本书能够集中探讨 MTI 翻译教学实践的各个方面的现实问题。第四章基于当前 MTI 教育存在的主要问题，将现代信息技术、翻转课堂教学理念等深度融入翻译课堂教学实践，探讨了翻转课堂在 MTI 翻译教学中应用的原则和方法。在此基础上，本书分别构建了专门针对 MTI 学生笔译能力和口译能力的翻转课堂教学模式。通过教学实验检验这些教学模式的有效性、效率和可行性，分析了翻转课堂应用于 MTI 教学所面临的实际挑战，并据此提出了针对性的应对策略。本章为翻转课堂在 MTI 翻译教学中的实践应用提供了理论基础和实践参考，具有一定的借鉴作用。第五章和第六章分别研究了翻译工作坊教学模式和同伴反馈教学模式在 MTI 教学中的设计与应用，从 MTI 学生的角度探讨了翻译工作坊和翻译同伴评价在翻译教学中应用的实际效果和可行性，辩证地分析了二者的实际价值和具体的实施困难。第七章从 MTI 翻译教师的角度探讨了外语教师和行业指导教师在 MTI 翻译教学中存在的不足和困难，进而设计了翻译教师网络学习共同体组织，帮助 MTI 翻译教师提高翻译教学、研究和实践能力，促进其专业发展，为解决 MTI 翻译师资不足提供参考。第八章则以燕山大学 MTI 实习基地建设为例，探讨了理工科院校 MTI 实习基地建设的原则、方法、重点等内容。本书不仅全面回顾了 MTI 设立的背景与意义，还深入分析了 MTI 教育的现状与挑战，并提出了一系列切实可行的改革方案与创新策略。这些研究内容为推动我国 MTI 教育的持续健康发展提供了有力的理论支撑与实践指导。展望未来，我们期待 MTI 教育能够不断创新与发展，为培养更多高素质、专业化的翻译人才贡献更大的力量，也为我国的对外交流与合作提供更加坚实的支撑。

本书的研究特色主要体现在，首先，研究具有系统性，体现在对 MTI 教育的全面且深入的剖析上。本书不仅追溯了 MTI 设立的宏观背景，深入分析了经济全球化加速与国际交流日益频繁对翻译行业的深刻影响，以及由此产生的对高层次、应用型翻译人才的迫切需求；而且详尽地阐述了 MTI 教育的核心培养目标，即致力于培养出既具备扎实的双语或多语语言基础，又精通翻译实务，能够适应多样化翻译需求的专业翻译人才。在此基础上，本书系统性地探讨了 MTI 教育的关键要素，包括如何使课程设置紧密对接行业需求，确保教学内容与职业实践的无缝衔接；如何创新教学模式，以促进学生翻译理论与实践能力的均衡发展，避免理论与实践的脱节；以及如何优化配置师资力量，提升教学质量，确保教育资源的高效利用。此外，本书还深入分析了实践教学在 MTI 教育中的独特价值及其实现路径，强调了实践教学对于培养学生翻译实操能力和职业素养的重要性，有助于我们全面了解 MTI 教育的现状和问题，为后续的改革与发展提供坚实的理论基础和实践指导。其次，研究具有实践性。鉴于 MTI 教育的本质在于培养应用型翻译人才，本书特别注重对学生实践能力的培养。本书通过丰富的案例分析和实证研究，生动地展示了实践教学在 MTI 教育中的核心地位。具体而言，本书详细探讨了如何通过项目式学习、工作坊教学、同伴反馈教学、校企合作等多种教学方式，将真实的翻译任务引入课堂，使学生在模拟或真实的翻译环境中不断磨炼翻译技能、积累翻译经验，从而提升学生的实践能力和职业素养。同时，本书还强调了职业素养的重要性，指出一名优秀的翻译人才不仅需要掌握扎实的翻译技巧，还需具备良好的职业道德、跨文化沟通能力以及团队协作精神等综合素养。这些实践性教学内容的实施，不仅增强了学生的翻译实践能力，也为学生未来步入职场奠定了坚实的基础。再次，研究具有创新性。在充分借鉴国内外先进经验的基础上，本书紧密结合我国 MTI 教育的实际情况，提出了一系列富有创新性的改革建议。例如，针对当前 MTI 教育中存在的课程设置僵化、教学模式单一等问题，本书建议通过引入跨学科课程，拓宽学生的知识视野；加强信息技术在教学中的应用，提升教学技术的现代化水平；推动校企深度合作，实现教育资源与产业资源的优化配置。此外，本书还强调了构建多元化评价体系的重要性，提出应综合运用形成性评价与终结性评价相结合的方式，全面评估学生的翻译能力、职业素养及综合素质，以更全面地反映学生的学习成果和成长过程。这些创新举措不仅有助于突破传统教育模式的束缚，推动 MTI 教育的改革与创新，而且能有效提升 MTI 教育的质量和水平，满足新时代对翻译人才的多样化需求。最后，研究具有实证性。为了确保研究的科学性和严谨性，本书采用了多种实证研究方法收集了大量数据。通过精心设计的问卷调查、深入细致的访谈以及严谨的实验设计，本书收集了大量关于 MTI 教育现状、问题及需求的第一手资料。这些实证数据不仅为验证研究假设提供了有力支持，而且为提出改革建议提供了科学依据。例如，通过对学生翻译能力水平的量化分析，本书揭示了当前 MTI 教育中存在的薄弱环节和亟待改进之处；通过对行业专家和从业者的深入访谈，本书获得了关于 MTI 教育改革的宝贵意见和建议，为改革的实施提供了有益的参考。这些实证数据的运用，不仅增强了研究的说服力和可信度，而且为推动 MTI 教育的持续改进提供了可靠的参考依据和实践指导。

前言

本书在深入探讨 MTI 教育的过程中，虽力求全面、系统且深入地剖析其现状、挑战与未来发展方向，但仍不可避免地存在一些研究上的局限与不足。这是学科发展本身复杂性与动态性的真实反映，它们不仅为未来的研究指明了方向，也体现了学术探索的无限可能。

首先，在数据收集的广泛性和深度方面，尽管我们努力从多角度、多层次收集资料，但受限于时间、资源和地域等因素，部分数据可能未能充分反映 MTI 教育的全貌。例如，部分院校的具体教学实践情况、学生反馈以及行业需求的详细调研，由于实际操作中的种种限制，未能全面纳入分析范畴。这可能导致我们的某些结论在特定情境下具有一定的局限性。其次，在理论框架的构建上，我们虽然借鉴了国内外先进的教育理念与实践经验，但翻译教育的复杂性和多样性意味着任何理论模型都难以完全覆盖所有实际情况。本书提出的改革方案与创新策略，虽力求具有普遍适用性，但在具体实施时仍需结合不同院校、不同地区的实际情况进行调整和优化。再者，在研究方法的应用上，我们采用了定量与定性相结合的研究方法，力求通过严谨的实证研究来支撑我们的结论。然而，任何研究方法都有其固有的局限性，例如样本的代表性、数据的有效性以及分析过程中的主观性等因素，都可能对研究结果产生一定影响。随着全球化进程的加速、信息技术的飞速发展以及教育理念的持续更新，MTI 教育将面临更多的机遇与挑战。我们需要保持敏锐的洞察力，紧跟时代步伐，不断调整和完善教育策略，以适应不断变化的社会需求。

总体而言，本书力求客观地分析翻译硕士专业学位（MTI）教育的现状与挑战，并提出相应的改革方案与创新策略。然而，我们也清醒地认识到研究中存在的不足与局限。期待未来有更多学者参与这一领域的研究，为我国翻译人才的培养贡献更多的智慧与力量。本书在编写过程中难免存在诸多不足之处，欢迎各位专家和读者提出批评和建议。

目 录

第一章 翻译硕士专业学位（MTI）概况及现状 ……………………… 1
第一节 MTI 设置的背景 ………………………………………… 1
第二节 MTI 设置的必要性 ……………………………………… 4
第三节 MTI 教育的特点 ………………………………………… 7
第四节 MTI 培养目标及基本要求 ……………………………… 9
第五节 MTI 设立的意义 ………………………………………… 13
第六节 MTI 教育现状及面临的问题 …………………………… 16
第七节 建议与对策 ……………………………………………… 24

第二章 翻译硕士专业学位教育培养理念和学科定位的辩证性思考 …………………………………………………………………… 34
第一节 MTI 教育的核心问题 …………………………………… 36
第二节 MTI 与 MA 学科理论范畴的共核 ……………………… 38
第三节 MTI 教育应注重培养译者的主体性 …………………… 39
第四节 MTI 教育学科理念的新视角 …………………………… 41

第三章 翻译硕士专业学位学生翻译能力发展研究 ······ 45
第一节 翻译能力发展研究现状 ······ 46
第二节 MTI 学生翻译能力发展研究理论框架 ······ 51
第三节 MTI 学生翻译能力发展研究设计 ······ 56
第四节 MTI 学生翻译能力发展数据分析结果与讨论 ······ 62
第五节 MTI 学生翻译能力发展研究结论 ······ 80
第六节 MTI 学生翻译能力发展研究建议 ······ 82

第四章 翻译硕士专业学位翻转课堂教学模式研究 ······ 86
第一节 MTI 延展式翻转课堂教学模式的理论构建 ······ 87
第二节 MTI 延展式翻转课堂教学模式的实践构建与初步检验 ······ 104
第三节 MTI 延展式翻转课堂教学改革与创新实证研究 ······ 119
第四节 MTI 延展式翻转课堂教学模式面临的挑战及其对策 ······ 166

第五章 基于云计算学习平台的 MTI 翻译工作坊教学模式研究 ······ 183
第一节 云计算学习平台下 MTI 翻译工作坊教学模式研究背景 ······ 183
第二节 云计算学习平台下 MTI 翻译工作坊教学模式构建背景 ······ 185
第三节 云计算学习平台下 MTI 翻译工作坊教学模式的构建 ······ 191
第四节 云计算学习平台下 MTI 翻译工作坊教学模式实验及结果分析 ······ 200

第六章 MTI 翻译同伴反馈教学模式实证研究 ······ 211
第一节 MTI 翻译同伴反馈教学模式研究背景 ······ 211
第二节 MTI 翻译同伴反馈教学流程构建 ······ 213
第三节 MTI 翻译同伴反馈教学实验设计 ······ 217
第四节 MTI 翻译同伴反馈教学实验数据分析 ······ 219
第五节 MTI 翻译同伴反馈教学实验结果与讨论 ······ 224

第七章 基于非正式网络学习共同体的 MTI 教师教学能力发展实证研究 ·········· 233
   第一节 MTI 教师教学能力发展研究背景 ·········· 233
   第二节 非正式教师网络学习共同体 ·········· 236
   第三节 MTI 教师教学能力发展研究理论框架 ·········· 240
   第四节 非正式 MTI 翻译教师网络学习共同体的构建 ·········· 243
   第五节 基于非正式网络学习共同体的 MTI 教师教学能力发展实验及结果分析 ·········· 247

第八章 理工科院校 MTI 实习基地（校企合作）建设研究 ·········· 256
   第一节 MTI 实习基地建设研究背景 ·········· 256
   第二节 理工科院校 MTI 实习基地建设应遵循的原则 ·········· 259
   第三节 理工科院校 MTI 实习基地建设的影响因子及互动关系分析 ·········· 264
   第四节 理工科院校 MTI 实习基地的建设——以燕山大学为例 ·········· 267

参考文献 ·········· 276

后记 ·········· 300

第一章 翻译硕士专业学位（MTI）概况及现状

本章旨在系统分析翻译硕士专业学位（MTI）设置的背景、设置的必要性、教育特点、培养目标及基本要求、设立的意义，以及现状、面临的挑战和不足之处。通过全面阐述，本章力求为读者勾勒出一幅关于 MTI 设立与发展的全景图，以便读者能够深刻理解 MTI 的历史渊源、核心特征、重要地位以及亟待解决的各种问题。

第一节 MTI 设置的背景

随着经济全球化的深入与区域集团化步伐的加速，中国与世界的联动性日益增强，中国正以前所未有的深度与广度融入全球发展格局。伴随经济的蓬勃发展，我国翻译产业迎来了爆发式增长期。据中国翻译协会权威发布的《2022 中国翻译人才发展报告》数据显示，当前国内翻译服务从业者总人数已攀升至 538 万，其中，翻译服务机构及企业的专职翻译人员规模约达 98 万人之众。翻译作为一种增强国家实力的工具，不仅促进了政治与经济交流的顺利开展，而且在塑造国家形象、构建文化认同、推动政治和社会变革等方面扮演了重要角色。在全球化持续推进的背景下，中国未来的国际化进程将进一步深化，中外全方位交流合作将更加紧密，由此催生了国家对应用型翻译人才需求的急剧增长。翻译作为文化传播的关键媒介，在新时代，其核心使命聚焦于服务于国家的战略传播与发展大局，这一使命与当前国家发展的整体战略需求紧密相连、相辅相成。自古以来，翻译活动便是人类社会发展的伴生物，是不同文明间交流互鉴的桥梁，是国家和民族精神文明构建中不可或缺的一环。翻译的本质与功能，在于通过"译入"洞悉异域，借由"译出"展现自我，促进不同语言社群间的有效沟通。此外，翻译工作横跨国家政治、经济、文化等多个维度。当前全球产业分工日益精细化，任何单一个体或机构均难以独立承担全部翻译服务需求。因此，全球语言服务市场对翻译服务的庞大需求与翻译产业的蓬勃发展，为翻译人才的培育带来了前所未有的机遇与挑战。

近数十年来，我国社会经济持续保持高质量发展态势，国际交流与合作日益频繁，各类翻译人才的需求量持续攀升，尤其是高层次翻译人才供不应求的现象尤为凸显。当前，我国在各专业领域的应用型翻译人才数量严重匮乏，且整体质量亟待提升。面对这一前所未有的挑战与机遇并存的局面，传统翻译人才培养模式已难以满足当前经济社会对专业翻译人才的迫切需求，社会对于高水平翻译人才的需求与传统培养模式之间的矛盾日益尖锐。同时，国际组织、政府部门、专业机构、企业及个人对翻译服务的需求各具特色，客户群体的多样性与评判标准的多元化，对高层次专业翻译人才的培养带来了更为严峻的挑战。高层次翻译专门人才供需失衡，无论是数量还是质量上均难以满足语言服务市场的实际需求。在此背景下，如何培养出合格且能适应社会发展需求的应用型翻译人才，已成为我国高等教育外语人才培养领域的重大课题。

自 20 世纪 90 年代以来，全国范围内已有超过 400 所院校开设了翻译相关课程，然而，这些课程普遍存在定位模糊、教学方法陈旧等问题，难以适应当前社会对应用型翻译人才的实际需求。具体而言，问题集中体现在以下三个方面：一是将翻译学习简单视为外语学习的一种辅助手段，忽视了翻译作为社会性、商业性实践活动的本质，无法有效提升学生的翻译技能；二是文学翻译占据主导地位，课程内容多聚焦于经典文学作品，较少涉及实用性文本，难以满足社会经济各产业对不同领域、专业、文体及语域的多元化翻译需求；三是翻译教学过于理论化，偏重于学术知识的传授，而忽视了对学生翻译实践能力与职业素养的培养。这些因素共同导致我国高水平翻译人才的培养未能与社会经济发展的实际需求同步，从而缺少满足时代要求的高端翻译人才。尤为值得关注的是，以外国语言文学或语言学为导向的传统培养方案难以有效对接翻译产业的实际需求，造成了外语类专业毕业生就业难与翻译人才短缺并存的尴尬局面。多数硕士毕业生在就业市场上更倾向于选择实际工作岗位，其专业领域的语言应用能力及综合人文素养成为用人单位关注的焦点。因此，推行具有明确职业导向的专业学位教育及以实践应用为核心的教学模式，已成为我国当前高级翻译人才教育改革的迫切需求。

新中国成立以来，我国外语院校为国家培养了大量优秀的外语人才。然而，掌握外语并不等同于具备合格的翻译能力。特别是当前外语人才的培养模式在教育理念上过于偏重学术性，而对翻译的专业性和应用性重视不足。尽管大学各学科普遍开设外语课程，但其目标并非专注于翻译人才的培养。翻译工作涉及众多专业领域，要求翻译人才具备跨学科的知识结构和专业技能，包括科技、法律、经贸、医疗等多个领域，同时还需具备良好的中文素养。当前，我国正处于工业化、信息化、城镇化、市场化及国际化深入发展的关键阶段，经济结构正处于调整与转型期，职业分化日益细化，社会对高层次应用型翻译人才的需求愈发迫切且多样化。正如国务院前总理温家宝所强调的，我国教育尚需进一步适应经济社会发展的需求，要致力于培养创新型、实用型和复合型人才，加快高层次应用型人才培养的步伐。目前，国内部分高校已开始设立翻译专业并致力于翻译专门人才的培养，但培养单位数量有限，培养规模尚小，且所授学位仍以文学学位为主。如何更有效地培养翻译专门人才，以满足社会对该类人才的迫切需求，已成为亟待解决的问题。

翻译产业的蓬勃发展与翻译人才的短缺现状，直接催生了翻译硕士专业学位的诞生。国务院学位委员会于 2007 年 1 月 23 日召开的第 23 次会议审议并通过了设置 MTI 的决定。MTI 的设置，标志着我国翻译学科发展迈上了一个新的台阶，为我国高层次、应用型专业翻译人才的培养指明了方向，为优化外语类人才培养结构与模式奠定了坚实基础。

在我国经济、文化等各个领域均处于迅猛发展阶段的当下，MTI 的设立为我国培养高水平应用型翻译人才开辟了一条全新的路径，使得培养高级翻译人才成为可能。MTI 教育的实施，不仅契合了《国家中长期教育改革和发展规划纲要（2010—2020 年）》中关于"优化高等教育结构，重点扩大应用型、复合型、技能型人才培养规模，加快发展专业学位研究生教育"的战略部署，也积极响应了教育部《高等学校哲学社会科学"走出去"计划》中"重点培育高水平、专业化翻译团队，加强国际译员和复合型人才培养储备"的号召。此外，MTI 教育对于优化我国外语和翻译学科的学位与研究生教育结构、缓解高层次和应用型专业翻译人才供需矛盾等方面均具有重要意义。

第二节 MTI 设置的必要性

在当今全球化浪潮席卷全球、国际交流日益广泛且深入的时代背景下，MTI 设置的必要性愈发凸显。这一高级学位的设立，不仅精准对接了全球经济一体化进程对具备深厚语言功底、广阔国际视野及高度专业素养翻译人才的迫切需求，还极大地推动了翻译学科从理论到实践、从单一语言技能到跨学科综合能力的全面升级与系统化发展，为我国乃至全球翻译事业的繁荣与进步注入了强劲动力。

一、国家经济发展对高水平翻译人才的需求日益迫切

伴随我国国际地位的提高以及对外文化、经济交流合作的快速发展，对高层次、应用型翻译专门人才的需求日益增长。翻译工作是对外交流和国际交往的重要桥梁和纽带，在我国经济发展和社会进步中的作用日显重要。当前，翻译人才翻译能力不足、翻译素养不高、翻译经验匮乏以及翻译实践能力较弱等，特别是高水平翻译专门人才匮乏的问题依然严峻。而 MTI 的设置

可以在高水平、专业化的实践型翻译人才培养等方面起到关键的强化和保障作用。

二、翻译活动的特殊性，决定了翻译人才培养的特殊性

翻译人才的思维模式与一般外语人才有着明显的差别，需要专门的职业技能培训。专业的翻译从业人员必须具备很高的素质和能力。一是要熟练掌握中外两种语言的语言规律及其相互之间的对应关系，必须具有扎实的语言基础；二是要具备高超的翻译技能；三是随着翻译专业化程度越来越高，从业者不仅要具备很强的语言技能，还必须具备广博的专业知识；四是翻译人员还要具有良好的职业道德和较强的专业研究精神。过去往往把外语专业等同于翻译专业，把外语人才误认为翻译人才，忽视了翻译专业人才的专门性和特殊性，导致培养的翻译人才翻译能力和素养未能得到市场的广泛认可，无法满足我国经济社会对翻译服务的需求。

三、传统的外语人才的培养模式不适合高级翻译人才的培养

现行外语人才的培养模式在教育理念上偏重学术性，忽视了翻译的专业性和应用性。翻译专门人才的培养与传统外语教学在教学目标、教学内容、教学方法和手段等方面存在诸多根本性差异。

传统外语教学的目标主要是培养学生的听、说、读、写、译等基本语言技能。"译"在外语教学中更大程度上是一种语言教学手段，目的是帮助学生理解和掌握外语语言知识，评价学生的外语理解和表达能力，并不是最终的教学目标。翻译教学的目标是培养学生在双语转换能力和跨文化交际能力基础之上的职业翻译技能，侧重于提升学生的翻译实操能力和职业翻译素养。双语/多语语言知识、百科知识、翻译技能训练、翻译职业素养和意识等都是重点培养的内容。外语教学和翻译教学在教学目标上的根本差异必然导致二者在教学内容、教学方法和手段等方面的不同。

外语教学在培养学生语音、语法、词法、句法等方面的语言能力的基础

上，发展其语用能力，包括听、说、读、写、译等，双语/多语转换机制所占比重非常少。翻译教学则主要是训练学生借助语言知识、主题知识和百科知识对原语信息进行逻辑分析，并用另一种语言将原语的信息表达出来的能力。这些能力的培养涉及翻译整个过程所有环节和方法的应用，也涉及语言学、文化学、心理学、语用学和信息技术的使用，是一个体系庞杂的多维学科体系。翻译教学是建立在外语教学成果基础之上的，是对外语教学的拓展、延伸和深化应用。

外语教学的主要目标在于培养学生的综合语言技能，重点关注口语和交际能力的提升，强调听说读写译的均衡发展，但缺乏对跨学科知识的整合。现代翻译工作中，计算机辅助翻译（CAT）工具、语料库建设、机器翻译后编辑（MTPE）已成为标配。但在传统教学中，此类工具的使用训练普遍缺失，导致学生进入职场后需重新学习技术流程。相比之下，翻译教学则更加注重培养学生的翻译技能、跨学科知识和职业素养。它采用理论与实践相结合的教学方法，通过商务翻译、陪同口译、同声传译等实践活动，提高学生的翻译应用能力。在教学过程中，翻译教学不仅注重巩固学生的英语和汉语语法与词汇基础，还强调对中英文化差异的处理，引导学生了解中英文化的差异，提高跨文化交际能力。此外，翻译教学还利用多样化的教学手段，如多媒体、网络资源等，提供丰富的学习资源。同时，它还与实际翻译工作紧密结合，如与翻译公司、企业等建立合作关系，为学生提供实习和实践机会。在翻译教学过程中，教师还注重翻译过程中的思维训练和技巧传授，如译前准备、笔记方法、分析方法、记忆方法、表达方法等，以培养学生的批判性思维和实际操作能力。另外，传统考核侧重语言（如四六级、专八考试）和理论知识（如翻译史、翻译理论），而高级翻译的关键能力（如翻译效率、客户沟通、项目质量控制）无法通过标准化考试衡量。综上所述，传统的外语人才的培养模式已不适合高级翻译人才的培养。

第三节 MTI 教育的特点

在全球化日益加深的今天,翻译不再仅仅是文字的简单转换,它已成为连接不同文化、促进国际交流的桥梁,是推动全球经济、文化、科技等领域深度融合的重要力量。为了适应这一时代需求,MTI 教育应运而生,旨在以其独特的教育理念与培养模式,通过系统的翻译教学和训练,培养能够胜任复杂多变翻译任务的高层次、应用型人才——翻译精英。

一、培养目标:高层次、应用型、专业化翻译人才

MTI 核心培养目标是培养高层次、应用型专门翻译人才。这类人才不仅需要具备扎实的双语或多语能力,能够准确理解并传达原文信息,还需要拥有丰富的翻译实践经验,能够灵活应对各种复杂的翻译场景。此外,他们还应具备良好的职业素养,包括高度的责任心、严谨的工作态度、良好的跨文化沟通能力等,以确保翻译工作的质量和效率。

二、课程设置:理论与实践并重,强化技能训练

MTI 的课程设置充分体现了理论与实践相结合的原则。一方面,课程内容紧密结合翻译行业的实际需求,涵盖了翻译理论、翻译技巧、翻译工具使用等多个方面,旨在为学生构建全面的知识体系;另一方面,课程安排突出口、笔译技能的教学与实践,通过案例分析、模拟演练、实地实习等方式,加强学生的实践操作能力。同时,为了拓宽学生的国际视野,许多 MTI 项目还会引入国际化的教学资源,如聘请外籍教师授课、组织学生参加国际翻译比赛等。

三、实践导向：强化实操能力，提升职业素养

与理论研究型人才培养不同，MTI 教育特别强调学生翻译实操能力的培养。在笔译方面，学生需要掌握各类高级别文字资料、政府文献、专业技术资料的翻译技巧，能够独立完成高质量的译文，并具备承担译审工作的能力。在口译方面，学生则需接受严格的交替传译和同声传译训练，能够胜任各种场合的口译工作，包括大型国际会议、商务谈判、文化交流活动等。此外，MTI 教育还强调培养学生的职业素养，如团队合作精神、时间管理能力、压力应对能力等，以确保学生在未来的职业生涯中能够持续成长和发展。

四、教学模式：多元化教学，促进全面发展

为了提升学生的综合素质和竞争力，MTI 教育普遍实施多元化教学模式。除了传统的课堂讲授外，还会引入案例分析、小组讨论、模拟演练、在线学习等多种教学手段，以激发学生的学习兴趣和主动性。同时，许多 MTI 项目还会与业界合作，建立实习实训基地，为学生提供真实的翻译实践机会。通过与企业、政府机构、翻译公司等单位合作，可以让学生深入了解行业动态，积累实战经验，为未来的职业发展打下坚实的基础。

MTI 教育致力于培养具备扎实专业基础、丰富实践经验和较高职业素养的实践型翻译人才，以满足我国各行业对高质量翻译服务的需求。实践型翻译人才不仅能够胜任传统的翻译工作，还能够运用新技术、新工具提高翻译效率和质量；要鼓励翻译人才积极参与国际交流与合作，为推动全球文化的传播与理解贡献自己的力量。总之，MTI 作为专业学位的一种，其以独特的培养模式和鲜明的特点，在全球化时代展现出了强大的生命力和广阔的发展前景。通过系统的教育训练和实践锻炼，MTI 毕业生将成为能够胜任复杂多变翻译任务的高层次、应用型人才，为推动国际交流与合作、促进全球文化的繁荣与发展作出重要贡献。

第四节　MTI 培养目标及基本要求

全国翻译硕士专业学位教育指导委员会在其官方文件中明确指出，翻译硕士专业学位教育的根本目标在于培养德智体全面发展、具有深厚人文素养和广泛知识视野、满足世界经济一体化趋势和国家提升国际竞争力的战略需求的高层次、应用型口笔译专业人才。这一教育宗旨深刻体现了时代对翻译人才的高标准要求，旨在通过系统化的教育与培训，塑造出既精通语言技能，又熟悉国际规则，同时拥有跨文化交际能力的复合型人才。

具体而言，MTI 教育强调德育为先，注重学生思想品德的培养，旨在培养具有社会责任感与职业道德的翻译工作者。在智力发展方面，该教育体系致力于提升学生的语言功底、专业知识与翻译技能，使其能够准确、流畅地进行双语或多语间的口笔译，有效传递信息与传播文化。此外，重视学生的身心健康，鼓励其参与体育锻炼，保持良好的身体状态，以应对高强度的翻译挑战。在世界经济一体化的背景下，MTI 教育特别强调培养学生的全球视野与跨文化沟通能力，使其能够深刻理解不同文化背景下的语言表达习惯与思维方式，从而在翻译实践中做到精准传达，促进国际交流与合作。同时，为了满足国家提高国际竞争力的需求，MTI 教育注重培养学生的创新意识与实践能力，鼓励其探索新的翻译技术与工具，提高翻译效率与质量，为国家的经济、文化、社会建设贡献力量。综上所述，MTI 教育不仅关注学生的全面发展，还着眼于培养能够适应并引领时代变化的高层次、应用型口笔译人才，为国家的对外开放与国际交流提供坚实的人才支撑。这一教育目标的实现，有赖于科学合理的课程设置、实践与理论相结合的教学模式以及与国际接轨的教学质量保障体系。这些要素将共同推动 MTI 教育不断向前发展，从而为国家乃至全球的翻译事业贡献力量。

一、坚定的政治品格

翻译工作作为国际传播中国声音、构建国家话语体系的关键桥梁，其战略重要性不言而喻。因此，MTI 教育体系在其培养目标中，首要且明确地强调了学员应具备坚定的政治思想素质这一核心要素。这意味着，每位学员都需坚守鲜明的政治立场，确保在复杂多变的国际环境中能够始终保持清醒的政治头脑和正确的价值导向。此外，鉴于翻译工作的特殊性，MTI 教育特别注重培养学员严守国家机密的意识，要求他们在处理涉及国家安全与利益的信息时，必须严格遵守相关法律法规，确保国家秘密安全无虞。

MTI 教育应致力于提升学员的思想政治觉悟与政治敏锐性。这要求学员不仅要在理论上深刻理解国家的大政方针与国际形势，还要在实践中能够持续关注政治动态，准确把握翻译工作的政治导向，确保翻译内容的准确性与适宜性。通过系统的教育与培训，MTI 教育期望其学员能够成长为既精通语言技能，又具备高度政治素养的翻译人才，为国家的对外交往与国际合作提供有力支持。MTI 教育在培养学员的过程中，始终将政治思想素质的培养放在首位，通过强化政治立场教育、严守国家机密意识的培养，以及提升思想政治觉悟与政治敏锐性，为学员未来的翻译职业生涯奠定坚实的政治基础，确保他们能够在国际舞台上发挥积极作用，维护国家的利益与形象。此外，学员还需在国际交流中展现出良好的应对能力，勇于直面并有效反驳任何损害中国形象的言论，以事实为依据，澄清谬误，传播真相。

二、卓越的双语或多语翻译技能与行业专业能力

MTI 教育作为培养高层次翻译人才的重要途径，其核心目标在于使学员掌握扎实的中外双语或多语翻译基础。这要求学员不仅具备深厚的语言功底，能够准确理解和运用源语言与目标语言，还要熟练掌握翻译的基本技巧与策略，为后续的翻译工作打下坚实的基础。在此基础上，MTI 教育还强调学员应深入理解翻译与语言服务行业的专业知识，包括翻译理论、翻译史、翻译批评、翻译技术等多个方面，旨在使学员能够全面把握翻译活动的本质与规律，了解翻译行业的最新动态与发展趋势，从而在未来的职业生涯中更好地适应市场需求，提供高质量的翻译服务。

对于高层次翻译人才而言，灵活掌握语言转换是必备的能力之一。MTI

教育通过大量的翻译实践与案例分析，培养学员在不同语境下迅速且准确地进行语言转换的能力，使其能够胜任各种类型与难度的翻译任务。同时，学员还需积累丰富的实践经验，通过不断的实践锻炼，提升自己的翻译水平与专业素养。此外，MTI 教育还特别注重培养学员解决复杂翻译难题的能力和中国国际话语体系的中译外能力。这要求学员在面对具有挑战性的翻译任务时，能够运用所学的知识与技能，创造性地解决问题，确保翻译的准确性与流畅性。学员还需深入了解中国的国际话语体系，掌握中译外的技巧与策略，为中国文化的国际传播与国家的对外交往贡献力量。

三、跨文化传播能力与策略素养

在全球化日益加深的今天，有效地向世界传递中国故事，不仅需要实现"走出去"，更需要实现"走进去"，即深入目标文化内部，使其真正理解和接纳中国故事。这一目标的实现，对 MTI 学员提出了更高的要求，即必须具备强大的跨文化传播能力。跨文化传播能力，意味着 MTI 学员需要超越自身本土文化的思维框架，具备在不同文化间自由穿梭的能力，以实现话语体系的跨文化转换。这要求学员在翻译过程中，不仅要准确传达原文的信息，还要考虑目标文化的接受习惯和思维方式，使翻译作品在目标文化中产生预期的传播效果。MTI 学员需要掌握各种传播技巧，能够根据不同的文化背景和受众需求，灵活运用各种传播手段，以达到最佳的传播效果。

同时，MTI 学员还需要对中外基本国情、文化习俗、国家政策等有深入的理解和准确的把握，包括对中外历史、文化、社会、政治等的全面了解，以及对当前国际形势和未来发展趋势的敏锐洞察。只有这样，学员才能在多元文化的交流中准确找到共鸣点，促进不同文化间的有效沟通。因此，在全球化语境下，MTI 教育应着重培养学员的跨文化传播能力，使其能够超越本土思维束缚，实现话语体系的跨文化转换。这要求学员在掌握传播策略的同时，对中外文化有深入的理解和准确的把握，从而在多元文化的交流中发挥桥梁和纽带的作用，讲好中国故事，传播好中国声音。

四、深厚的专业领域知识积累与跨学科融合能力

在全球化与信息化的时代背景下，国家话语的对外传播日益呈现出跨学科、跨领域的特征。因此，MTI 教育不仅要求学员在政治、经济、文化、法律、医学、科技等核心领域内具备扎实的专业知识积累，还强调跨学科知识的融合与应用能力。学员需掌握各领域的专业术语、理论体系及行业动态，理解不同领域间的内在联系与相互影响，从而在翻译过程中准确捕捉信息精髓，实现专业知识的精准转换与传达。此外，跨学科的学习背景还能激发创新思维，为翻译工作提供新的视角与思路，进一步提升翻译的广度和深度。

五、宽广的国际视野与全球治理能力

全球化不仅带来了经济、文化的深度融合，还促使国际治理体系向更加复杂多元的方向发展。高层次翻译人才作为国际交流的桥梁，需具备广阔的国际视野，不仅要了解国际事务的运行规律，还要洞察全球治理的新趋势、新挑战。这意味着学员需关注全球热点问题，掌握国际政治、经济、安全等领域的最新动态，理解不同国家和地区的文化、历史、社会背景，以及它们在全球治理中的角色与立场。同时，学员还需具备参与全球治理的意识和能力，能够在国际舞台上发声，推动构建更加公正合理的国际秩序，为国家利益和全球福祉贡献力量。

六、精通翻译技术与工具的智能化应用能力

随着人工智能、大数据、云计算等技术的飞速发展，翻译行业正经历着前所未有的变革。MTI 教育紧跟时代步伐，强调学员需精通先进的翻译技术与工具，熟练掌握其应用方法。这包括但不限于机器翻译辅助下的译后编辑、术语库与记忆库的高效管理、翻译项目管理的自动化流程等。学员需通过实践操作，熟练掌握这些技术与工具，以提高翻译效率与质量，满足大规模、高要求的翻译项目需求。同时，学员还需具备技术创新与研发的能力，不断探

索翻译技术与工具的新应用、新可能,推动翻译行业的智能化、自动化发展。

七、综合素养与持续发展能力

对于高层次翻译人才而言,具备终身学习的能力是一项不可或缺的素质。这要求MTI学员在完成学业后,仍能保持对新知识、新技能的持续追求与学习,不断更新自己的知识结构,以适应日新月异的翻译行业发展和语言变化。通过终身学习,学员可以不断提升自身的专业素养与技能水平,保持在翻译领域的竞争力。此外,高层次翻译人才还需树立正确的受众意识。这意味着在翻译过程中,学员应始终从受众的角度出发,充分考虑目标读者的语言习惯、思维模式以及文化背景。通过深入了解受众的需求和期待,学员可以更加精准地把握翻译的方向和重点,确保译文不仅准确传达原文的信息,还能在目标文化中产生良好的传播效果。为了实现这一目标,要求MTI学员在学习过程中不断培养自己的跨文化交际能力,增强在不同文化背景下的语言表达能力。同时,MTI学员还应积极关注行业动态和最新研究成果,不断拓展自己的视野和知识面,以更好地满足受众的多元化需求。此外,掌握中外古代语言、传统历史文化,有助于深入理解现代语言中的文化意蕴,提升翻译的文化深度与广度。综上所述,MTI教育致力于培养全方位、多层次、高素质的高端口笔译人才,以满足国家经济社会发展与国际交流的迫切需求。

第五节 MTI设立的意义

翻译人才队伍是国家翻译能力建设的关键组成部分,是国际传播生态系统中一个至关重要的专业精英群体。他们不仅承担着语言转换的重任,还是文化交流与理解的桥梁,对于促进国际间信息的准确流通与文化的深度交融具有不可替代的作用。在当前全球化的时代背景下,翻译人才不仅要具备深厚的语言功底和精湛的翻译技艺,还需拥有广阔的国际视野和深刻的文化洞察力，能够准确把握中外文化的精髓，实现文化内容的精准传达与有效传播。这离不开一支德才兼备、层次高端的翻译人才队伍的支撑。这支队伍的成员不仅应具备高超的翻译技能，还应拥有良好的职业道德和强烈的社会责任感，能够在翻译实践中始终坚持正确的价值导向，为国家的国际形象塑造和文化软实力提升贡献力量。翻译人才要通过高质量的翻译作品，向世界展示中国的文化底蕴与时代风貌，促进中外文化的相互理解和尊重，为构建人类命运共同体贡献力量。

一、助力高层次翻译人才培养

首先，在当前全球化的时代背景下，随着国际交流的日益频繁和深入，翻译工作在国家发展中的地位和作用愈发凸显。因此，建立和完善MTI学位体系，对于提升我国翻译人才的整体素质和水平、满足党和国家发展对翻译人才的迫切需求具有重大的战略意义。MTI学位体系的建设，旨在通过系统的教育和培训，培养出一批既精通语言技能，又具备深厚文化底蕴和广阔国际视野的高层次翻译人才。这些人才将能够胜任各种复杂、高端的翻译任务，为党和国家的对外交往、国际合作以及文化传播提供有力的支持。同时，MTI学位体系的建设还注重培养人才的创新意识和实践能力，鼓励他们在翻译实践中不断探索和创新，推动我国翻译事业的持续发展。此外，MTI学位体系的建设还深度契合了党和国家发展的大局。随着我国经济的快速发展和国际地位的提升，党和国家对于翻译人才的需求也日益增长。MTI学位体系的构建旨在培养高层次、应用型的翻译人才，为党和国家提供源源不断的人才支持，助力我国在国际舞台上发挥更加积极、重要的作用。习近平总书记指出，当前时期，党和国家事业的发展对高等教育的需求，特别是对科学知识与杰出人才的需求达到了前所未有的高度。新时代背景下的翻译人才，承载着沟通中外、促进文明互鉴的历史使命，肩负着中国话语体系的国际转化、中国故事的国际讲述以及中国形象的国际塑造等关键职责。因此，加速高层次翻译人才培养的步伐，构建一支能够担当时代重任的翻译队伍，并使之与我国日益提升的国际地位及新时代国际传播需求相匹配，已成为一项刻不容缓的任务。

二、完善翻译人才培养体系以满足社会需求

MTI 的设置与持续深化，标志着我国在高层次翻译人才培养领域迈出了坚实的一步，这一举措有效地完善了翻译人才培养与供给的体系架构。在此之前，尽管我国翻译教育已有一定的基础，但在高层次、专业化翻译人才的培养上仍存在诸多不足。MTI 的设置，正是为了填补这一空白，构建一个更加完善、高效的翻译人才培养体系。通过设置 MTI，我们不仅为有志于从事翻译事业的学生提供了一个专业化的学习平台，还通过严格的选拔机制、系统的课程设置和实践训练，使学生具备扎实的语言功底并熟练掌握翻译技能。同时，MTI 教育还注重培养学生的跨文化交际能力和职业素养，使他们能够更好地适应国际翻译市场的需求。2020 年 7 月，习近平总书记对研究生教育工作的重要指示强调了学科专业调整与人才培养体系完善的紧迫性，旨在加速培养国家急需的高层次人才。因此，MTI 教育的不断发展，不仅是对翻译学科与翻译教育制度的深刻调整，更是对经济社会发展需求的精准回应，体现了新文科背景下交叉融合与务实创新的发展趋势。

三、完善高层次翻译人才分类培养体系

MTI 的建设进一步完善了高层次翻译人才分类培养的教育模式。当前，我国专业学位教育与学术学位教育并驾齐驱，专业学位硕士研究生的招生比例已突破六成，且规模持续扩大。在当前全球化语境及国家对外交流日益频繁的背景下，MTI 教育通过构建并健全一套应用型、高层次翻译专业人才的培养体系，成功实现了学术型教育与专业型教育的有机融合与协同发展。这一教育体系不仅注重培养学生的理论素养和研究能力，还高度重视其实践技能和职业素养的提升，从而有效促进了理论研究与实践应用的分类培养与相互促进，弥补了我国在高层次应用型翻译人才方面的短板。

综上所述，MTI 教育通过健全应用型、高层次翻译专业人才的培养体系，

实现了学术型与专业型培养的有机融合与协同发展,不仅响应了中央政策导向、弥补了高层次应用型翻译人才的短板,也体现了翻译事业紧跟时代步伐、服务国家大局、坚持守正创新的决心。

翻译作为人类文明交流互鉴的桥梁,承载着中国走向世界、让世界理解中国的使命。在历史的长河中,从东汉至唐宋的佛经译介、明末清初的科技典籍翻译,到近代以来"西学东渐"与马克思主义经典著作的译介传播,均深刻影响了中国社会的发展轨迹。翻译人才作为翻译事业发展的核心资源,是推动我国各领域对外开放与国际传播不可或缺的专业力量。提升国家翻译能力、壮大翻译人才队伍,是全国翻译界共同的使命与担当,而MTI教育则是实现这一宏伟目标的关键环节。

第六节 MTI教育现状及面临的问题

20世纪90年代,我国高等教育领域首开专业学位研究生教育之先河,这一历史性举措标志着我国高等教育体系正逐步向更加多元化、精细化的方向发展,以适应全球知识经济时代的挑战与机遇。随着近年来高等教育改革的持续深化,研究生教育结构性调整的步伐显著提速,旨在精准对接国家经济社会发展对高层次、专门化人才的需求。在这一宏观背景下,翻译硕士研究生教育作为高等教育体系中不可或缺的一环,亦迎来了前所未有的发展机遇,同时伴随着深刻变革的挑战。

传统上,翻译学硕士(MA)教育侧重于理论研究与学术素养的培养,为我国翻译界输送了大量研究型人才。然而,随着翻译产业的蓬勃兴起与全球化进程的加速推进,翻译人才市场出现了结构性短缺问题,高素质、专业化的应用型翻译人才供不应求。这一现实需求成为催生MTI教育的重要外部动力(唐继卫,2010)。2007年,经国务院学位委员会批准,我国15所高校设置MTI学位授权点,成为我国首批MTI试点教学单位,这不仅标志着我国翻译硕士教育正式迈入学术型与专业型并重的双轨并行时代,也预示着我国翻译教育正步入一个以市场需求为导向、注重实践能力培养的新阶段。MTI 的设立，是对我国传统翻译硕士教育模式深刻反思与积极创新的结果，有效弥补了单一学术型学位类型在培养应用型人才方面的不足。这一改革举措是我国翻译研究生教育主动适应国家经济社会发展需求的创新性尝试，反映了其致力于培养具有国际视野、扎实翻译技能与深厚专业素养的高层次、应用型翻译人才的战略远见与坚定决心。MTI 教育的开展，不仅极大地丰富了我国翻译硕士教育的内涵，也为翻译人才培养模式的多元化探索开辟了广阔的空间。

近年来，MTI 教育实现了跨越式发展，从 2007 年初创阶段的 15 所试点院校，激增至 2024 年初的 318 所培养单位（含 315 个授权点），招生规模亦由初期约 350 人迅速增长至近 10 万人，共提供英语、俄语、日语、法语、德语、朝鲜语、西班牙语、阿拉伯语、泰语、意大利语及越南语等 11 种外语语种的 MTI 学位教育，展现出强劲的发展态势与广阔的发展前景。然而，这一迅猛增长的背后，亦伴随着诸多挑战、难题与隐忧（柴明颎，2012）。当前，MTI 教育尚难以充分满足翻译行业乃至整个语言服务市场对高端翻译专门人才的迫切需求（穆雷等，2013）。我国翻译人才整体水平与高层次对外翻译人才的需求之间仍存在显著差距（黄友义，2020），MTI 教育尚未全面实现职业翻译教育的既定目标（穆雷、王巍巍，2011；王立非、王婧，2016；崔启亮，2017）。MTI 学生翻译能力培养的专业性与实践性不足（莫爱屏等，2015），直接影响了毕业生的市场竞争力，导致其实践能力常遭诟病（仲伟合，2014）。多数 MTI 毕业生在翻译实操能力与职业素养方面尚显不足，难以在入职后立即胜任高强度、高时效的翻译任务，市场认可度有待提升（董洪学等，2017）。上述问题集中出现在 MTI 教育培养流程的末端，但本质上，这些问题是由 MTI 教育培养流程中多个环节中存在的问题导致的。例如，学科定位和培养理念的错位、培养资源匮乏、导师队伍专业发展不足、教学与实践管理松散、教学模式和方法落后、实践基地建设薄弱等诸多问题（平洪，2014；仲伟合，2014；王华树等，2018）。下面，本书将从 MTI 教育培养流程的多个环节梳理当前 MTI 教育教学中存在的导致 MTI 翻译人才培养质量不高的根源问题。

一、专业学科定位及培养理念不清

部分MTI培养院校未能明确"翻译专业"的专属定位,混淆了"翻译教学"与"教学翻译"的概念,导致培养理念不清,人才培养偏离"专业化、应用型"目标。我国MA教育可追溯至20世纪80年代初期。彼时,它作为英语语言文学或外国语言学及应用语言学硕士学位点下的一个专门化研究方向而兴起。这一时期的MA教育,其课程体系精心构建,培养模式严谨设计,旨在培育出拥有深厚翻译理论功底与卓越学术研究能力的学术型翻译人才,为我国翻译学科的发展奠定了坚实的基础。随着时代的进步与国家发展需求的变迁,MTI教育于2007年应运而生,其定位更加鲜明且具有前瞻性。MTI教育旨在培养一批能够紧密对接国家经济社会发展需求、文化传播需求,具备较高国际竞争力的高层次、应用型、专业化翻译人才。MTI教育不仅完善了我国翻译硕士教育体系框架,也标志着我国翻译硕士教育正式步入了学术型与专业型并重、理论与实践相结合的新阶段。

然而,在MTI教育蓬勃发展的同时,我们也必须正视部分培养院校在实施过程中存在的问题。具体而言,这些院校在把握专业型翻译硕士的学科定位与培养理念时,往往陷入了一种模糊状态,难以清晰地区分并精准定位其与MA之间的共性与个性关系。这种模糊性导致两种不良倾向并存:一方面,部分院校在MTI培养实践中,不自觉地沿用了MA的传统培养模式和课程框架,尽管在形式上可能有所区分,但实质上教学与管理团队交叉重叠,使得两种类型硕士的培养特色难以彰显,从而背离了MTI教育强化实践能力培养的初衷。另一方面,一些院校在追求MTI教育的职业化、技能化道路上走得过远,过分偏重于翻译技能与实践操作的训练,忽视了翻译学科基础理论的培养。这种翻译人才培养的实践性倾向,虽能在短期内迅速提升学生的翻译技能水平,但从长远来看,却可能限制其职业发展的广度与深度,甚至影响其学术成长的潜力。

针对上述挑战,我们有必要从理论与实践两个维度进行深入剖析与调整。在理论层面,首要任务是进一步明确专业型与学术型翻译硕士的培养目标与核心要素,厘清两者之间的界限与联系,构建一套既符合时代需求又科学合理的培养体系与评价体系。在实践层面，则需针对当前课程体系存在的不足进行优化升级，强化实践教学与理论教学的深度融合与相互促进，同时加大师资队伍的专业化建设力度，确保 MTI 教育能够真正培养出既精通翻译技能又具备良好综合素质的高层次翻译人才。这样，我们才能更好地适应国家发展战略的需要，推动我国翻译教育事业迈向新的高度。

二、师资队伍结构失衡

MTI 教育在快速扩张过程中逐渐显现出师资队伍结构失衡、职业译者比例偏低以及教师科研与实践能力不足的问题。这些问题影响了 MTI 教育质量的提升，制约了高层次、专业化、应用型翻译人才的培养与发展。

第一，MTI 师资队伍结构失衡问题。师资队伍是确保教育质量的关键因素之一，而在 MTI 教育中，师资队伍的结构性失衡问题尤为显著。具体表现为：一方面，具有丰富实践经验的职业译者占比较低，多数教师是来自高校或研究机构的外语教师，虽具备扎实的翻译理论基础，但缺乏足够的翻译行业实践经验，这导致翻译教学内容往往偏重理论而轻视实践，难以满足 MTI 教育强调"应用型"和"职业化"的需求。另一方面，MTI 教师队伍中，语种分布不均，部分小众语种或特定领域（如法律、医学翻译）的实践性专业教师匮乏，限制了学生多元化、专业化的实践翻译技能培养。

第二，职业译者比例偏低问题。职业译者作为翻译行业的从业者，其丰富的翻译实战经验和高水平的翻译能力对于 MTI 学生来说至关重要。然而，当前 MTI 师资队伍中，译员教师的比例普遍偏低，这直接影响了翻译教学内容的实用性和针对性。译员教师的缺乏，使得 MTI 翻译教学往往侧重于语言转换技巧的训练，而忽视了翻译项目管理、客户沟通、行业规范等实际工作中不可或缺的技能培养。此外，译员教师的缺失也减少了学生与翻译行业前沿直接对接的机会，影响了学生职业规划的清晰度和就业竞争力。

第三，MTI 教师科研与实践能力不足问题。科研与实践能力是衡量教师综合素质的重要指标，对于 MTI 教师而言，更是连接理论与实践的桥梁和推动翻译教学创新的动力。然而，当前部分 MTI 教师因忙于教学任务，缺乏足够的时间和精力参与翻译科研活动，导致专业发展停滞不前、科研成果产出不足，难以将最新的翻译理论、技术动态融入教学，使教学内容的前沿性和创新性不足。同时，翻译实践能力的不足也使得MTI教师在翻译教学过程中难以有效指导学生解决实际翻译问题，不利于学生翻译实践能力的提升和翻译素养的形成。

三、教学方法创新不足，信息化程度滞后

MTI教育作为我国培养国际化、专业化高端翻译人才的主要平台，其教学质量与教学方法的创新性直接影响学生的翻译能力培养与翻译行业适应性。然而，在当前的MTI教育实践中，教学方法创新不足及信息化程度滞后的问题逐渐成为影响MTI教育质量提升的关键因素之一。

第一，教学方法创新不足。教学方法是连接知识传授与能力培养的桥梁，其创新性与有效性直接影响学生的学习成效和能力水平。在MTI教育中，传统的教学方法往往侧重于语言技能的训练，忽视了翻译实践中的文化适应性、语境理解及跨文化交际能力的培养。这种单一、机械的教学方式难以激发学生的学习兴趣，限制了学生创新思维与批判性思维的发展，更难以培养学生处理复杂翻译实务的能力、意识和方法。此外，在MTI教学中，案例分析、模拟实训、项目驱动等现代教学方法的应用不够广泛，缺乏对学生解决实际问题能力的有效锻炼，导致学生在面对复杂多变的翻译任务时显得力不从心。

第二，信息化程度滞后。随着信息技术的飞速发展，教育信息化已成为提升教育质量、促进教育公平的重要手段。然而，在MTI教育领域，普遍存在信息化程度滞后的问题。一方面，教学资源的数字化、网络化建设不足，高质量的在线课程、语料库等资源相对匮乏，难以满足学生自主学习与个性化学习的需求。另一方面，教学平台的互动性与智能化水平不高，缺乏能够有效支持师生交流、协作学习、即时反馈的在线环境，限制了教学互动的深度与广度。此外，部分教师对于信息技术的掌握与应用能力有限，难以充分利用现代信息技术手段优化教学过程，提高教学效率与质量。

教学方法创新不足与信息化程度滞后的问题，不仅影响了MTI教育的质

量与效率，也制约了学生综合能力的培养与提升。首先，缺乏创新的教学方法难以激发学生的学习兴趣与积极性，限制了学生翻译实践能力与创新思维的发展。其次，信息化程度的滞后导致学生无法充分利用现代信息技术手段进行高效学习，在一定程度上降低了其学习效率与学习成果。最后，这些问题还可能导致 MTI 教育与语言服务行业发展的脱节，使得培养出的翻译人才难以适应快速变化的翻译市场需求。

四、实践教学基地未发挥应有的协同育人作用

MTI 教育旨在培养具备高水平专业素养、实践能力和跨文化交际能力的翻译人才，教学的实践属性是实现翻译人才培养目标的根本保证。然而，在 MTI 实践教学过程中，存在实践教学基地利用率较低、翻译实习过程监管不严等问题，制约了 MTI 教育质量和学生翻译实践能力的提升。

第一，实践教学基地利用率较低。MTI 实践教学基地作为 MTI 教育的重要组成部分，是连接理论知识与实际操作、学校教育与行业需求的桥梁。然而，当前许多 MTI 培养院校的实践教学基地利用率普遍偏低，这主要体现在以下几个方面：首先，部分实践教学基地由于资源分配不均、管理不善等原因，无法充分满足学生的实践需求，导致基地资源闲置或浪费。其次，一些实践教学基地与 MTI 培养院校的合作不够紧密，缺乏有效的沟通机制和合作模式，难以从实践基地和培养院校两个层面全程监督管理 MTI 学生的翻译实践活动，使得基地的利用率和教学效果大打折扣。最后，部分学生对翻译实践基地的认知不足，缺乏主动参与实践的积极性，加之学校和实践基地缺乏合理的翻译实践监督、疏导与评价机制，进一步降低了基地的利用率。实践教学基地利用率低的问题，不仅影响了学生翻译实践能力培养的成效，也制约了 MTI 教育与行业发展的深度融合，翻译教学和翻译实践脱节的问题十分突出。学生无法通过翻译实践教学充分接触和了解翻译行业的实际运作，难以将所学知识应用于实际翻译工作中，从而削弱了其就业竞争力，也限制了其职业发展前景。

第二，实习过程监管不严。翻译实习是 MTI 学生将翻译理论知识转化

为翻译实践能力的重要环节。然而，在当前的翻译实习过程中，监管不严的问题较为突出。一方面，部分 MTI 培养院校对翻译实习过程的监管力度不够，缺乏有效的监管机制和评估体系，导致学生在实习过程中缺乏指导和督促，学习投入严重不足，实习质量参差不齐。另一方面，一些翻译实习单位对 MTI 学生的管理不够规范，缺乏针对 MTI 学生的专业指导和培训，使得 MTI 学生在实习过程中难以获得实质性的收获。翻译实习过程监管不严的问题，不仅影响了 MTI 学生的翻译实习效果和翻译实践能力的培养，也可能给学生的翻译职业发展带来负面影响。学生在缺乏有效监管和指导的实习环境中可能无法形成良好的职业素养和职业道德，也难以培养对翻译行业的热爱和责任感。

五、课程设置与培养过程问题

在深入探讨 MTI 教育体系时，课程设置作为其培养计划与培养目标的核心体现，其合理布局与有效实施对于提升人才培养质量与成效具有至关重要的意义。当前，课程设置领域所存在的问题，不仅削弱了 MTI 教育所强调的专业性与实践性导向，也不利于释放 MTI 教育在培养特色与创新能力方面的潜力。

首要问题在于主干课程与选修课程之间的配置失衡。一方面，实践类课程的匮乏成为显著短板，这些课程往往与 MA 传统课程设置趋同，过分侧重于理论知识的传授，而忽视了学生对翻译实践技能的掌握与深化。这种课程设置模式，未能充分挖掘和利用 MTI 教育所独具的实践性与应用性特质，导致既未能有效融合地方及院校特色资源，也偏离了培养高层次、应用型翻译人才的初衷。此外，课程内容的单调与重复，不仅限制了学生知识视野的拓展，也阻碍了其综合素质的全面提升，未能体现课程设置的多样性与培养的特色。另一方面，翻译学科理论课程的设置亦存在显著不足。尽管 MTI 教育强调实践能力的重要性，但坚实的理论基础仍是翻译实践与创新不可或缺的支撑，其重要性不容忽视。当前，部分院校在课程规划上过于追求技能的快速掌握与实践的即时成效，忽视了理论课程的系统构建与深度挖掘，导致学生在翻译实践中缺乏必要的理论指导与框架支撑。同时，专业技能课程的设置缺乏系统性，培养目标模糊，体系构建不完善，难以有效促进学生专业技能与综合素养的同步提升。

再者，毕业论文作为衡量学生学术造诣与实践能力的重要标尺，其选题质量直接反映了人才培养的质量。通过对已毕业 MTI 学生毕业论文的深入分析，我们发现论文选题普遍存在理论与实践脱节的问题。具体表现为研究型选题比例过高（约占三分之二），且多聚焦于理论探讨与学术分析，未能紧密围绕翻译实践的需求与问题展开，从而偏离了 MTI 教育注重实践应用的核心目标。这一现象不仅揭示了学生在选题过程中可能存在的认知偏差与引导缺失，也映射出教师在培养过程中对于实践环节的重视程度与指导力度的不足。

针对上述问题，我们亟须对 MTI 教育的课程设置与培养过程进行全面审视与优化。一方面，应强化实践类课程的比重与质量，确保学生能够获得充分的翻译实践训练；另一方面，应完善理论课程体系，加强对理论知识的系统传授与深度解析，从而为翻译实践提供坚实的理论支撑。同时，在毕业论文选题环节，应加强对学生的引导与监督，鼓励其结合翻译实践需求进行选题，以促进理论与实践的深度融合与相互促进。通过实施这些措施，我们有望进一步提升 MTI 教育的培养质量，为社会输送更多具备扎实翻译技能与良好综合素质的高层次翻译人才。

六、管理与评价体系问题

在探讨 MTI 教育的现状时，我们必须正视其尚处于初级探索与逐步成熟阶段的现实。这一阶段的显著特征之一便是管理与评价体系的不完善，由此引发了一系列亟待解决的关键性问题。

首先，缺乏一套可以被广泛认可且详尽完备的 MTI 教育评估标准和评价体系。这一缺失直接导致各招生院校在缺乏统一坐标系的情境下，依据各自的理解、资源条件及历史惯性独立摸索前行。此状况不仅限制了 MTI 教育领域内优秀教育实践的广泛传播与深度交流，还阻碍了整体教育质量的同步提升与标准化进程，导致难以确立一个普遍认可的教育质量标杆，以及构建一套推动教学质量持续改进的有效机制。

其次，部分院校在MTI培养过程中的管理松散与管理效能低下问题尤为严峻。这具体体现在对两种研究生教育类型（学术研究型研究生教育与专业型研究生教育）价值判断的失衡上，表现为对传统学术研究型硕士培养模式的过度依赖，以及对MTI作为专业学位教育独特使命与目标的忽视。这种"学术至上，实践次之"的偏见，与MTI教育旨在培养具备高层次、应用型、专业性翻译能力人才的初衷背道而驰，不仅制约了学生实践技能的实质提升，也削弱了其在未来职业生涯中的竞争力。

最后，MTI教学管理领域的人力资源结构性短缺问题亦不容忽视。众多院校在MTI教学管理岗位上缺乏具备专业素养的专职管理人员，这直接导致了教学过程管理的松散化以及教学质量监控的弱化。管理上的这种不足，不仅妨碍了教学计划的精准执行与教学目标的顺利实现，也影响了MTI教育整体培养成效，难以全面保障学生综合素质与专业技能的均衡发展。因此，针对上述多方面的挑战与不足，我们应采取一系列积极有效的措施，从制度完善、管理优化到资源投入等多维度入手，全面提升MTI教育的综合实力与人才培养质量。

第七节　建议与对策

在此背景下，如何保障并提升MTI研究生教育教学质量，增强毕业生竞争力，成为当前MTI培养单位亟待解决的关键议题。习近平总书记在二十届中央政治局第五次集体学习中的重要讲话，强调了教育强国建设与人才培养的紧密联系，指出翻译能力建设是支撑国家发展战略与民族复兴的关键要素。构建翻译人才培养高地、深化产教融合与跨界合作、探索数字智能时代教育模式，为高端翻译人才培养开辟了新路径，彰显了翻译教育在服务国家战略中的核心地位。

翻译人才的高等教育不仅是提升国家翻译实力的基石，而且是传播中国声音、讲好中国故事的重要桥梁。翻译教育需紧密对接国家战略需求，加速高层次翻译人才的培育进程，倡导开放协同的人才培养模式，推动跨学科融合，以培养具备全球视野与综合能力的复合型人才。其中，MTI 教育的内涵式高质量发展尤为关键，直接关系到我国翻译能力与国际传播能力的持续提升。在全球化深入发展与中华民族伟大复兴的历史进程中，我国对外传播工作肩负着向世界展示真实、立体、全面的中国形象的重任。习近平总书记在二十大报告中关于"增强文化自信"的论述，进一步强调了提升中华文明国际传播力与影响力的重要性，凸显了翻译工作在国家形象塑造与国际影响力提升中的独特价值。因此，翻译教育必须立足于国家发展大局，以培养德才兼备的高层次翻译人才为核心，适应国际传播环境的新变化。跨国、跨区域、跨文化的翻译活动不仅是国际传播的核心组成部分，而且是提升我国国际传播能力、促进文化交流互鉴的关键，其成效直接关系到我国国际影响力的增强与国际形象的优化。故而，加强翻译人才队伍建设，提升翻译教育质量，成为提升我国国际传播效能的迫切需求。新时代背景下，我国翻译事业能否实现由"翻译大国"向"翻译强国"的转型，关键之一在于 MTI 教育能否准确把握国家发展脉搏，立足战略需求，培养出既精通专业技能又具备高度文化素养与家国情怀的翻译人才。因此，新时代的 MTI 教育必须服务于中国式现代化建设，遵循党的教育方针，坚持立德树人，为党和国家事业发展输送高层次、应用型、复合型、创新型的翻译专门人才。本书从以下几个方面提出自己的建议与对策，仅供各位专家学者讨论与批评。

一、厘清 MA 与 MTI 培养的共性与个性

在深入探索 MA 与 MTI 教育体系之时，我们需清晰地认识到，尽管两者在人才培养目标、教学模式和教学方法构建等方面存在显著差异，但它们均根植于翻译学科的深厚底蕴之中，共同承载着传承与发展翻译学科核心价值与本质属性的使命。作为翻译学科内部两个并行不悖且相互促进的培养方向，MA 与 MTI 之间应当构建起一种既相互渗透又互补共生的紧密关系，而非简单的对立关系。

（一）共性与个性的辩证统一

在剖析 MA 与 MTI 差异性的过程中，我们需采取一种辩证的思维方式，全面而审慎地审视两者在培养过程中的共性与个性。MA 不应被视为翻译理论的象牙塔，而 MTI 亦非翻译技能的简单堆砌。割裂理论与实践、学术与应用之间的联系，是对翻译学科综合性与系统性的忽视，将严重制约其全面发展与持续进步。因此，我们应深刻认识到，MA 与 MTI 在培养目标上的不同侧重，实际上是对翻译能力多元化要求的体现，二者均强调学生在扎实掌握翻译理论的基础上，具备一定的翻译实践能力。这从根本上揭示了翻译教育在理论与实践层面不可分割的内在逻辑。

（二）MA 教育的学术深化与社会参与

MA 教育以其深厚的学术积累与广阔的学术视野为特色，课程体系涵盖了翻译理论、语言学、文学、文化等多个学科领域的知识传授。这种学术特征，为 MA 学生在翻译理论研究及跨学科探索方面铺设了坚实的基石，提供了广阔的发展空间。然而，为避免 MA 教育陷入"闭门造车"的纯理论研究困境，我们应积极倡导其与社会实践相结合，鼓励其吸纳 MTI 教育在职业化、市场化方面的成功经验，强化其社会服务功能。通过深化校企合作、推动项目驱动教学等方式，使 MA 学生的学术研究能够紧密对接社会需求，促进学术成果的有效转化与应用，为社会发展贡献更多的翻译智慧与力量。

（三）MTI 教育的专业化建构与理论奠基

MTI 教育以翻译实践为核心驱动力，致力于培养具备高度专业化、职业化、技能化和市场化特质的翻译人才。其多样化的培养方向（如科技翻译、典籍翻译、传媒翻译等）要求构建与之高度匹配的专业化课程体系与教学模式。然而，在追求专业化发展的道路上，MTI 教育亦需牢固树立翻译学科理论的重要地位。缺乏理论支撑的实践如同无本之木，难以持久且易陷入盲目与低效。因此，MTI 教育应确保学生掌握扎实的翻译学科理论知识，以科学的方法论为指导，让学生在翻译实践中实现高效应用与深度探索。通过加强理论教学与实践教学的深度融合，促进学生在理论与实践之间自如贯通、相互增益。

（四）促进理论与实践的深度融合与协同创新

在翻译硕士教育的宏观框架下，我们应积极倡导并实践一种理论与实践深度融合的教育理念。这既要求 MA 学生不断拓展翻译理论的边界、加深研究的深度，为翻译实践提供坚实的理论支撑；又鼓励 MTI 学生将所学理论知识灵活应用于翻译实践中，以实践反哺理论、丰富理论内涵。通过组织高水平的学术研讨会、翻译工作坊、实践基地实训等多元化活动，为学生搭建起理论与实践之间有效沟通与互动的平台。同时，各培养院校还应结合自身特色与优势资源，积极探索并构建符合自身发展需求的培养模式与发展路径。在保持各自独特个性的基础上，共同遵循翻译学科的共性要求与发展趋势，通过持续的创新与实践，努力推动翻译硕士教育向更高层次、更高水平迈进。

二、MTI 培养方案与课程设置的系统性论证与优化

随着全球化进程的加速，翻译作为跨文化交流的桥梁，其重要性日益凸显。我国翻译硕士教育正步入一个快速发展且充满挑战的新阶段。在这一背景下，如何科学构建并持续优化既符合翻译学科特性又适应时代教育理念的培养体系与课程体系，已成为学术界与翻译界亟待解决的关键问题。长期以来，翻译教学领域受经验主义与主观主义影响较深，教学理论研究相对滞后（武光军，2006），这严重制约了翻译硕士教育质量的全面提升。因此，深化过程培养，强化翻译硕士教育的系统性论证，成为推动 MTI 教育持续健康发展的必由之路。

（一）加强 MTI 培养方案的理论深度与体系完整性建设

当前，我国翻译硕士教育的讨论往往侧重于培养方案与课程设置的具体操作层面，而对其背后的理论支撑与逻辑框架的构建重视不够。Ulrych（2005）的元认知理论提醒我们，译员能力的全面发展离不开深厚的理论基础与元认

知技能的培养。因此，翻译硕士培养方案的设计应着重强化理论论证，构建一套既凸显专业性又兼顾实践性的综合培养模式。这一模式需深度融合翻译理论与翻译实践，明确翻译能力培养的双重维度：一方面，强化翻译理论的深度学习与批判性思维的培养，使学生具备扎实的理论功底与独立思考能力；另一方面，注重翻译实践技能的训练与提升，通过多样化的实践活动增强学生的实际操作能力与问题解决能力。在 MTI 教材编撰过程中，应广泛吸纳国内外翻译理论的优秀成果，拓宽学生的学术视野，为翻译实践提供坚实的理论支撑与源源不断的创新动力。

（二）深化 MTI 课程设置的科学性与实证性探索

历经十余年的发展，我国 MTI 教育在课程设置方面虽取得了一定成就，但仍存在沿袭传统、缺乏创新等问题，特别是在课程设置体系的理论论证与实证研究方面存在明显不足。因此，需进一步加强翻译硕士课程设置的科学性与实证性研究，运用数据驱动的方法对课程设置进行合理性与有效性评估。在具体课程设计层面，应树立以学习者为中心的教学理念，围绕翻译活动任务与项目设计课程内容与教学活动，增强课程的实践性与互动性，以激发学生的学习兴趣与创造力。Ulrych（1996）等学者认为，应确保翻译硕士培养过程中理论与实践的紧密结合。这种"从实践中来、到实践中去"的生态型翻译培养范式，不仅能够有效提升学生的翻译能力，还能够推动翻译学科的整体进步与发展。

综上所述，深化过程培养机制、强化 MTI 教育培养方案与课程设置的系统性论证与优化，是提升我国 MTI 教育质量、培养具有国际竞争力翻译人才的重要途径。通过加强理论深度、完善体系构建、推进科学性与实证性探索等措施，可以构建起符合翻译学科特性与时代发展需求的高质量教育体系，为我国乃至全球的翻译事业贡献更多优秀人才与智慧力量。

三、优化师资队伍结构，提升教师实践能力

首先，针对 MTI 师资队伍结构失衡问题，应优化教师资源配置，提高译

员教师占比。具体而言，MTI培养院校应积极引进具有丰富实践经验的职业译者，以解决当前MTI外语教师师资队伍翻译实践经验不足、翻译实务能力不强、职业翻译素养不高的问题。同时，鼓励现有外语教师通过翻译行业组织积极参与翻译项目实践，还可通过校企合作、实习实训等方式，提升外语教师的翻译实践能力和行业任职能力。此外，针对语种分布不均的问题，应加大对小众语种或特定领域实践性专业教师的培养力度，以满足学生多元化、专业化的实践翻译技能培养需求。

其次，针对译员教师比例偏低的问题，应提升译员教师在师资队伍中的地位和比例。MTI培养院校可通过聘请资深译员担任兼职教师、客座教授等方式，增加译员教师的数量，提高翻译教学的实用性和针对性。同时，加强与翻译行业的联系，为学生提供更多与翻译行业前沿对接的机会，增强学生的职业规划意识和就业竞争力。

最后，针对MTI教师整体科研与实践能力不足的问题，应建立激励机制，鼓励教师投入科研和实践活动。同时，应为教师提供充足的科研时间和资源支持，鼓励教师参与国内外翻译学术交流活动，以拓宽视野、提升翻译科研能力。此外，还应加强教师的实践能力培养，通过定期举办翻译实践研讨会、工作坊等活动，提高MTI教师在翻译实践中的指导能力，从而促进学生翻译实践能力的提升和翻译素养的形成。

四、利用信息化手段创新教学方法

首先，针对教学方法创新不足的问题，应积极推动教学方法的改革与创新实践。MTI培养院校应鼓励教师采用案例分析、模拟实训、项目驱动等现代教学方法，并在课堂教学中开展实验教学，着重培养学生的文化适应性、语境理解及跨文化交际能力。同时，加强对学生解决翻译实际问题能力的锻炼，通过设计复杂多变的翻译任务，引导学生运用所学知识解决实际问题，提升其处理复杂翻译实务的能力。此外，还应注重激发学生的创新思维与批判性思维，鼓励学生在翻译实践中勇于尝试、敢于创新，培养其独特的翻译风格和策略。

其次,针对信息化程度滞后的问题,应加快推进课堂教学信息化的进程。一方面,加强教学资源的数字化、网络化建设,开发高质量的在线课程、语料库等资源,满足学生自主学习与个性化学习的需求。另一方面,提升教学平台的互动性与智能化水平,构建能够有效支持师生交流、协作学习与实践、即时反馈的在线环境,拓展教学互动的深度与广度。此外,还应加强信息技术培训,提高教师掌握与应用信息技术的能力,使其能够充分利用现代信息技术手段优化教学过程,提高教学效率与质量。

最后,MTI培养院校还应加强与语言服务行业的联系与合作。通过与企业、行业协会等建立紧密的合作关系,了解行业发展的最新动态和需求,及时调整教学内容和方法,确保MTI教育教学与语言服务行业的有效衔接。此外,还可以邀请行业专家参与教学、指导学生实践,为学生提供更多与行业对接的机会,增强其职业规划意识和就业竞争力。

五、优化翻译实践基地教学运行设置

首先,针对实践教学基地利用率较低的问题,应优化资源配置,加强基地与院校的合作。MTI培养院校应与实践教学基地建立紧密的合作关系,明确双方的责任与义务,确保资源的有效分配和利用。同时,MTI培养院校应加强对学生的引导,提高其对翻译实践基地的认知和参与度,激发学生的实践热情。此外,还应建立完善的翻译实践监督、疏导与评价机制,确保学生在实践过程中得到充分的指导和反馈,提高基地的利用率和教学效果。

其次,针对翻译实习过程监管不严的问题,应建立健全监管机制和评估体系。MTI培养院校应加强对翻译实习过程的监管力度,制订详细的实习计划和指导方案,委派专门人员对实习实践的学生进行跟踪式的指导,确保学生在翻译实习过程中得到充分的指导和督促。同时,实习基地单位也应加强对MTI学生的管理,提供针对性的专业指导和培训,确保学生在实习过程中能够获得实质性的提升。此外,还应建立实习质量反馈机制,及时收集学生和实习基地单位的意见和建议,不断优化实习方案和管理模式。

为了进一步提高MTI教育质量和学生的翻译实践能力,还应加强翻译实践教学的创新与研究。MTI 培养院校应积极探索新的实践教学模式和方法，如项目式学习、模拟实训等，以提高学生的翻译实践能力和跨文化交际能力。同时，还应加强翻译实践教学的理论研究，为翻译实践教学提供理论指导和支持。这些措施的实施，可以推动 MTI 教育与行业发展的深度融合，为培养具备高水平专业素养、翻译实践能力和跨文化交际能力的高层次翻译人才提供有力保障。

六、优化课程设置和培养过程

首先，应重新调整课程设置比例和结构，提升实践类课程的比重。MTI 教育应充分体现实践与应用性特质，通过增设翻译实践课程、模拟实训、案例分析等教学环节，加强学生对翻译实践技能的掌握与深化。同时，应充分利用地方及院校特色资源，开发具有地域特色和院校特色的实践课程，以丰富课程内容，拓展学生的知识视野，提升其职业译员素养。

其次，应完善理论课程体系，加强理论知识的系统传授与深度解析。理论课程应作为翻译实践与创新的重要支撑，为学生提供坚实的理论基础与框架支撑。在课程规划上，应平衡技能掌握、实践能力与理论知识的系统构建与深度挖掘，确保学生在翻译实践中能够灵活运用理论知识指导翻译实践。

最后，针对毕业论文选题理论与实践脱节的问题，应加强对学生的引导，鼓励其结合翻译实践需求确定选题。MTI 教育应注重实践应用，毕业论文选题应紧密围绕翻译实践的需求与问题确定，以促进理论与实践的深度融合与相互促进。同时，应建立完善的毕业论文指导与评审机制，确保毕业论文的质量与水平。这些措施的实施，有望进一步提升 MTI 教育的培养质量，有助于推动 MTI 教育的持续发展与创新，进而为社会输送更多具备扎实翻译技能与良好综合素质的高层次翻译人才。

七、加强管理与评估体系建设，提高培养质量

在翻译教育领域，随着 MTI 培养体系的日益稳固与社会认知度的显著提

升,构建一个高效、公正且动态优化的MTI教育管理与评价体系,已成为当前教育改革的核心议题与迫切需求。针对此,笔者认为,各级教育行政机构应发挥关键作用,承担起政策引领与质量监督的双重责任,深化对全国范围内MTI教育培养流程的宏观战略规划与精细调控。

首先,建立健全MTI教育管理架构需明确各级管理部门的职责范围与协作机制,确保政策传导畅通无阻。在此基础上,细化管理政策与行业标准,使之既符合翻译学科的专业特性,又能引领教育创新的方向。尤为重要的是,要确立并实施定期评估机制,该机制应是一个多维度、全方位的综合评价体系,涵盖师资队伍的学术水平与教学能力、人才培养质量的量化与质性评估、教学与科研活动的创新与贡献度,以及实践教育基地的实用性与影响力等方面。定期、系统的评估,不仅能够准确反映MTI教育的现状与挑战,还能及时发现并解决潜在问题,为持续改进教学质量提供科学依据,推动MTI教育不断向高质量、高标准的目标迈进。

其次,作为MTI教育的具体承载者与执行者,各培养院校应积极响应号召,主动作为,强化内部治理与自我评估机制的建设。这包括但不限于设立专门的管理机构,配备具有专业素养的管理团队,确保MTI教育全过程得到有效监督与科学指导。此外,院校还需加大对MTI教育的资源倾斜,尤其是在硬件设施建设、实习实训基地的升级换代方面,致力于构建一个真实、富有挑战性的学习环境,以促进学生的全面发展。在内部管理上,院校应构建一套科学、合理且可操作性强的管理机制,覆盖从翻译人才选拔、培养方案优化、课程资源挖掘、师资队伍建设、实践教学管理、毕业论文写作到学位评估的全部环节,确保每一个环节都有明确的标准与流程,实现MTI教育管理的精细化与规范化。完善MTI教育的管理与评价体系,是提升我国翻译教育整体竞争力、培养适应全球化需求的高水平翻译人才的关键举措。这一目标的实现,离不开政府、培养院校以及社会各界的通力合作与不懈努力。唯有通过持续的创新与实践,不断探索符合翻译学科发展规律与时代要求的教育管理模式,我们才能逐步构建起一个高效、公正、可持续的MTI教育管理体系,从而为我国乃至世界的翻译事业贡献更多优秀的人才与智慧。

在MTI教育的快速发展历程中,其不可避免地会遇到一系列挑战与问题，这些挑战与问题或许源自教育理念的更新需求，或许源于教学模式的创新压力，抑或源于教育资源与市场需求的匹配失衡，但只要我们坚持不断深化改革、优化设置、完善管理、加强投入，就一定能够推动 MTI 教育不断向前发展。

本书基于作者多年在 MTI（英语笔译）教学与研究领域的积累，从学科定位、教学模式创新、实践基地建设、翻译教师专业成长及学生翻译能力提升等维度，系统梳理并总结了 MTI 教育教学的实践经验与研究成果，旨在为我国的 MTI 教育实践提供参考与借鉴，为推动我国高层次、应用型、专业化翻译人才的培养贡献力量。

第二章　翻译硕士专业学位教育培养理念和学科定位的辩证性思考

近年来，我国高校研究生教育加快了结构性调整的步伐，于 2007 年开始设立首批 MTI 学位点，目前已有 318 所院校开展 MTI 学位教育，我国翻译硕士教育的培养模式正式形成了学术型和专业型并行的培养体系。MTI 领域的研究不仅吸引了众多学者的目光，也促使翻译实践者对其教育模式进行了全面而细致的审视。仲伟合（2006，2007a）及其与穆雷（2008）的合作研究，提出了基于市场需求与行业导向的特色培养模式，强调实践技能与理论素养并重，为后续研究奠定了坚实基础。黄友义（2010）、裴强（2010）、许钧（2010）、郭玲义（2011）等学者则从不同维度丰富了这一领域的研究，探讨了跨文化交际能力、翻译技术融合等新型培养模式的具体实施路径。穆雷与王巍巍（2011）、平洪（2011）、仲文明（2011）以及柴明颎（2012）等进一步细化了培养模式中的课程结构、校企合作、师资建设等关键环节，为提升 MTI 教育质量提供了宝贵的理论与实践指导。关于课程设置，刘和平（2008）及柴明颎（2010）等学者强调了课程体系应紧密对接翻译行业需求，注重实践课程与理论课程的有机结合。廖七一（2011）、曹莉（2012）、董洪学和韩大伟（2012）、康晓芸和田旭（2012）等则具体分析了课程设置中的模块划分、教材选用、教学方法创新等方面，旨在构建更加科学合理、符合时代要求的翻译硕士课程体系。在导师职责方面，裴强（2010）等学者指出，导师不仅是学术指导者,也承担职业规划指导者的角色,应积极参与学生的实习实训、论文指导及职业发展规划,确保学生能够在翻译实践中快速成长。关于论文格式与写作规范,穆雷及其团队(穆雷,2011;穆雷、邹兵,2011;穆雷等,2012)强调了学术诚信与规范化写作的重要性,通过制定详细的论文撰写指南与评价标准,有效提升了MTI学生的学术素养与科研成果质量。至于MTI教育发展趋势,尚亚宁(2011)、朱振武和綦亮(2011)、邵红杰(2012)等学者预测,未来MTI教育将更加注重跨学科融合、国际化视野拓展以及技术驱动下的翻译教学创新。随着全球化进程的加速与信息技术的飞速发展,翻译硕士教育将不断适应市场需求变化,培养更多具备高水平翻译能力、跨文化交际能力以及信息技术应用能力的复合型翻译人才。

在各类全国性MTI教育研讨会上,核心议题始终聚焦于"高层次、应用型、专业性"这一根本培养目标之上(裴强,2010)。这一理念不仅明确了MTI教育的定位,也凸显了其在国家翻译人才培养战略中的关键地位。平洪(2011)等学者指出,明确专业学位的办学宗旨并持续探索与创新培养模式,是当前及未来MTI教育发展的重要目标和任务。尽管MTI教育在推动翻译学科建设、优化翻译人才培养路径等方面取得了显著成就,但审视当前众多高校的具体实践,不难发现仍面临一系列发展瓶颈与待解难题。首先,课程设置方面存在名实不符的现象,课程内容未能充分体现应用性与专业性要求;其次,学生论文撰写普遍遵循学术型论文的标准,未能有效反映MTI教育的实践导向;再次,翻译实习环节往往流于形式,缺乏实质性指导与评估,难以达成预期的实践效果;最后,关于翻译专业资格证书(如CATTI)与MTI学位之间的衔接机制尚不健全,导致两者间的协同效应未能充分发挥。针对上述现状,深入剖析其成因显得尤为必要。一方面,可能源于对MTI教育本质特征的理解不足,混淆了MTI学位教育与学术型硕士教育的界限;另一方面,则是受传统教育模式惯性影响,改革与创新步伐相对滞后。因此,探讨翻译专业硕士与翻译学术型硕士在培养模式上是否存在本质区别,对于明确MTI教育发展方向至关重要。

第一节 MTI 教育的核心问题

MTI 一经正式设立，便确立了高层次翻译人才的培养目标。这一目标不仅强调课程体系的科学性与前瞻性，更突出实践环节的应用导向性，同时对从业人员的专业素养提出了极为严格的要求。这些要素共同构成了推动 MTI 教育不断前行的关键。然而，鉴于我国 MTI 学位教育尚处于初创与快速发展并存的阶段，相较于国际上历史悠久、体系成熟的翻译专业硕士培养模式，我们在教学环节的成熟度、体系构建的完善度以及教育资源的整合能力上，不可避免地存在差距与不足。

当前，MTI 教育的主要问题表现为管理者、专业教师及学生群体对于 MA（文学硕士，翻译方向）与 MTI 两种教育模式在理念层面的认知尚显模糊，缺乏深入而系统的理解。具体而言，两者在培养目标、课程设置、教学方法及评价体系等方面的差异与联系，未能得到充分的辨析与整合。因此，清晰化的思路和现代化的理念是促进我国翻译专业硕士教育发展的关键因素。管理层及教育工作者需积极转变思维导向，勇于更新教育理念，以更加开放、包容、前瞻的视角，审视并应对新时代翻译人才培养的多元化需求（尚亚宁，2011）。翻译学，作为一门跨学科的综合领域，其复杂性与多元性在全球化背景下愈发凸显。翻译活动不仅具有语言转换的基本功能，还具有社会性、文化性、复合性、创造性及历史性等多重属性特征，这已成为翻译研究领域的普遍共识（许钧，2003）。随着翻译学科地位的不断提升及 MTI 教育的广泛推广，加强 MTI 教育与翻译产业的深度融合，已成为推动翻译硕士教育高质量发展的必由之路。这一举措不仅能够显著提升 MTI 教育的实用性与针对性，更对培养具备国际视野、跨文化交际能力，以及高层次、应用型、专业化特质的翻译人才具有重要价值。

在此背景下，众多设立 MTI 的培养院校通过一系列创新举措，如修订教学计划以强化实践导向、调整课程结构以拓宽知识边界、借鉴国际先进经验以优化教育模式、开展课程对比研究以明确发展路径等，逐步构建起 MA 与 MTI 两种各具特色、优势互补的人才培养模式。这两种模式分别聚焦于学术型与专业化人才的培养，共同构成了翻译学科教育生态的多元格局。这一系列努力对于优化翻译教育体系、提升人才培养质量、增强我国翻译事业的国际竞争力而言，具有重要的战略意义。在探讨 MTI 研究生教育的建设与发展时，我们应秉持辩证唯物主义的思想方法，充分认识到 MA 与 MTI 之间的内在联系与相互依存关系。两者虽在人才培养目标、模式及课程体系上各有侧重，但均根植于翻译学科的深厚土壤之中，共享翻译学科的精髓与本质。它们之间非但不是相互排斥的竞争对手，反而是相辅相成、共同进步的合作伙伴。当前，在专业学位教育理念上仍存在诸多认知误区与偏见，这些误区不仅阻碍了翻译学科教育的健康发展，也影响了翻译人才培养的质量与效果。因此，我们有必要澄清这些误区，树立正确的教育理念与认知观念。

事实上，MA 与 MTI 作为翻译教育体系中不可或缺的两大支柱，各自承载着不同的教育使命与培养目标。MA 以其深厚的学术底蕴和严谨的治学态度，致力于理论、文学、文化等领域的深入研究与探索；而 MTI 则以其鲜明的实践导向和职业化特征，专注于培养具备专业化、职业化翻译技能的优秀人才。然而，这并不意味着两者可以孤立发展、互不干涉。相反，它们之间应建立起紧密的互动与合作关系，在保持各自特色的同时相互借鉴、相互补充。MA 应积极吸纳 MTI 的实践经验与社会服务性元素，以增强其时代适应性与产业服务能力；而 MTI 则应充分重视翻译理论的学科指导作用，避免陷入单纯的实用主义误区之中。因此，在推进 MTI 与 MA 教育发展的过程中，我们应采取开放包容的心态，既关注两种教育模式的个性化特征与发展趋势，又重视其共性基础的构建与巩固。通过加强理论与实践的有机结合、促进学术与产业的深度融合、优化课程设置与教学方法等手段，共同推动翻译学科教育的全面发展与繁荣。同时，我们还应积极借鉴国际先进经验、加强国际交流与合作、拓宽人才培养的国际视野与渠道，以更加开放的姿态迎接全球化时代对翻译人才的新挑战与新机遇。

第二节　MTI 与 MA 学科理论范畴的共核

在深入剖析 MA 与 MTI 的课程体系构建与培养模式革新时，我们有必要从多维度和深层次分析翻译过程的核心本质，该过程是复杂且涉及深层认知体验的。这一过程展现了翻译活动在社会、文化、复合性、创造性及历史维度上的独特魅力，更强调了译者作为认知主体在体验世界、感知文化与社会变迁中的核心地位。这种主体性的彰显，要求我们在教育实践中采取一种更为全面和深入的教学方法，不仅聚焦于语言技能的传授，还要激发学生对翻译背后深层次文化逻辑、社会语境及历史脉络进行探索与理解的热情。

20 世纪 80 年代初，认知语言学理论体系异军突起（许钧，2010；姚小平，2004），颠覆了我们对语言交流的传统认知。该理论强调以心智的体验性作为语言理解与产出的基石，同时揭示了思维过程中的无意识运作与概念隐喻的普遍性，从而表明语言交流远非字面意义的简单传递，而是蕴含了复杂的认知加工与情感共鸣。在此背景下，形式主义翻译理论的局限性逐渐显现，即其容易忽略译者作为翻译主体在创造性翻译活动中的能动性与体验性。因此，在新时代背景下，对翻译理论进行全面而深入的再审视，明确其在指导翻译实践、提升译者理论素养方面的独特价值，显得尤为迫切与重要。翻译理论的作用远不止于实践指导的层面，它更是培养学生理论自觉性的关键。这种自觉性并非仅仅依靠规则学习与概念记忆所能达成，而是需要学生在不断的翻译实践中，通过亲身体验与深刻感悟，逐步形成的一种翻译素养。MA 与 MTI 作为翻译教育的两大支柱，其核心目标在于通过理论与实践的紧密结合，促进译者在翻译过程中实现全球化视野与本土化特色的有机融合，达到一种既具国际视野又深谙本土文化的辩证统一状态。翻译的本质表现为在原文文本向目的语文本的转化过程中，译者如何运用自身的认知框架与情感体验，对原文意义结构进行深刻剖析与创造性重构。原文文本，作为意义与文化的承载者，其内部蕴含的概念体系、默认值、隐含意义、文化偏好及作者的主观意图，共同构建了一个复杂多变的解读与转换背景。译者需具备敏锐的洞察力与深厚的文化底蕴，才能准确捕捉这些微妙的信息，并在翻译过程中予以恰当体现。

译者对原文文本的解读，实则是对原文进行认知加工的过程。这一过程涉及原文信息以多样化的方式投射至译者心理空间，随后通过一系列复杂的思维操作，如概念映射、关联推理等，构建出与原文意义相近或相似的心理表征，并巧妙结合目的语的语言特征、文化规范及社会背景，最终生成符合目标读者期待与接受习惯的目的语文本。仲伟合（2006）概括了翻译的这一本质过程，即"翻译的过程实质是一种认知过程和转换过程"。这一论断为我们理解翻译活动的深层机制提供了重要启示。

基于体验的认知翻译理论，为我们揭示了源语与目的语之间转换的内在规律，同时为翻译教学的优化与 MTI 研究生培养方案的完善提供了坚实的理论支撑。姚小平（2004）的认知体验哲学理论进一步强化了从认知机理视角审视翻译的重要性。这不仅有助于我们打破传统教学模式的束缚，探索更加符合认知规律的教学方法，还能有效促进 MTI 学位教育的持续健康发展。因此，在 MTI 学位建设与发展过程中，我们必须高度重视学科建设的理论深度与广度，通过强化理论建设来引领实践创新，确保翻译教育能够紧跟时代步伐，培养出既具备扎实语言功底又拥有深厚文化素养、能够胜任全球化背景下复杂翻译任务的高素质翻译人才。

第三节　MTI 教育应注重培养译者的主体性

在翻译活动领域，作者、译者与读者三者虽地位独立，却通过译者的翻译实践紧密相连，形成一个动态平衡、相互制约而又相互依存的活动生态系统。译者在这一系统中扮演着核心角色，其翻译过程本质上是一场跨越时空、跨越文化与心灵的深度对话。这场对话不仅是对原文与读者间沟通渠道的构建，更是译者个人智慧、语言能力、文化修养及创造力的综合展现。正如符号学所揭示的，译者作为翻译过程的主体，操控着符号转换的每一个环节，其工作远非简单的语言符号替换，而是涉及对原文深层含义、文化语境、作者意图及情感色彩的全面解读与再现。

长期以来，翻译研究往往局限于对语言形式的探讨，忽视了译者作为能动主体的关键作用（平洪，2011）。实际上，译者的任务远不止语言层面的转换，而是要在深入理解原文的基础上，创造性地运用译入语，再现原文的精髓与神韵。这一过程要求译者具备跨语言、跨文化的综合能力，能够敏锐地捕捉原文中的默认值、隐含意义、文化背景及作者情感，并在译文中找到恰当的表达方式，实现原文与译文之间的动态平衡。

Chesterman（1994）认为，翻译具有过程性人类行为形式的本质，译者在翻译过程中通过"译者的关系视角""读者的关系视角""适应选择视角""翻译实践视角"等多重视角进行信息转换。译者的主体地位及其对翻译结果的影响，应引起翻译工作者、翻译理论研究者和翻译教育者的充分重视。译者的翻译生态环境"身份"在具体操作层面上，体现为对译文选择的敏感性与判断力，最终决定了译文的生成。这一过程犹如挑水人寻找两桶水之间的平衡点，既需技巧，又需智慧与经验。翻译的理解过程始于深入阅读，它不仅是语言层面的解码，更是译者主体投入创造的过程。翻译活动的阐释性质决定了译者在保持原文"客观性"的同时，也享有一定的自由空间，这种平衡正是译者主体观与主体间性的体现。译者的中心角色不仅对其自身构成制约，还通过其翻译实践影响翻译生态环境，进而对翻译教育提出更高要求。

因此，对于未来翻译人才的培养，应注重翻译综合素质的提升，包括语言能力、文化素养、批判性思维及职业操守等多方面。MTI的培养模式、课程设置、教学模式及翻译实践等方面，必须紧密围绕翻译学科理念，注重理论与实践的深度融合，培养具有国际视野、跨文化沟通能力、深厚专业素养及高度责任感的翻译人才。这不仅是MTI培养工作的内在要求，也是应对全球化时代翻译挑战、推动翻译事业持续发展的必要条件。

第四节　MTI 教育学科理念的新视角

在深入剖析翻译硕士研究生教育（即学术型 MA 与专业型 MTI）的课程体系架构与培养模式优化策略时，我们必须深刻认识到，这两种教育模式的并存不仅标志着我国翻译硕士教育体系在学术探索与专业实践双轨并行策略上的坚实迈进，更预示着翻译教育领域正步入一个多元化、精细化与高质量发展的新阶段。面对如何精准构建并实施能够深刻体现其独特学科精髓与教育理念的教学体系，教育界与翻译界持续开展着富有建设性的探索和深入的学术对话。

首先，应明确尽管 MA 与 MTI 均聚焦于翻译硕士的培养，但二者在实践要求与理论导向方面存在显著差异。实践，作为翻译能力培养的基石，在两者中均占据举足轻重的地位。然而，我们必须警惕的是，单纯依赖实践而忽视理论支撑的教育模式，难以培养出具备深厚理论素养与高度适应性的高层次翻译人才，更难以满足当前及未来翻译市场日益增长的复杂需求。因此，推动翻译理论从象牙塔走向实践前沿，同时有效防止 MTI 学位教育中可能出现的理论边缘化倾向，成为当前翻译教育改革的紧迫任务。这要求翻译专业教师不仅要深刻理解理论教学，同时基于丰富实践经验与特定文化语境下的深刻洞察与智慧提炼，还需在教学中灵活运用这些理论，引导学生通过实践验证理论，深化理解。MA 教育的重点应当放在利用实际翻译案例来验证并优化翻译理论的有效性上，旨在通过这一过程，促进翻译理论知识与实践操作技能的深度融合，从而使学生能够在扎实的理论基础上更加灵活地应对复杂多变的翻译任务。这种教育模式鼓励学生将所学理论应用于实践，通过不断的实践反馈来修正和完善理论认知，形成理论与实践相互促进的良性循环。相比之下，MTI 教育则应更加聚焦于专业翻译流程中的阶段性反思、不同翻译策略与技巧的对比分析，以及从实践中提炼出的经验总结。MTI 学位教育尤为强调元认知技能的培育，即培养学生对自身翻译过程进行监控、调节和评估的能力。这不仅能够帮助学生有效提升翻译效率和质量，还能促进他们在翻译实践中不断自我完善，形成一套适合自己的翻译方法和策略。通过这样的教育模式，MTI旨在培养出既具备扎实专业技能，又拥有高度自我反思与学习能力的高端翻译人才。因为正如Ulrych（2005）所指出的，元认知能力对于译者的自我提升与翻译质量监控具有不可估量的价值，而坚实的理论基础正是构建这一能力的关键。

其次，关于翻译硕士培养中的课程范式革新，当前部分高校在课程设计上存在的实践导向过度而系统性不足、兴趣导向有余而稳定性欠缺的问题，已在一定程度上制约了课程的有效实施与人才培养质量的提升。翻译硕士课程设计的核心应根植于教育、文化、哲学与翻译本质观的深度交融，旨在实现理论与实践的相辅相成、相互促进。传统的"知识点讲授—练习—考试"循环及学科中心范式，虽在知识系统性与全面性方面表现优异，却难以充分对接社会对"复合型""实用型"翻译人才的迫切需求。因此，探索并构建一种更加灵活多变、开放包容的课程设计范式显得尤为重要。这一新范式应强调翻译实践的核心地位，同时注重翻译理论的适时融入与有效指导，确保课程内容既能反映翻译实践的最新动态，又能为实践提供坚实的理论支撑。此外，该范式还应鼓励师生共同参与翻译实践，通过实践中的互动与反馈，促进教师经验的积累与学生能力的提升，形成"实践—反思—再实践"的良性循环（姚小平，2004：318），从而不断提升翻译硕士教育的实效性与前瞻性。

最后，倡导并实施以学习者为中心、以翻译任务与项目为驱动的课程设计范式，是提升翻译硕士教育质量、促进学生全面发展的关键举措。这一范式通过模拟真实的翻译工作场景，让学生在完成具体翻译任务与项目的过程中，亲身体验翻译流程的各个环节，深刻理解理论与实践相结合的重要性与必要性。正如Ulrych（1996）所强调的，专业技能的培育离不开实践与理论的双重滋养。通过构建翻译学习与项目实践紧密结合的生态型培养体系，不仅能够增强学生的课程参与感与学习兴趣，还能有效培养他们的创新思维与实践能力，促进其翻译能力的全面提升。对于无论是学术型MA还是专业型MTI培养而言，这一范式都展现出了巨大的潜力与广阔的应用前景，有望为我国翻译硕士教育事业的持续健康发展注入新的活力与动力。

翻译作为一项高度复杂的、基于实际应用的体验式交互活动，其深远意义已超越传统认知中单纯语言技巧或工具的范畴。这一认知视角深刻揭示了翻译实践所蕴含的丰富体验认知属性，它要求我们超越表面形式，深入探索翻译过程中译者主体性的展现与认知机制的运作。正如廖七一（2011：28）所指出的："翻译理论素质不仅从宏观层面对翻译实践能力起着指导性的作用，更构成了翻译能力不可或缺的有机组成部分。"这一论断强调了理论素养与实践能力之间的紧密结合，提醒我们翻译教育需两者并重，不可偏废。

进一步而言，要全面理解 MTI 与 MA 教育模式的本质联系，就必须深刻把握翻译理论与实践之间的内在联系。它们并非孤立存在、互不相关的"两张皮"，而是如同人类活动中的两只手，相互协作、共同作用于翻译这一综合性任务之中。MTI 强调实践导向，侧重于翻译技能的直接训练与提升，而 MA 则更侧重于翻译理论的深入探讨与学术素养的培养。然而，在真实的翻译实践中，理论素养与实践能力往往是相辅相成、相得益彰的。MTI 学生需要借助深厚的理论功底来指导实践，提升翻译质量；而 MA 学生也需通过不断实践来验证理论，深化对翻译活动的理解。因此，在翻译硕士教育体系的构建中，我们应致力于打破理论与实践之间的界限，促进两者之间的深度融合与相互渗透。设计科学合理的课程体系，既注重翻译技能的培养，又强调翻译理论的传授，使学生在掌握扎实翻译技能的同时，也具备深厚的翻译理论素养。只有这样，我们才能培养出既懂理论又善实践的复合型翻译人才，满足社会对高质量翻译服务的迫切需求。

近年来，OBE（outcome-based education）教育理念注重以成果为导向反向设计教学要素，旨在培养学生的实际应用能力，深受教育界的推崇。OBE 教育，也被称为成果导向教育、能力导向教育、目标导向教育或需求导向教育。这一教育理念强调以学生的学习成果为导向，关注学生的个性化需求和实际能力培养，是一种先进的教育理念。OBE 教育理念以学生应达到的学习成果为出发点和落脚点，并以此为基础设计课程、选择教学方法和评估学习效果，有助于提升学习的针对性和效率。按照 OBE 教育理念，MTI 教学也必须首先明确要培养什么样的高层次、应用型、专业化翻译人才，MTI 人才应该具备怎样的翻译能力，其翻译能力的发展具有何种特征和规律。只有在明确这些以成果为导向的培养目标的基础上，我们才能有的放矢地从多维相关方面开展教育教学改革和创新研究，最终提升 MTI 教学质量和人才培养质量，逐步解决当前 MTI 教育教学中存在的各种问题。因此，下一章将着重探讨 MTI 学生应具备的翻译能力内涵、现状、发展路径及影响因素等内容，为后续的 MTI 教育教学研究提供目标导向。

第三章 翻译硕士专业学位学生翻译能力发展研究

自 20 世纪 60 年代起，西方国家在高等教育领域率先迈出了专业翻译培养的步伐，通过设立一系列翻译培养项目，逐步构建起了相对完善和成熟的职业翻译人才培养体系与模式。这些体系与模式不仅注重向学生传授专业的理论知识，更将实践技能的培养置于重要地位，通过校企合作、实习实训等多种方式，为学生提供了丰富多样的实习机会和明确的职业发展路径。这一举措显著地推动了西方国家翻译行业的发展，并为全球翻译领域培养了大量高素质的专业人才。

然而，相较于西方国家，我国 MTI 教育的开展较晚，于 2007 年才正式启动。尽管在近几年的发展过程中，MTI 教育取得了显著的进步和成就，但整体而言，其发展仍远未成熟和完善。当前，我国翻译人才的整体水平仍有待进一步提升，翻译能力不高，特别是在高层次对外翻译人才的培养上，短缺问题尤为突出（黄友义，2020）。这一现状不仅反映了我国翻译行业的实际需求与人才培养之间的不匹配，也反映出尚未实现 MTI 教育的职业翻译教育目标（穆雷、王巍巍，2011；王立非、王婧，2016；崔启亮，2017）。究其原因，我们发现 MTI 学生翻译能力培养的专业性和实践性不足是制约其发展的关键因素（莫爱屏等，2015）。由于缺乏足够的实践锻炼和专业指导，MTI 毕业生在翻译能力上往往无法达到翻译行业的实际预期，这不仅影响了他们的就业竞争力，也制约了翻译行业的整体发展（仲伟合，2014）。翻译能力的培养作为翻译培训的核心目标，其重要性不言而喻（JAC Flores，2019；Latorraca、Aiello，2021；唐昉，2022）。因此，如何有效提升 MTI 学生的翻译能力，已成为评价 MTI 教育成败的重要标准，也是当前翻译教育领域需要优先解决的问题。翻译能力及其获取机制的研究，直接关系到翻译教学的有效实施，并已成为翻译教学研究的核心议题（Neubert，2000；PACTE，2008；Shreve，1997）。为了深入探讨这一问题，我们必须从学术研究和教学实践的角度出发，全面审视当前我国 MTI 人才培养的实际问题，包括课程设置、教学方法、实习实训等多个方面。同时，我们还应致力于实现 MTI 职业翻译教育的目标，即培养具备扎实理论知识、熟练实践技能和良好职业素养的高层次翻译人才。

在此背景下，本书拟对以下几个核心议题展开实证性的深入研究：首要关注的是当前翻译硕士学生翻译能力的实际状况，即其能力水平究竟处于何种阶段，是否存在普遍性的优势与不足。其次，本书将细致描绘 MTI 学生翻译能力的发展轨迹，探究其成长过程中显现出的主要特点与规律，包括能力提升的速率、关键转折点以及可能存在的瓶颈问题。尤为重要的是，将探究存在哪些主要因素作用于翻译能力的培养过程，它们的影响机制是什么，以及这些因素是如何相互作用、共同塑造 MTI 学生的翻译能力的。通过探讨，旨在为 MTI 教育的改革与发展提供具有实践指导意义的参考框架，助力我国翻译教育事业在不断探索与创新中实现蓬勃发展，培养出更多具备高超翻译技能与深厚文化底蕴的翻译人才。

第一节　翻译能力发展研究现状

一、国外研究

国外有关翻译能力的研究经历了显著的演变，其发展轨迹明确地反映了从纯理论研究向实证研究和跨学科研究的转变。

（1）在翻译能力理论研究的初期，德国学者 Wilss（1976）在其著作《翻译科学：问题与方法》中首次明确提出了翻译能力的概念，这一开创性的见解为后续研究奠定了基石。随后，国外学者基于多样化的理论框架，对翻译能力的定义及其内涵进行了深入探讨，逐渐形成了四种主流观点：翻译能力自然观、最简观、要素观以及认知观。翻译能力自然观（Wilss，1976；Harris，1978；Toury，1995）将双语能力与翻译能力等同视之，强调翻译能力是人与生俱来的能力。然而，由于该观点未能充分考虑翻译工作的复杂性和译者的主体性，其在学术讨论中逐渐被边缘化。尽管如此，Wilss（1976）所构建的多项翻译能力成分模式仍为后来的研究提供了重要的理论基础。20世纪80年代，翻译能力研究经历了"文化转向"，开始将社会、政治、历史、文化等多学科因素纳入考量，从而形成了翻译能力要素观。这一观点认为，翻译能力是由一系列相互关联、可辨识的子能力构成的复杂系统，这些子能力相互作用、互为补充，共同构成了一个完整且自足的能力体系（Delisle，1980；Schäffner，2000；Neubert，2000；PACTE，2000；Lesznyák，2007）。翻译能力要素观因其全面性和深入性，被广泛认为是翻译研究领域最为先进的能力模式（Márta，2008）。与此同时，翻译能力最简观（Pym，2003）也崭露头角。该观点认为，翻译能力是译者针对原文文本迅速生成一系列可行目标语文本，并从中合理、自信地选择出唯一可行目标语文本的能力。这一观点强调了译者的应变能力和能动性，但因其未涉及翻译能力培训的具体内容，故在翻译培训、课程设计及翻译评估等领域的适用性有限。Shreve（1997）认为翻译能力是专业化跨文化传译能力，其知识基础涵盖陈述性（declarative）与程序性（procedural）认知模块。该能力通过特定的心理表征框架（即知识组织范式）外显，使译者能够在实际交际场域中对文化规约衍生的符号-功能配置实施动态重构。译者在实践演进中持续将形式与意图的对应关系整合为认知框架，进而促发其在同类传译情境中精准调用适配的符意结构并投射至翻译行为。认知科学视域的介入不仅拓展了翻译能力的理论纵深，更明晰了新手与专家能力的质性分野，由此形成解析翻译能力本质的创新研究范式。

（2）在翻译能力模式构建研究方面，受翻译能力要素观的影响，学者们开始致力于构建包含复合要素的"成分模式"（componential models）。众多国外学者（如 Bell，1991；Nord，1992；Kiraly，1995；Cao，1996；Hatim、Mason，1997；Campbell，1998；Risku，2002；PACTE，2003/2005/2011；Göpferich，2009；Angelelli、Jacobson，2009；Schäffner、Adab，2000；EMT，2009/2017）从不同角度探讨了翻译能力的构成要素及其相互关系，并提出了多种翻译能力模型。近年来，随着研究的深入，学者们开始结合译者身份、专业领域、翻译流程等因素，对翻译能力进行更为细化的模型构建，如 Bergen（2009）和 Albir 等（2018）构建的翻译能力习得模型，以及 Parra-Galiano（2021）构建的法律翻译译者和译后校订者的能力层级模型等。尽管研究成果丰硕，但由于理论视角、语种和翻译方向等方面的差异，翻译子能力的构成在学术界尚未达成共识。

（3）在翻译能力跨学科实证研究方面，基于翻译能力的理论研究成果，翻译能力的应用研究逐渐受到重视。教育学、教学法、翻译测试、教师发展等领域开始与翻译能力研究相融合。Delisle（1980）、Kiraly（1985）、Schäffner（2000）、Colina（2003）等学者构建了翻译能力教学模式并进行了教学实践。同时，Orozco 和 Alabir（2002）、Angelelli（2009）等学者对翻译能力习得过程进行了评估，并开展了翻译测试研究。此外，Eyckmans 和 Anckaert（2017）探讨了翻译能力的总结性评价方法，而 Anabel Galán-Mañas 和 Albir（2015）、Schaeffer 等（2019）、Galán-Manas 和 Anabel（2016）等则从翻译过程和翻译教学的视角出发，实证构建了翻译能力评估工具和方法。这些研究对翻译教学、翻译测试等领域来说具有深远的创新和指导意义。

（4）在翻译能力培训研究方面，学者们从翻译能力习得、培训、课程设计、教学模式等多个角度进行了深入探讨。Albir 等（2020）、Albir（2014）、Beeby 等（2018）、Bergen 和 David（2009）、Anna 和 Christian（2018）、Martínez 和 Faber（2011）、Álvarez（2011）、Rothwell 和 Svoboda（2019）、Solovyeva 等（2015）、Massey（2017）等学者的研究成果为翻译能力培训提供了宝贵的理论和实践指导。随着研究的不断深入，翻译能力培训研究逐渐成为该领域的重点。

（5）在翻译子能力微观研究方面，学者们在泛化的口笔译能力研究基础上，开始从微观视角审视某一具体的翻译子能力。Robert 等（2016、2018、2022）构建了翻译修改能力模型，并实证对比分析了译者和译后修改者在该能力上的异同。同时，José（2019）、Prieto 和 Adrián（2016）、Gough（2019）、Ureel 等（2022）、Massey 和 Ehrensberger-Dow（2011）等学者对双语子能力、技术能力、信息素养、社会语言学能力、语料库能力、社会能力等进行了实证分析。这些研究进一步细化了翻译能力系统的构建，丰富了翻译能力研究的内涵。

（6）在翻译能力影响因素研究方面，尽管已有 Lovillo（2019）、Lehka-Paul 和 Whyatt（2016）等学者对影响翻译能力发展的因素进行了初步探讨，但整体上该主题的研究尚未引起学术界的足够重视。现有研究多集中在译者的主体特征上，而缺乏对客观翻译（教育）环境的关注。因此，该领域的研究广度和深度仍有待进一步拓展和深化。综上所述，国外翻译能力研究的起步较早，发展迅速，取得了丰富的成果。研究经历了从翻译能力内涵和模型的理论研究到翻译能力培训、翻译能力评估等跨学科实证研究的深刻转向。然而，相关研究结论尚缺乏广泛认同，仍存在广阔的研究空间等待学者们去探索和挖掘。

二、国内研究

国内有关翻译能力的研究相较于国际领域起步较晚，其发展历程主要依赖于对国外相关研究成果的引介与借鉴。在这一过程中，受传统客观知识主义观念的长期影响，翻译能力研究主要集中于对翻译客体的深入剖析。首先，在翻译能力内涵的研究方面，刘宓庆（2003）、文军（2004）、冯全功（2010）等一众学者，通过引入并深化西方翻译能力研究，同时融入语言学、心理学、文化学、认知学等多学科理论，对翻译能力的理念框架、内涵界定、构成维度进行了全面而深入的理论探索。这一系列工作不仅极大地丰富了国内翻译能力研究的理论成果，还成功实现了西方翻译能力理论的本土化转型，为后续的实证研究奠定了坚实的理论基础。然而，这些研究多集中于专家级别的翻译能力，而对翻译学习者角度的能力探讨相对较少，这限制了翻译能力研究的广度和深度。在翻译教学研究的领域内，苗菊（2007）、仝亚辉（2010）等学者从多种理论视角出发，构建了翻译能力的多维度框架，并据此对翻译教学的课程建设、教学模式和方法、毕业论文写作等方面提出了富有建设性的建议，为翻译教学的实践提供了有力的理论支撑。然而，这些研究中的实证研究却显得相对匮乏，仅有王湘玲（2012）、陶友兰和刘敬国（2015）等少数学者通过实证研究，构建了有针对性的翻译教学模式和方法，并进行了理论探讨和应用分析，为翻译教学实践提供了切实可行的参考方案。翻译能力测试研究同样取得了令人瞩目的进展。穆雷（2006）、王克非和杨志红（2010）等学者对翻译能力测试的设计、实施及改革进行了深入的理论探讨，为翻译能力测试的科学化、规范化提供了有力的理论支持。同时，王斌华（2011）、杨志红（2016）等学者则从翻译能力的内涵和维度出发，从翻译能力测试的设计理念、测试模式等角度进行了深入研究，并针对当前已有的翻译能力测试手段和工具提出了改进建议，推动了翻译能力测试工具的研发和编订。然而，值得注意的是，多数翻译测试研究所依据的翻译能力模式仍属于专家系统能力，对于以学习者为中心的翻译能力测试则缺乏直接适用性（陈怡，2010），这在一定程度上限制了翻译能力测试在实际教学中的应用。

此外，国内翻译界对翻译能力影响因素的研究比较少见，此领域研究存在巨大空间。王建华（2014）、李克和卢卫忠（2017）等学者在这一领域进行了有益的尝试，但他们的研究大多关注英语专业本科学生的口笔译能力，而对于MTI学生职业翻译能力的发展及影响因素的研究比较少见。这在一定程度上反映了国内翻译能力研究在研究对象和研究内容上的局限性。总体来看，国内在翻译能力研究领域展现出了积极的姿态，不仅广泛引介了国外的理论成果，而且在翻译教学与翻译测试等关键领域也进行了富有成效的探索与实践。然而，在与国外同类研究成果的对比中，我们可以清晰地发现，国内研究尚存在一些显著的不足之处。首先，国内研究过于偏重于理论层面的探讨，而缺乏足够的实证研究作为支撑。这导致许多理论成果虽然具有一定的指导意义，但在实际应用中却难以有效落地。其次，国内研究多聚焦于专家系统所应具备的翻译能力，即一种理想化的、应然状态的翻译能力，而对于翻译能力如何从学习者的实际状态（实然状态）逐步发展到这种应然状态的复杂动态过程,却缺乏深入细致的研究。再次,对于翻译能力发展的主体——学习者,尤其是 MTI 学生这一特定群体的翻译能力发展机制,国内研究几乎处于空白状态,这无疑是一大遗憾。最后,国内研究在翻译能力发展与各种影响因素之间的相互关系上也不够深入和全面,这使得我们无法准确地把握翻译能力发展的内在规律和外在条件。

我国职业翻译教育当前所面临的困境,其根源在于翻译能力研究的不充分、不成熟以及不全面。为了破解这一难题,学界应该从学习者所特有的翻译能力视角出发,对 MTI 学生的翻译能力实然状态、发展机制以及影响因素进行深入的实证研究。通过这一研究,我们可以更加清晰地认识到当前 MTI 教学中存在的对学习者来说真正有意义的主要问题,从而有针对性地调整翻译教学体系设置,使翻译教学的客观条件能够更好地满足学习者的心理需求和翻译能力的发展要求。这一研究不仅是对当前翻译能力研究不足的一种重要补充和完善,还是推动我国职业翻译教育持续健康发展的关键途径。它有助于我们更加深入地理解翻译能力的本质和内涵,为翻译教育的改革与创新提供有力的理论支撑和实践指导。

第二节　MTI 学生翻译能力发展研究理论框架

本书有关 MTI 学生翻译能力发展研究的理论框架的构建受到学习投入理论与三元交互理论的共同启发和指导。这两大理论为理解学习者因素、学习环境因素、学习行为与学业表现之间的复杂互动关系提供了明确的定义,并对 MTI 学生翻译能力发展路径的构建起到了重要的指导作用。

一、学习投入理论

学习投入理论(Schaufeli,2002)着重强调了学习投入作为与学习活动紧密相连的、积极的、正面的精神状态,以及学生在各类学习活动中所投入的时间与精力的重要性。这种投入反映了学习者在学习过程中的行为表现、认知加工和情感反应，并且与学业成绩和能力发展有显著的正相关性。学生投入及努力的程度，被普遍认为是决定其个人学习成效的关键因素。当学生期望能从学校所提供的教育环境中获得实质性的知识与技能提升时，他们必须展现出一种积极且主动的学习态度。这一观点在学习投入理论中得到了充分的阐述。首先，该理论从行为和心理两个维度深入剖析了学习投入的内涵，明确指出学生的投入程度是由其投入学习的时间以及努力的程度两者共同塑造的，并且这一投入过程对学生的学习成果产生了显著的积极影响。学习投入理论强调，学习投入是一个综合性的概念，它涵盖了行为和心理两个层面。这意味着，学生的学习投入不仅体现在外在的学习行为上，如参与课堂讨论、完成作业等，还体现在内在的心理状态上，如对学习内容的兴趣、对学习目标的追求等。其次，该理论指出，不同学生的投入程度存在显著的差异。这种差异不仅体现在不同学生之间，即使对于同一个学生而言，在面对不同学习任务时，其投入程度也可能有所不同。这反映了学生个体差异的存在，以及学习任务本身对投入程度的影响。再次，学习投入理论还强调了投入程度的"量"与"质"两个方面。投入的时间是"量"的体现，而努力的程度则是"质"的反映。两者共同决定了学生的投入程度，进而影响其学习成果。此外，学生的学习成果与发展与其投入程度存在直接且紧密的关联。投入程度越高，学生的学习成果往往越显著，其个人发展也更为全面。Lawson 和 Lawson（2013）以及 Philp 和 Duchesne（2016）的研究成果也验证了学习投入在优化教学效果、提升教学质量方面的关键作用。同时，Skinner 和 Pitzer（2012）的研究指出，学习投入是洞察学习过程的重要窗口，为我们提供了观察和理解学生学习状态的独特视角。而 Lambert 和 Zhang（2019）则更加强调了学习投入作为评价课堂教学质量标准的重要性，为我们评估和改进教学实践提供了有力依据。最后，学习投入理论还强调了学校教育政策在激发学生投入方面的重要作用。学校教育政策的效果在很大程度上取决于它们能否有效地激发学生的学习投入，包括提供适当的学习资源、创造积极的学习氛围、设定明确的学习目标等。因此，制定和实施有效的学校教育政策，对于提升学生的投入程度和学习成果具有重要意义。

二、三元交互理论

三元交互理论（Bandura，1977）则为深入理解学习投入的影响因素提供了坚实的理论基础。该理论深入剖析了环境、个体和行为三者之间的动态交互关系，揭示了它们之间互为因果、相互影响的复杂机制。其中，个体因素涵盖了学习者的自身背景、个体特征、思维认知等内在特质，这些因素对学习者的学习投入产生了深远的影响；行为因素则涉及学习者的行动反应、外在表现、具体活动等，是学习者学习投入的直接体现；环境因素则包括影响个体和行为的各种外在条件，如学习环境、社会环境等，它们对学习者的学习投入产生了重要的影响。三者之间彼此互为动态决定关系，且其相互作用的模式和强度会随着时间以及个体因素、行为、环境的变化而发生变化。三元交互理论着重强调，在其构建的基础模型框架之内，必须全面纳入个体自身有机且连续的发展过程，同时，也需深入考量那些与该过程内在运行机制紧密相连的其他行为因素。相较于传统理论在人类行为因果论上所持有的偏见，该理论展现出了对行为认知更为深刻、全面且细致的洞察力。它不仅明确指出，人具有影响自身周边外在环境的能力，而且深刻揭示了人同时也受到所处环境的显著影响，这种影响是双向且持续的。在这一理论框架的引领下，我们得以洞察到个人、行为与环境之间存在着一种动态平衡且相互依存的关系。这种关系并非静态不变，而是处于不断的互动与调整之中。基于此，三元交互理论进一步提出了交互决定论的核心理念，即行为、人与环境三者并非孤立存在，而是相互牵制、相互作用，共同构成了一个复杂而微妙的互动网络。在这个网络中，每一方都蕴含着其他两方的元素，形成了"你中有我，我中有你"的紧密关联。特别值得注意的是，"环境"与"人"之间的相互作用在这一理论中占据了举足轻重的地位。人作为主体，依赖于环境提供的资源和条件作为自身建设发展的基石；而环境则因人的独有气质、认知以及行为方式而呈现出丰富多样的社会特征。这种相互作用不仅彰显了人与环境之间的紧密联系，更揭示了它们之间相互决定、共同演化的深层次内涵。三元交互理论还强调，在特定的约束条件下，如果行为、人与环境三者中的某一种因素起到了决定性的作用，那么其他两种因素则会相应地呈现出辅助性的功能，以协同作用的方式共同构成一个完整且稳定的系统。这一观点不仅深化了我们对三元交互理论的理解，也为我们探索人类行为与环境之间的复杂关系提供了新的视角和思路。这一理论为我们解释学习投入如何受到个体生物特征与环境特征的交互影响提供了重要的理论支撑，也为我们探索如何优化学习环境、促进学习者个体发展、提升学习行为质量提供了有益的启示。在学习投入理论和三元交互理论的共同指导下，基于研究的重点问题，本书构建了 MTI 学生职业翻译能力发展理论模型（见图 3-1）。根据模型可知，学习者因素和学习环境因素会直接及通过学习投入的中介作用影响 MTI 学生职业翻译能力的发展，而学习环境也会对学习者因素产生影响。

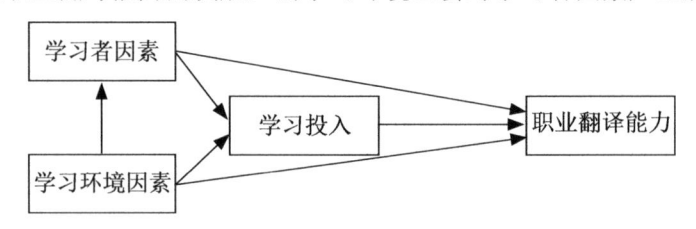

图 3-1　MTI 学生职业翻译能力发展理论模型

三、欧洲翻译硕士联盟翻译能力框架

欧洲翻译硕士联盟（European Master's in Translation，EMT），是由欧盟成立的专业联盟，旨在提高翻译教育质量并促进翻译硕士学习者融入翻译市场。该联盟发布的翻译能力框架为本书的研究提供了重要的参考价值。EMT 翻译能力框架的首个版本（2009 年发布）定义了翻译能力的概念，将其描述为在特定情境和条件下成功完成特定翻译任务所需的能力、知识、行为模式和专业知识的集合。这一界定不仅为我们深入理解翻译能力的构成要素提供了重要的理论视角，而且也为翻译教育的实践提供了有力的支撑。随后，在 2017 年，EMT 对原有的翻译能力框架进行了全面的修订与更新。新框架进一步细化了翻译能力的构成，明确提出了包括语言与文化能力、翻译专业能力、技术应用能力、个人与人际交往能力以及服务提供能力等在内的五种核心能力。这五种能力之间既相互独立，又紧密相连，它们相辅相成，共同构建了

一个完整且系统的翻译能力体系。这一体系的构建，为翻译硕士学生的能力培养提供了更为明确且具体的指导方向，有助于学生在翻译实践中全面提升自己的专业素养和综合能力。EMT 翻译能力框架（2017）以培养高素质、专业化的职业翻译人才为最终目标，聚焦于翻译硕士学生在毕业时应当掌握的知识和技能，为翻译教育与翻译行业的深度融合提供了一个重要的模型。同时，该框架也为我们探索 MTI 学生翻译能力的培养路径提供了有益的借鉴和启示。通过深入研究和借鉴 EMT 翻译能力框架（2009/2017），我们可以更好地把握翻译教育的核心要素，不断提升 MTI 学生的翻译能力，为培养更多优秀的职业翻译人才贡献力量。

基于上述理论框架和文献回顾，本书认为 MTI 学生毕业时应具备的能力既不同于外语学习者的翻译能力，也不同于职业译员应具备的职业翻译能力，而是处于两者之间的衔接过渡状态。这一观点与 EMT 翻译能力框架（2009/2017）的培养目标相一致，都强调了翻译硕士学生应具备既符合学术要求又贴近职业需求的综合能力。因此，本书将 MTI 学生应具备的翻译能力称为"学生翻译能力"，并结合 EMT 翻译能力框架（2009/2017）对"翻译能力"的定义，将其进一步明确为：在高校翻译硕士专业学习情境下，学生毕业时应具备的以职业译员身份完成翻译任务所需的才能、知识、行为、技巧的综合体现。同时，本书将 EMT（2017）翻译能力框架作为构建翻译能力理论框架和相关量表的核心依据，为深入探索 MTI 学生翻译能力的培养路径提供了坚实的理论基础和实践指导。在上述三种理论的共同指导下，本书围绕 MTI 学生翻译能力及其影响因素展开了深入细致的研究。通过构建 MTI 学生职业翻译能力发展理论模型，本书揭示了学习者个体和学习环境如何直接影响 MTI 学生职业翻译能力的发展，并通过学习投入的中介作用间接影响其能力的提升。同时，本书也深入探讨了学习环境对学习者个体的潜在影响，为全面理解 MTI 学生职业翻译能力的形成与发展提供了重要的理论支撑和实践指导。这一研究不仅有助于我们更深入地理解 MTI 学生翻译能力的培养机制，也为翻译硕士教育的改革与发展提供了有益的启示和参考。

第三节　MTI 学生翻译能力发展研究设计

一、研究对象

本研究在方法论上采用了多元化抽样策略，这一策略融合了随机抽样、分层抽样、多段抽样以及整群抽样等多种方法，旨在确保所选取样本的代表性和广泛覆盖性，从而为研究结论的普遍适用性奠定了基础。在此基础上，我们分三个批次，有计划地从国内 9 所综合性高校中筛选了 766 名 MTI 在读研究生（笔译方向）作为本研究的核心对象。这 9 所高校的选择并非随意，而是考虑了教育层次和地域分布，其中包括 2 所 985 院校、3 所实力雄厚的 211 院校，以及 4 所在各自省份内占据重要地位的省级重点高校。这样的选择旨在全面、深入地揭示不同层次高校 MTI 教育的现状与特色，为翻译教育的整体提升提供科学依据。

第一批抽样活动主要服务于问卷（初稿）的探索性因子分析阶段。我们设计了问卷并面向目标群体发放了 116 份，最终成功回收了 97 份有效问卷，回收率理想。在这 97 名参与者中，女性为 82 名，男性为 15 名，这一性别比例反映了当前 MTI 专业中女性学生的普遍数量优势。同时，参与者按照研究生年级的分布也呈现出均衡态势：研一 37 名，研二 33 名，研三 27 名。这样的年级分布为我们后续分析不同年级学生在翻译学习上的差异提供了数据支持。

第二批抽样则进入了正式的问卷调查阶段，我们的目标是获取更大规模、更具统计意义的数据集。为此，我们大规模发放了 730 份问卷，回收了 669 份有效问卷，回收率高达 91.6%。这一数据不仅确保了研究的样本量充足，也极大地提高了数据的可靠性和准确性。在这 669 名参与者中，女性依然保持着多数地位，共有 552 名，男性则为 117 名。年级分布上，研一 238 名，研二 232 名，研三 199 名。这样的分布使得各高校及年级间的人数比例保持了大体均衡，为我们进行跨校际和跨年级的比较分析提供了便利。

第三批抽样专注于访谈环节，旨在获取更深入的个性化信息。我们从第二批抽样对象中，通过整群抽样和分层抽样的方法，有目的地挑选了 9 名访谈对象。这 9 名对象中，女性 6 名，男性 3 名，同时确保每个年级各有 3 名代表。这样的访谈对象构成不仅实现了性别和年级的均衡分布，更重要的是，它允许我们更深入地挖掘不同背景和经历的学生在翻译学习过程中的独特体验和感受，为研究的深入和细化提供了丰富的素材。

本研究通过一系列抽样方法构建了一个多元化且具有代表性的样本群体。这一样本群体不仅为我们深入探讨 MTI 学生的翻译学习提供了坚实的数据基础，也为后续的研究和分析工作奠定了良好的开端。

二、研究问题

本研究旨在系统性地探究以下关键议题，为 MTI 教育领域提供实证基础与理论指导，以促进该领域的进步与发展。

（1）在评估 MTI 学生翻译能力水平方面，本研究不仅关注学生的整体表现，还将深入分析不同年级学生之间的能力差异。为了客观、准确地衡量学生的翻译能力，我们将收集并分析一系列量化数据，包括但不限于翻译测试成绩、专业技能考核评分等。同时，我们还将对各年级学生在翻译理论知识掌握、实践技能运用以及跨文化交际能力等方面的具体表现进行详尽考查，旨在揭示随着学习进程的深入，学生翻译能力的演变趋势以及年级间是否存在显著差异。这一分析将有助于我们更准确地把握 MTI 学生翻译能力的现状，为后续的教学改革提供有力依据。

（2）在探讨影响 MTI 学生翻译能力发展的因素时，本研究将重点关注学习环境因素和学习者因素。对于学习环境因素，我们将从课程设置、教学资源、师资力量以及学习氛围等多个维度进行深入剖析，以期揭示这些因素如何共同作用于学生翻译能力的培养过程。而在学习者因素方面，我们将着重分析学生的语言基础、学习动机、学习策略以及认知风格等个体差异，探究这些差异如何影响学生的翻译学习成效。此外，我们还将通过问卷调查、深度访谈等多种研究方法，全面了解 MTI 学生的学习投入情况，包括学习时间分配、学习精力投入以及学习主动性等方面的表现，旨在全面揭示学习投入与翻译能力培养之间的内在联系。

（3）关于学习者因素、学习环境因素和学习投入如何协同影响 MTI 学生翻译能力的发展，本研究将采用多元回归分析等统计方法，深入探究这些因素之间的相互作用及其对学生翻译能力发展的综合效应。我们将细致分析不同因素在翻译能力培养过程中的相对重要性和地位，以及它们如何通过相互交织的作用机制来促进学生的翻译学习。通过这一深入研究，我们期望能够揭示出 MTI 学生翻译能力发展的内在规律和机制，为翻译教育的改革与优化提供科学、系统的理论依据。

研究将紧密围绕 MTI 学生翻译能力的培养这一核心议题，从多维度、多层面进行深入探讨和分析。通过综合运用量化研究与质性研究的方法，我们将力求全面、准确地揭示出影响 MTI 学生翻译能力发展的关键因素及其作用机制，为翻译教育的持续发展注入新的活力，同时也为学生的翻译能力提升提供有力的支持与指导。

三、研究工具

本研究采用了两种测量工具，旨在系统地搜集并分析相关数据，以确保最终研究结论的可靠性。首要工具是研究团队设计与编制的《MTI 学生职业翻译能力水平及影响因素调查问卷》（以下简称《问卷》），具体内容见表 3-1。此问卷构成本研究的数据收集基石，其设计严格遵循科学性和系统性的原则，力求全面、准确地评估被试学生的翻译能力、影响因素及学习投入状况。问卷内容涵盖四个核心量表，每个量表均针对特定的测量维度进行构建。其中，量表 1 为"MTI 学生翻译能力量表"，该量表以 EMT 翻译能力框架（2017）为参照，从语言与文化能力、翻译能力、技术能力、个人与人际能力、服务提供能力五个维度，全面衡量学生的翻译能力水平。量表 2 则是"学习者因素量表"，它着重评估被试学生的个体因素，包括先赋性因素（例如天赋、家庭背景等）与自致性因素（如个人努力、学习策略等）两大方面。量表 3 为"学习环境因素感知量表"，用于探究学生对翻译学习环境的感知与评价，具体涉及学校环境与社会环境两大层面。量表 4 "翻译学习投入量表"则参照了

《大学生英语课堂学习投入多维评价体系的理论框架》（任庆梅，2021），从行为投入、认知投入和情感投入三个关键维度，深入测量学生的学习投入情况。在量表设计上，我们除了对量表 2 中的先赋性因素采用分类变量处理外，其余三个量表及量表 2 中的自致性因素均统一采用了李克特 7 级量表形式，以确保测量的精确性和数据间的可比性。在这样的设计下，分值直接反映了学生翻译能力、学习投入的程度，以及学习者因素和学习环境因素影响的显著程度。

表 3-1 《MTI 学生职业翻译能力水平及影响因素调查问卷》构架

量表	维度	题项类别	题项数量	累计方差贡献率 %
量表 1	语言与文化能力	跨文化能力、语言能力	7	64.84
	翻译能力	策略能力、方法能力、主题能力	11	75.52
	技术能力	IT 软件、搜索引擎、语料库、计算机辅助翻译技术	12	83.47
	个人与人际能力	沟通能力、组织能力、合作能力、人员管理能力	18	86.40
	服务提供能力	服务客户能力、与客户谈判能力、职业道德标准	10	71.08
量表 2	先赋性因素	家人期望、本科专业、本科成绩	3	—
	自致性因素	学习动机、自我效能感	6	62.58
量表 3	学校环境	课堂教学、师资水平、学术氛围、教学资源、课程设置、校内翻译实践	21	85.43
	社会环境	社会翻译实践	3	64.21
量表 4	行为投入	个人努力、师生互动、同伴互动	10	89.25
	认知投入	深层学习、自主规划、自我监控	13	85.47
	情感投入	兴趣驱动、积极情绪、群体归属	12	91.15

《问卷》的编制过程严格遵循了严谨的程序规范，操作流程细致周密。研究首先通过文献回顾、参考权威量表和专家咨询等方法，初步确定了问卷的维度和题项。随后，我们邀请了 3 名翻译领域的从业者和 5 名翻译教师进行独立审查，对题项的逻辑性、表达的简洁性以及清晰度进行了全面评估，并根据他们的意见对题项进行了必要的删减、新增与修改。之后，研究团队将修订后的问卷提交给另外 3 名专家（包括 1 名翻译从业者和 2 名翻译教师）

进行复审，直至他们对题项的详尽性和相关性达成共识，形成了问卷的初稿。为了进一步验证问卷的信度与效度，我们对首批抽样的 116 名被试进行了问卷初稿的预测试。在筛选出符合要求的 97 份问卷后，我们进行了探索性因子分析。通过 Cronbach's α 系数检验，我们确认了问卷量表的信度；同时，利用 KMO 检验和 Bartlett Test of Sphericity，我们验证了问卷量表的结构效度（量表 2 中的先赋性因素因采用分类变量，故未参与信度和效度的检验）。根据检验结果，我们对问卷初稿进行了多轮细致的修改与完善，最终使得各量表的信度和效度均达到了研究要求。具体而言，四个量表的 Cronbach's α 系数分别达到了 0.886、0.901、0.851 和 0.924，显示出问卷具有良好的内部一致性；而 KMO 值则分别为 0.815、0.762、0.858 和 0.870，且 Bartlett's 球形检验的 Sig. 值均小于 0.05（具体为 0.001、0.004、0.000 和 0.012），表明问卷非常适合进行因子分析。最后，我们采用最大方差旋转法提取了旋转后初始特征值大于 1 的因子进入量表维度，选择旋转后因子载荷系数大于 0.35（依据 Abdi 和 Williams 的建议，2010）的题目作为量表的最终题项，从而完成了问卷的终稿编制。

除了问卷这一主要测量工具外，本研究还编制了《访谈大纲》作为辅助手段。在编制《访谈大纲》的过程中，研究团队与领域专家进行了讨论和协商，基于研究的核心主题、对象和问卷内容，设计了一份半结构化的访谈大纲。这份大纲共包含 13 个题目，题目之间逻辑关系紧密（如并列、递进、因果、条件等），以确保访谈内容的全面性和逻辑性。通过实施访谈大纲，我们可以对问卷的测量结果进行深入的质化解析和三角验证，从而进一步提升研究的准确性与可靠性。

四、数据分析方法

本研究采用了三种系统化的分析方法来探究 MTI 学生翻译能力及其影响因素：(1) 探索性因子分析在《问卷》的编制与后续的信效度检验环节中发挥了关键作用。通过探索性因子分析，本研究深入挖掘了问卷数据中的潜在结构，识别并验证了各量表中的关键因子，确保了问卷设计的科学性、合理性和有效性。此外，该方法还为我们评估问卷的信度和效度提供了重要依据，为后续的数据分析工作奠定了坚实的基础，使得我们的研究能够更加准确地反映MTI学生翻译能力的实际情况。（2）选择单因素方差分析作为深入剖析《问卷》数据的重要手段。这种方法使我们能够对数据进行全面的描述性和差异性分析，从而更加深入地了解MTI学生翻译能力的实际水平，以及学习者因素、学习环境因素和学习投入的真实状况。通过单因素方差分析，我们得以揭示不同群体或个体在翻译能力、学习者因素、学习环境和学习投入等方面存在的显著差异，为后续的模型构建和假设验证提供了有力的证据支持，使得我们的研究能够更加精准地捕捉到影响MTI学生翻译能力的关键因素。（3）利用验证性因子分析进一步验证和优化本研究提出的MTI学生翻译能力及其影响因素互动模型。验证性因子分析不仅能够帮助我们评估模型与数据的拟合程度，还能够检验模型中的假设关系是否成立，从而为模型的修正和优化提供科学依据。通过这种方法，我们能够根据实际数据对模型进行必要的调整和完善，以确保模型的准确性和实用性。在这一过程中，我们不仅验证了模型的有效性，还通过不断修正和优化，显著提高了模型对实际数据的解释力和预测能力，使得我们的研究能够更加准确地揭示MTI学生翻译能力及其影响因素的内在联系。

本研究综合运用了探索性因子分析、单因素方差分析和验证性因子分析三种方法，对MTI学生翻译能力及其影响因素进行了全面和深入的研究。这些方法不仅帮助我们编制了科学有效的问卷，还深入揭示了MTI学生翻译能力的真实状况及其影响因素，为后续的模型构建和假设验证提供了坚实的基础。同时，通过不断的模型修正和优化，我们进一步提高了研究的准确性和实用性，为翻译教育和翻译实践提供了有益的参考和指导，有助于推动翻译领域的发展与进步。

第四节 MTI 学生翻译能力发展数据分析结果与讨论

一、MTI 学生翻译能力统计分析

针对第一个研究问题，本书对 MTI 各年级学生翻译能力进行了详尽的方差分析，详细结果见表 3-2。此分析旨在揭示不同年级学生在翻译能力上的差异及发展趋势。同时，为了更深入地剖析学生翻译能力的内在结构，我们还进一步对学生翻译能力的各子能力，包括语言与文化能力、翻译能力、技术能力、服务提供能力以及个人与人际能力，进行了 Pearson 相关性检验和方差分析。

数据分析中，本书采用了 Oxford 和 Burry Stock（1995）提出的 7 级李克特量表计分区间定义，以此作为评估学生翻译能力水平的依据。根据这一标准，我们将测定结果值划分为低阶区间（1.0～3.4）、中阶区间（3.5～4.8）以及高阶区间（4.9～7.0）。这一划分有助于我们更清晰地识别学生翻译能力的水平层次，从而进行更为准确的分析和讨论。

表 3-2 MTI 各年级学生翻译能力方差分析结果

分组	整体翻译能力		翻译子能力								
			语言与文化能力		翻译能力		技术能力		个人与人际能力		服务提供能力	
	均值	差异系数	均值	差异系数	均值	差异系数	均值	差异系数	均值	差异系数	均值	差异系数
1 年级	4.25	0.001**	4.72	0.007**	4.56	0.000**	4.32	0.005**	3.69	0.015*	3.96	0.008**
2 年级	4.96		5.45		5.09		5.00		4.52		4.73	
2 年级	4.96	0.278	5.45	0.056	5.09	0.191	5.00	0.362	4.52	0.570	4.73	0.563
3 年级	4.67		5.02		4.77		4.74		4.30		4.53	
1 年级	4.25	0.043*	4.72	0.197	4.56	0.285	4.32	0.058	3.69	0.073	3.96	0.023*
3 年级	4.67		5.02		4.77		4.74		4.30		4.53	
总体	4.47	—	4.92	—	4.70	—	4.54	—	3.97	—	4.23	—

注：Sig. 为差异显著性系数（双尾），** 表示在 0.01 水平上差异显著，* 表示在 0.05 水平上差异显著。

表 3-2 展示了 MTI 各年级学生翻译能力的方差分析结果。从整体上

看，所有被试的学生翻译能力及各子能力的得分均值均落在中阶区间内（3.97～4.92），这表明学生翻译能力的总体水平位于中等区间。其中，语言与文化能力以 4.92 的均值最高，而翻译能力则以 4.70 的均值紧随其后，两者均逼近中高阶区间的分界线。技术能力以 4.54 的均值位于中间位置，显示出其在学生翻译能力构成中的相对重要性。然而，服务提供能力和个人与人际能力的均值分别为 4.23 和 3.97，位列其后，这反映出当前 MTI 教学在能力培养上的不平衡现象。具体而言，语言、文化和文本翻译能力仍然是教学的重中之重，而技术能力、个人与人际能力以及服务提供能力的培养则相对被忽视，导致学生翻译能力培养的不全面、不协调以及缺乏系统性。这一现象的背后，可能与我国翻译教师的教学理念和实践有关。尽管他们普遍认识到职业翻译能力各子能力的重要性，但在实际教学中，往往更多地关注学生的双语能力和翻译子能力的培养，而忽视了其他子能力的同步提升（Wu、Zhang 和 Wei，2019）。

深入分析表 3-2 数据，发现不同年级学生翻译能力存在显著差异。具体而言，研二学生的翻译能力显著高于研三学生，而研三学生的翻译能力又高于研一学生。这一结果表明 MTI 学生翻译能力的发展呈现出非线性的态势，还表明研三阶段学生的翻译能力似乎进入了下行区间。这一发现与吴青（2014）、方红和王克非（2014）的研究结论不谋而合。他们指出，MTI 学生翻译能力的非线性发展可能与 MTI 的培养方案和课程设置紧密相关。在研一阶段，学生主要接受基础理论课程的授课，课程设置侧重于语言学、翻译理论、中西文化等方面，而翻译技术和管理类课程的数量则相对较少。因此，学生在这一阶段的语言与文化能力和翻译能力（文本）会有较大的提升。进入研二阶段，学生开始将翻译理论知识程序化、技能化，通过更多的翻译实践机会和更大的实践强度，其实践性翻译能力（技术能力、服务提供能力、个人与人际能力）得到较快的提高。然而，到了研三阶段，学生进入毕业设计和就业准备阶段，翻译学习和翻译实践的强度减弱，导致学生翻译能力不升反降。这一现象值得我们深思。学生毕业时的整体翻译能力水平（4.67）并未达到进入翻译职场的基本要求，这无疑对学生的未来职业发展构成了潜在的威胁。

虽然研三学生翻译能力发展的整体下降幅度并不显著，但这一趋势仍然值得我们高度关注，它可能意味着研三阶段对培养学生翻译能力的培养并没有起到显著的正向作用。研三学生的翻译能力尚未形成、仍处于不稳定状态，加之缺少相应的翻译实践训练，导致翻译能力极易进入磨蚀状态。与研一学生相比，研三学生的服务提供能力虽然仍然显著高于研一学生，但整体翻译能力的差异却达到了显著水平。这一结果不仅说明服务提供能力是所有子能力中最后发展的能力，还反映出其他四项子能力是服务提供能力发展的基础和前提。因此，为了全面提高学生的翻译能力，MTI 教育必须更加注重各子能力的均衡发展。特别是在高年级阶段，应加强翻译实践训练，确保学生毕业时能够具备进入翻译职场所需的基本能力。同时，翻译教师也应更新教学理念，注重培养学生的综合能力，以适应翻译市场的多元化需求。

二、MTI 学生翻译能力各子能力相关性检验及方差分析

表 3-3 显示的是 MTI 学生翻译能力各子能力相关性检验及方差分析结果，为我们提供了一个审视学生翻译能力系统中各子能力间复杂关系的窗口。该表通过数据分析揭示了各子能力在发展过程中的独立性，并阐明了它们之间的相关性，为进一步探究学生翻译能力的内在构成提供了数据支持。

表 3-3　MTI 学生翻译能力各子能力相关性检验及方差分析

子能力	翻译能力	技术能力	个人与人际能力	服务提供能力
语言与文化能力	P=0.883[**] Sig.=0.112	P=0.024 Sig.=0.006[**]	P=0.138 Sig.=0.000[**]	P=0.144 Sig.=0.000[**]
翻译能力		P=0.453[*] Sig.=0.000[**]	P=0.431[*] Sig.=0.000[**]	P=0.539[**] Sig.=0.000[**]
技术能力			P=0.323[*] Sig.=0.000[**]	P=0.383[*] Sig.=0.000[**]
个人与人际能力				P=0.829[**] Sig.=0.000[**]

注：① P 代表 Pearson 相关系数，* 表示中度相关，** 表示高度相关。

② Sig. 代表差异显著系数（双尾），* 表示在 0.05 置信水平上差异显著，** 表示在 0.01 置信水平上差异显著。

从独立性的维度出发，学生翻译能力的各子能力在发展过程中呈现出显著差异。配对方差检验结果（Sig.）明确显示，除了语言与文化能力和翻译能力之间的发展程度差异未达到显著性水平（Sig.=0.112）外，其余各子能力间的发展程度均存在显著的差异（Sig. < 0.01）。这一发现不仅揭示了各子能力在发展基础、发展速度以及发展时序上的多样性，还强调了它们各自遵循着独特的发展路径，这进一步验证了学生翻译能力系统的多元性和异质性。

从相关性角度来看，表3-3的数据揭示了各子能力之间的紧密和复杂联系。尽管语言与文化能力同技术能力、个人与人际能力和服务提供能力之间的相关性相对较弱（$P < 0.30$），但其余各项子能力间均展现出了中度或高度的相关性（$P > 0.30$）。这种相关性不仅表明各子能力在发展过程中相互影响、相互作用，还凸显了学生翻译能力系统的整体性和协同性。这种既独立又相关的特性，正是学生翻译能力系统复杂性和动态性的重要体现，也为我们理解其内在机制提供了关键的线索。在深入探讨子能力的互动关系时，本书发现了以下几点重要的规律：

首先，语言与文化能力和翻译能力之间的发展呈现出高度的相关性（P=0.883），且两者之间的差异并不显著（Sig.=0.112）。这一发现不仅证实了语言与文化能力作为先行发展的子能力，为翻译能力的发展提供了必要的激发条件和知识智能基础，还揭示了翻译能力的发展在很大程度上依赖于语言与文化能力的提升。同时，翻译能力的发展也能够促进语言与文化能力的进一步提高，二者之间形成了良性的互动关系。这一观点与Harris（1978）、Toury（1995）以及祝朝伟（2015）等学者的研究结论相一致，他们均强调了双语能力在构成翻译能力中的基础地位，并指出翻译能力随着语言能力的发展而提高。此外，Catford（1965）的翻译转换理论也为我们理解这种正向交互关系提供了有益的理论框架。翻译过程不仅涉及双语语言和文化知识的对比、分析、判断、反思和评价等一系列认知活动，还通过这些活动促进了翻译能力和语言与文化能力的共同提升。

其次，服务提供能力和翻译能力、个人与人际能力之间呈现出强相关关系（P分别为0.829和0.539），但三者的发展程度却存在显著的差异。其中，翻译能力的发展最为突出，其次是服务提供能力，而个人与人际能力则相对滞后。这一发现不仅反映了 MTI 学生在翻译学习过程中的不同侧重点和积累基础，还揭示了 MTI 教育在培养学生翻译能力时的特点和挑战。由于翻译在我国外语学习中一直占据着重要的地位，MTI 学生在进入研究生阶段之前就已经奠定了一定的翻译知识和能力基础，这使得他们在翻译能力的发展上具有显著的优势。相比之下，个人与人际能力的发展则更多地关注提高学生的适应力和就业能力，包括个人规划与管理能力、自我评估与提升能力以及团队合作能力等方面。尽管这些能力的培养同样重要，但在 MTI 教育中的受重视程度和资源投入可能相对有限，因此其发展速度相对较慢。这一发现为我们优化 MTI 教育提供了重要的启示，即需要在注重翻译能力培养的同时，也加强个人与人际能力等其他子能力的培养，以促进学生的全面发展。

表 3-3 的数据为我们深入理解 MTI 学生翻译能力的内在结构和发展特点提供了有力的支持。各子能力在发展中既保持了一定的独立性又呈现出紧密的相关性，这种复杂性和动态性要求我们在 MTI 教育中必须注重各子能力的均衡发展，并充分考虑它们之间的互动关系。为了实现这一目标，我们需要采取一系列有效的措施，包括优化师资配置、改进教学内容与方法、合理设置课程、加强翻译实践以及提供丰富的学习资源等。通过这些措施的实施，我们可以更好地促进学生翻译能力的全面发展，为他们未来的职业生涯奠定坚实的基础。同时，我们还需要不断深化对学生翻译能力内在机制的研究，以更好地指导 MTI 教育的实践和发展。

三、MTI 学生翻译能力子能力互动模型构建

全国翻译专业学位研究生教育指导委员会在 2011 年所发布的《全国翻译专业学位研究生教育指导性培养方案》未对于个人与人际能力的培养给予充分的重视，该方案在设计上既未清晰界定个人与人际能力的培养目标，也未就如何实现这些目标提出具体的课程安排和实践要求。这种缺失导致了多数 MTI 培养院校在构建课程体系时，忽视了与个人与人际能力紧密相关的内容。因此，在 MTI 的教学实践中，个人与人际能力几乎找不到专门的培养途径，这使得 MTI 学生在这一关键能力上的发展严重滞后。这一滞后对他们作为未

来翻译专业人才的综合素养产生了不利影响，因为个人与人际能力是翻译工作中不可或缺的一部分。

服务提供能力，作为语言服务行业对译者提出的关键要求，具有两个至关重要的维度。首先，它强调翻译"营销"的重要性，即译者需通过有效的人际交流与客户进行谈判、沟通，以确保翻译的标准和要求得到明确。这一方面的能力和个人与人际能力中的人际沟通能力紧密相关，要求译者具有优秀的人际交往和沟通技巧。其次，服务提供能力还涵盖了对翻译项目的全面管理，包括项目的组织、预算制定、标准确定以及质量监管等。这方面的能力则更多地依赖于译者的翻译能力水平，要求他们具备扎实的翻译基础和敏锐的判断力。由此可见，服务提供能力、翻译能力、个人与人际能力之间存在着紧密的互嵌关系，它们相互影响，共同构成了翻译综合能力的重要组成部分。从整体上看，服务提供能力的发展受到了翻译能力和个人与人际能力的双重影响。翻译能力作为服务提供能力的部分基础，其水平的提升对于推动服务提供能力的整体提升具有积极作用。然而，个人与人际能力的发展不足在一定程度上制约了服务提供能力的进一步发展。因此，为了提升 MTI 学生的服务提供能力，必须同时关注他们的翻译能力和个人与人际能力的培养。

技术能力与翻译能力、服务提供能力、个人与人际能力之间呈现出中等程度的相关性（P 分别为 0.453、0.383 和 0.323），且各能力间的发展程度存在显著差异。这一发现与王华树（2020）的观点不谋而合，即翻译能力是技术能力发挥作用的基础，而技术能力则是提升翻译能力的重要支撑。在翻译实践中，技术能力发挥着赋能作用，它不仅能够帮助译者提高翻译的质量和效率，还能够为他们提供信息获取的便利、自动生成译文信息、对信息资源实施管理等支持，从而辅助译者将信息由源语准确地转化为译语。崔启亮（2020）和 Alcina 等（2007）的研究也进一步证实了翻译技术能力在译者翻译应用能力中的核心地位，以及它作为译者向管理者发展的扩展能力的重要性。本书中技术能力与服务提供能力呈现中度相关的结论，再次印证了这一观点的正确性。

然而，我国 MTI 教育中技术能力的培养仍面临诸多挑战。崔维霞和王均松（2018）指出，当前 MTI 教育中存在贬低翻译技术能力的思维倾向、翻译技术课程体系不完善、翻译技术教学等同于翻译工具的介绍和使用、专业化和实践型师资匮乏等问题。这些问题导致 MTI 学生在技术能力发展上的预期与实际获得之间存在显著差距。为了弥补这一差距，MTI 学生不得不依靠自身的努力，积极寻求促进技术能力进一步发展的机会、资源和渠道。而这一过程正是个人与人际能力中个人能力维度所强调的自我评估与自我提升能力的体现。因此，自我评估与自我提升能力的高低会直接影响 MTI 学生技术能力的发展。

技术能力的发展以翻译能力为基础和依托，同时它也是服务提供能力发展的必要基础。此外，技术能力还受到个人与人际能力的影响。另一方面，个人与人际能力和翻译能力之间存在中度相关（$P=0.431$），且二者的发展程度差异显著。翻译能力并非一成不变，而是一个不断发展和变化的动态系统。对于个人规划能力、自我评估和提升能力较弱的翻译学习者而言，他们的翻译能力可能会因缺乏持续的自我提升和实践训练而逐渐减弱。因此，个人与人际能力在某种程度上成为推动翻译能力提升的重要因素。基于上述讨论，在本书案例中，如果只考虑子能力间中、高度相关关系（$P \geq 0.3$），MTI 学生翻译能力中各项子能力间的互动关系可以用图 3-2 所示的 MTI 学生翻译能力子能力互动模型来归纳和展示。

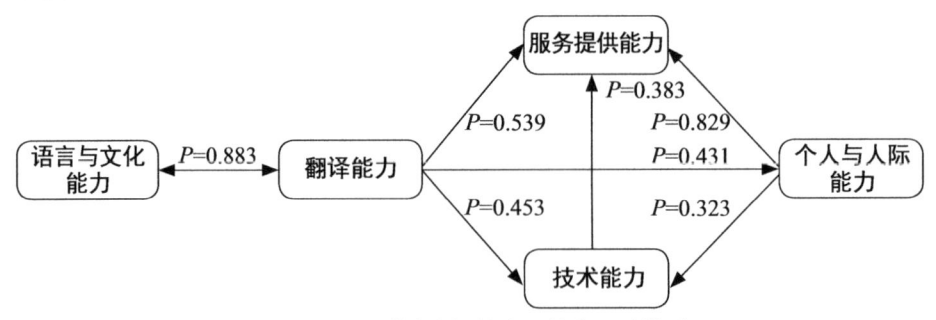

图 3-2　MTI 学生翻译能力子能力互动模型

在此理论模型中，语言与文化能力被确立为学生翻译能力培养的初始点及核心基础。这一基础不仅为学生译者提供了必要的语言工具和文化背景知识，而且为其后续能力的发展奠定了坚实的基石。翻译能力，作为语言与文化能力深化与拓展的自然产物，不仅体现了前者的发展水平，还成为促进语言与文化能力持续进步的重要驱动力。两者之间存在高度的协同性，彼此相辅相成，共同构筑了学生翻译能力发展的稳固框架。而翻译能力不仅直接作用于服务提供能力的增强，还通过技术能力这一中介因素，间接地促进了服务提供能力的全面提升。这表明翻译能力在 MTI（翻译硕士）学生翻译能力培养体系中扮演着多重角色，既是直接推动者，也是间接促进者。此外，个人与人际能力中的几个关键要素——个人规划管理能力、自我评估与提高能力以及人际交流沟通能力，均对学生翻译能力的整体发展产生显著的正面影响。这些能力能够直接作用于技术能力、翻译能力和服务提供能力的发展过程，为它们提供必要的支持与补充。该模型为我们提供了一个深入洞察和分析 MTI 学生翻译能力各子能力间复杂互动关系的视角和工具。该模型有助于理解各能力之间的内在联系及其在学生翻译能力培养过程中的作用，为 MTI 教育实践提供指导。

四、学习者因素统计分析

学习者因素是影响 MTI 学生学习发展成效的重要因素，可分为先赋性因素和自致性因素两大类。先赋性因素，顾名思义，是指那些个体自出生起便固有且在后续生活中难以通过个人努力而改变的身份特质。在本书的框架下，先赋性因素具体涵盖了家人期望、本科专业背景以及本科阶段的学习成绩等几个方面。这些因素形成了学习者进入 MTI 教育领域的初始状态，对其后续学习轨迹和成效有持续影响。

表 3-4 显示的是被试学习者因素统计分析结果。详细来说，家人期望作为先赋性因素的一个重要组成部分，其重要性不容小觑。本研究的数据揭示，仅有 20.70% 的家庭明确表示期望被试未来能够从事与翻译紧密相关的职业，而持不期望态度或态度模糊的家庭比例则分别高达 21.18% 和 58.12%。这一数据反映出当前社会对 MTI 教育的认知度、支持度以及认可度均处于较低水平，这可能与整个社会对 MTI 教育的了解不足、信心缺失以及认可度不高相关。这种家庭背景的差异，无疑会对学习者的学习动力、职业规划乃至整个学习过程产生深远的影响。

表3-4 学习者因素分析结果

因素			数量及比例			
			总体	研一	研二	研三
先赋性因素	性别	男	62	27	21	14
			14.59%	17.42%	15.22%	10.60%
		女	363	128	117	118
			85.41%	82.58%	84.78%	89.40%
	家人期望	期望	88	30	37	21
			20.70%	19.35%	26.81%	20.45%
		不期望	90	27	28	35
			21.18%	17.42%	20.29%	26.52%
		不明确	247	98	73	76
			58.12%	63.23%	52.90%	53.03%
先赋性因素	本科专业	翻译	26	6	13	7
			6.12%	3.87%	9.42%	5.30%
		英语	345	116	111	118
			81.18%	74.84%	80.43%	89.40%
		其他	54	33	14	7
			12.7%	21.29%	10.15%	5.30%
	本科成绩	优秀	83	27	28	28
			19.53%	17.42%	20.29%	21.21%
		良好	212	85	64	63
			49.89%	54.84%	46.38%	47.73%
		一般	130	43	46	41
			30.58%	27.74%	33.33%	31.06%
自致性因素	学习动机	融合型动机	138	33	64	41
			32.47%	21.29%	46.38%	31.06%
		工具型动机	287	122	74	91
			67.53%	78.71%	53.62%	68.94%
	自我效能感（均值）		4.18	4.04	4.47	4.32

本科专业背景作为另一项关键的先赋性因素，对MTI生源的构成产生了显著的影响。本书发现，本科专业为翻译或英语的学生占据了MTI生源的绝大多数（87.30%），而其他专业的学生则仅占较小的比例（12.70%）。这种"专业"背景生源的匮乏，与MTI教育旨在培养"应用型、专业性口笔译人才"的目标明显不符。这种不匹配可能导致MTI教育在培养过程中面临生源基础差异大、专业能力参差不齐等挑战，进而影响教育的整体质量和效果。

本科成绩作为衡量学习者学习能力的一个重要指标，也在本书中得到了充分的关注。研究结果显示，虽然大部分被试的本科成绩处于中上水平（优秀占比19.53%，良好占比49.89%），但仍有高达30.58%的被试自述本科成绩一般。这部分学生的学习能力相对较弱，可能会对MTI教育的学习进度和最终成效造成一定的阻碍。同时，这一结果也反映出MTI入学考试在区分度上存在局限性，未能有效地筛选出具备较强学习能力的学生。值得注意的是，先赋性因素在各年级间并未表现出显著的差异，这表明这些因素对学习者的影响是相对稳定且持久的，不会随年级的变化而发生显著的改变。

相较于先赋性因素，自致性因素则是指那些个体通过后天努力可以控制和改变的因素。在本书中，自致性因素主要包括学习动机和自我效能感两个方面。学习动机是推动学习者持续学习的重要驱动力，本书发现，67.53%的被试持有工具型动机，他们攻读MTI学位的主要目的是出于就业、获得学位或逃避工作等功利性考虑；而32.47%的被试则持有融合型动机，他们的学习目的更加内在和持久，主要是满足翻译兴趣和成为职业译员。然而，无论是工具型动机还是融合型动机，其在各年级间无明显差异，这表明学习动机的类型和水平在MTI教育过程中是相对稳定的。

自我效能感作为自致性因素中的另一个重要方面，对学习者的学习表现和成就具有举足轻重的影响。根据Bandura（1986）的经典定义，自我效能感是指个体对自己具有组织和执行达到特定成就的能力的信念。本书发现，MTI各年级学生的自我效能感均值位于中阶区间（4.04～4.47），这表明被试对自己学好翻译、获得学位的能力持有中等水平的自信。然而，随着年级的升高，被试的自我效能感却呈现出先升后降的趋势，尤其在研三阶段出现明显的下行拐点。这一变化可能反映出高年级学生在翻译学习和实践过程中遇到了较大的困难和挑战，进而对他们的自我效能感产生了负面的影响。因此，如何有效提升高年级学生的自我效能感，成为MTI教育亟待解决的一个重要问题。

五、学习环境因素数据分析

本书将学习环境概念细分为学校环境和社会环境两大核心部分，并进行了详细的描述性统计分析。此步骤的目的是通过数据概述来展示学习环境各因素的基本特征和分布情况。为进一步探究不同学习环境因素间的差异性及其显著性，我们还采用了方差分析法（即 ANOVA 方法）进行深入的量化对比（分析结果见表 3-5）。

表 3-5　学习环境因素描述性统计分析（*M* 值）和方差分析（Sig. 值）

	被试年级	学习环境总体	学校环境						社会环境
			课堂教学	教师教学水平		学术氛围	教学资源	课程设置	校内翻译实践	社会翻译实践
				校内教师	外聘教师					
描述性分析	总体	4.25	4.10	4.64	5.05	3.90	3.97	4.90	3.93	3.49
	1	4.21	4.24	4.61	4.96	3.37	4.27	5.04	3.74	3.43
	2	4.32	4.17	4.86	5.07	4.13	3.92	4.83	4.20	3.36
	3	4.20	3.84	4.42	5.11	4.26	3.65	4.78	3.84	3.68
方差分析	1-2	0.675	0.514	0.126	0.367	0.700	0.000**	0.000**	0.666	0.142
	2-3	0.391	0.566	0.218	0.144	0.895	0.512	0.258	0.948	0.290
	1-3	0.603	0.576	0.166	0.531	0.593	0.000**	0.000**	0.574	0.754

注：** 表示在 0.01 水平上差异显著。

结合深度访谈反馈和数据分析结果，得出以下结论。

（1）学生对于学习环境的整体满意度徘徊在一般水平（$M=4.25$），这一数据揭示了当前 MTI 教育环境面临的挑战和不足。特别是在校园环境因素方面，学生对课堂教学的整体满意度（$M=4.10$）随着年级的递升而呈现出逐渐下滑的趋势，这直接反映了学生对当前课堂教学模式和教学方法的不完全认同。学生们普遍表示，课堂教学内容过于侧重理论知识的传授，而对于高年级学生迫切需要的翻译实践技能提升以及毕业论文撰写方面的指导则显得相对薄弱，这无疑对学生的学习体验和整体满意度造成了不利的影响。

（2）在对比外聘教师与校内教师的满意度时，我们发现外聘教师获得了显著更高的评价（$M=5.05$），相较于校内教师的满意度（$M=4.64$）有着明显的优势。外聘教师与校内教师满意度的显著差异可能源于外聘教师主要由语言服务行业的资深专家组成，他们精通翻译技能，了解行业实际运作，并具有丰富的实践经验。这些独特的优势使得外聘教师能够为 MTI 教学提供更加专业、实用的指导，从而有效保障教学质量（穆雷，2020）。这一发现进一步凸显了 MTI 学生对于翻译学习真实性、实践性和亲身体验的强烈需求。

（3）学生对学术氛围的整体满意度仅处于中下水平（$M=3.90$），且研一学生的满意度尤为低下（$M=3.37$），与研二、研三学生相比存在显著的差距。这一结果不仅揭示了研一学生对于迅速提升学术能力和素养的迫切期望，同时显示出 MTI 院校在学术氛围营造和学术资源投入方面的明显不足。为了有效提升学生的学术素养和满意度，院校亟须采取有力措施，优化学术环境，增加学术资源的投入，以满足学生日益增长的学术发展需求。

（4）在教学资源方面，学生的满意度评价仅位于中阶偏低区间，并且随着年级的升高而逐渐下滑。研一与研二、研三学生之间的满意度差异尤为显著。学生们普遍认为，MTI 的有效教学资源相对匮乏，尤其是高质量的翻译实习实践项目、图书馆资源以及翻译师资辅助资源等方面存在明显的不足。这些资源的不足对学生学习造成困扰，尤其是对高年级学生的翻译实践学习构成阻碍。

（5）尽管学生对课程设置的整体满意度相对较高（$M=4.90$），但这一满意度同样呈现出随年级升高而逐渐下降的趋势。多数学生认为，MTI 的课程设置在基础上是合理的，但过于偏重基础翻译理论和语言能力的培养，而翻译实践类课程的设置则显得相对不足。此外，课程教学的实践性不强，这与学生对于实践性的高需求形成了鲜明的对比。当前 MTI 师资中，同时具备翻译实践、翻译教学和翻译研究三种能力的教师十分稀缺，因人设课现象较为普遍。这导致 MTI 的教学方法和教学内容仍停留在研究型研究生教育的翻译教学阶段，未能充分适应和满足学生日益增长的实际需求（仲伟合，2014）。

（6）学生对校内外翻译实践的满意度均处于较低水平（$M=3.93$ 和 $M=3.49$），这突出反映了校内外翻译实践机会的稀缺、实践性不强、与真实翻译业务脱节以及实践质量不高等一系列问题。这些问题的存在，既揭示了 MTI 教育自身发展的局限性和缺乏社会资源支持的困境，也反映出主管部门在有效监管和重视方面的不足，以及与语言服务行业的严重脱节等深层次问题。为了切实提升学生的实践能力和满意度，MTI 教育必须加强与行业、企业的紧密合作与联系，增加实践机会，提高实践质量，并加强对学生实践能力的系统培养和全面评估,以更好地满足学生和社会对翻译人才的需求。

六、学习投入统计分析

对学习投入度进行描述性统计分析和方差分析的结果(见表3-6)显示,整体学习投入度较低($M=3.79$),且随着年级升高而下降。一年级研究生与三年级研究生在学习投入度上存在显著差异。这些结果表明,MTI学生,尤其是三年级研究生的学习投入度不足,是一个显著问题。

表3-6 学习投入描述性统计分析(M值)和方差分析(p值)

分析方法及指标		描述性统计分析(M值)				方差分析(p值)		
被试年级		总体	1	2	3	1-2	2-3	1-3
学习投入总体		3.79	3.98	3.74	3.61	0.239	0.232	0.018*
行为投入	总体	3.85	3.96	3.71	3.61	0.257	0.474	0.436
	个体努力	4.48	4.24	4.39	4.75	0.580	0.069	0.029*
	师生互动	3.39	3.51	3.27	3.37	0.260	0.480	0.442
	同伴互动	3.67	4.12	3.47	3.32	0.010**	0.470	0.000**
认知投入	总体	3.47	3.63	3.42	3.34	0.458	0.240	0.079
	深层学习	3.42	3.27	3.47	3.53	0.464	0.793	0.285
	自主规划	3.27	3.59	3.27	3.11	0.169	0.429	0.023*
	自我监控	3.72	4.02	3.73	3.37	0.260	0.022*	0.004**
情感投入	总体	4.05	4.36	4.09	3.67	0.145	0.009**	0.000**
	兴趣驱动	4.02	4.25	4.07	3.79	0.417	0.239	0.019*
	积极情绪	4.19	4.37	4.27	3.89	0.660	0.083	0.048*
	群体归属	3.94	4.47	3.93	3.32	0.008**	0.004**	0.000**

注:** 表示在0.01水平上差异显著,* 表示在0.05水平上差异显著。

表3-6提供了学习投入的描述性统计分析和方差分析结果,为比较不同年级学生在各学习投入维度上的表现和差异提供了数据支持。就行为投入而言,各年级的总体表现均不尽如人意,且年级之间的差异并不显著。个体努力水平虽然处于中等,但学生在学习过程中暴露出的问题却不容忽视:他们往往缺乏足够的专注度,对学习要点的把握也不够全面,学习主动性不强,面对学习难点时容易产生畏难情绪。这些问题凸显了学生在学习过程中的被动性,以及自我驱动力的缺失。同时,师生互动水平也处于较低状态,这主

要受到师生关系疏离、传统填鸭式教学方式的影响，以及学生学习动机的不足——学生更倾向于采用被动的识记方式学习，而缺乏主动思考、提问和参与活动的积极性。此外，同伴互动水平也偏低，表明大多数学生更倾向于独立学习，不擅长通过合作学习和集体协作来提升学习效果，这无疑限制了他们通过交流与合作来增进知识和技能的可能性。

在认知投入方面，各年级的表现同样令人担忧，且年级间差异不显著。深层学习水平普遍较低，表明学生的学习仍然停留在陈述性知识的认知阶段，尚未达到程序性知识形成的联结和自动化阶段。这种表层学习方式限制了学生将陈述性知识转化为程序性知识的能力，包括应用、分析、综合、评价和创新。正如 Shreve（2006）所指出的，翻译能力是陈述性知识和程序性知识的有机结合；而 PACTE（2005）则进一步强调，翻译能力的本质在于程序性知识而非陈述性知识。因此，当前 MTI 学生的认知投入水平显然无法有效支撑其翻译能力的全面发展。此外，自主规划能力也处于较低水平，且随着年级的升高而逐渐下降，研三与研一之间的差异尤为明显。这反映出学生在学习过程中缺乏积极性和主动性，缺乏有效的学习规划、目标和方法。同时，研一、研二的自我监控水平一般，而研三更低，且与前两者存在显著差异。这不仅表明学生在监控学习行为、过程，并据此调整学习策略、方法的能力和意识上存在整体不足，也揭示了他们的自我效能感较低，解决学习难题的信心和动机明显不足。研三学生在自主规划和自我监控方面的表现显著低于研一、研二学生，这主要是因为他们将更多的精力放在了毕业论文写作和就业准备上。然而，如 Prassl（2010）所述，译者投入的认知努力与其翻译能力的整体提升和翻译成功率密切相关。因此，MTI 学生认知投入的不足无疑会对其翻译能力的健康发展造成不利影响。

在情感投入方面，各年级的表现虽然处于中等水平，但随着年级的升高而逐渐下降，研三与研一、研二之间的差异尤为显著。这表明当前 MTI 教育在情感认同和支持方面并未得到学生的普遍认可：他们在翻译学习上的兴趣不高、积极情绪不足、团队意识薄弱。这些问题可能源于学生的工具性学习动机、较弱的动机强度，以及对学习环境满意度和自我效能感的较低评价等多重因素的影响。情感投入的不足会导致学生对翻译学习的积极性降低，无法激发强烈的学习动力和成就感,进而削弱他们在行为投入和认知投入方面的努力,形成恶性循环。因此,为了加强MTI学生的学习投入,提升其翻译能力,教育者需要密切关注学生在情感投入方面的不足,并采取有效的措施来激发他们的学习兴趣和积极情绪,增强他们的团队意识和自我效能感。这包括改善师生关系、优化教学方式、提供更具挑战性和趣味性的学习任务,以及建立积极的反馈机制等,以全面促进学生的全面发展。

七、MTI学生翻译能力及其影响因素互动模型验证性因子分析

本书旨在探究MTI学生翻译能力与其潜在影响因素之间的复杂关系,设计并实施了一项综合性分析。该分析框架涵盖了学生翻译能力、学习者因素、学习环境因素以及学习投入这四个核心且相互关联的维度。这一分析框架的构建,是基于我们对研究方法论的深刻理解,即认识到数据间的"相关性"是解锁后续高级统计分析技术——验证性因子分析的关键。它为我们提供了深入探究各变量间内在联系和相互作用机制的重要线索。

在相关性分析阶段,本书采用了统计学方法,逐一审视学习者因素中的各个先赋性因素。这些因素包括性别、家庭期望以及本科专业背景等。然而,遗憾的是,经过仔细分析和比对,我们发现这些因素与学习环境、学习投入以及学生翻译能力之间的相关性均未达到统计学上的显著水平(即 p 值均大于0.05的显著性阈值)。这一结果意味着,在当前的研究视角下,这些先赋性因素对于学生翻译能力变异的解释力度相对有限,它们可能并不是影响学生翻译能力的关键因素。因此,在后续的研究中,我们未将这些因素纳入主要的考察和分析范围。

然而,在自致性因素的探索中,我们取得了显著的进展和突破。具体而言,我们发现自我效能感这一因素与学习投入和学生翻译能力之间均存在显著的正相关关系,这表明自我效能感可能是提升学生翻译能力和学习投入的重要因素之一。同样,学习动机也与学习环境、学习投入以及学生翻译能力之间呈现出紧密的关联,这进一步验证了学习动机在翻译学习过程中的重要作用。这些发现为我们揭示了自我效能感和学习动机可能是塑造和提升学生

翻译能力的两大关键学习者因素。因此，在后续的分析中，我们特别关注了本科成绩、自我效能感和学习动机这三个观察变量，以期更深入地探究它们对学生翻译能力的影响机制和路径。

此外，相关性分析表明，学习环境因素、学习者因素、学习投入和学生翻译能力这四个核心维度之间存在显著的两两相关关系。这一发现不仅验证了我们的研究假设和预期，更为我们后续进行验证性因子分析奠定了坚实的基础和提供了有力的支持。据此，本书尝试构建了观察变量模型及路径关系（见图3-3）。然而，该模型及路径关系是否能准确反映各种变量间的互动关系？这些路径影响翻译能力发展的力度和特点是什么？不同年级的模型特点是否存在差异？这些问题还有待通过进一步的验证性因子分析来解答。

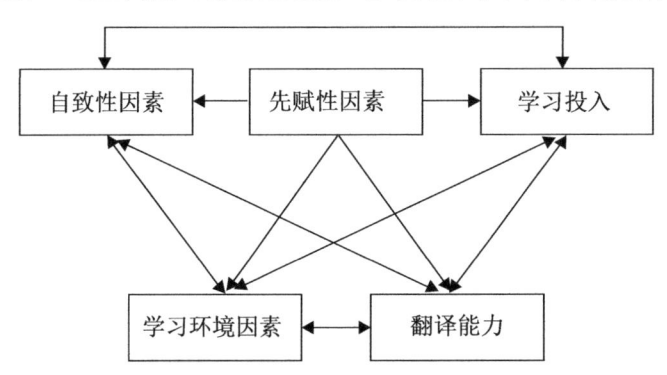

图3-3 观察变量模型及路径关系

在验证性因子分析阶段，我们借助了AMOS 24.0统计分析工具，对本书构建的MTI学生翻译能力及其影响因素互动模型进行了全面而深入的拟合度评估。在这个模型中，我们明确地将学习者因素、学习环境因素和学习投入视为潜在的自变量，它们共同作用于学生翻译能力这一潜在的因变量。通过细致的拟合度分析和多次迭代优化，我们发现学习者因素中的本科成绩和学习环境因素中的学术氛围，在模型中的非标准化系数未达到统计学上的显著水平（即 p 值均大于0.05），这表明它们在当前模型中的贡献相对有限。因此，在最终的模型构建中，我们将这两个因素排除在外。经过两轮修正和优化，模型在各项拟合度指标上均表现良好。具体来说，CMIN/DF 的比值降低至3.565，这一数值接近于理想水平，表明模型与数据的拟合度较高；RMSEA 也控制在 0.063 的合理范围内，进一步验证了模型的稳定性和可靠性；而 RMR 则达到了 0.055 的较低水平，说明模型与数据的残差较小。同时，GFI、AGFI 的值分别提升至 0.915 和 0.926，NFI、NNFI、CFI 的值，也分别达到了 0.918、0.939 和 0.976 的高水平。这些拟合指数均接近或超过了 0.90 的理想标准，证明了模型与数据的良好拟合度和解释力。此外，PNFI 和 PGFI 的值分别为 0.726 和 0.603，也充分证明了模型具有较好的简约性和实用性，能够在保证解释力的同时，尽可能地减少模型的复杂性和冗余度。

本书构建的 MTI 学生翻译能力及其影响因素互动模型（见图 3-4）在各项拟合度指标上均展现出了卓越的性能。这充分说明了该模型与实际数据之间具有较高的契合度和解释力，能够准确地揭示和描述 MTI 学生翻译能力与其影响因素之间的复杂关系和相互作用机制。因此，我们认为，本书提出的 MTI 学生翻译能力及其影响因素互动模型是合理且可靠的。它不仅为后续的相关研究提供了坚实的理论基础和有力的实践指导，也为翻译教育领域的深入探索和发展开辟了新的视角和路径。

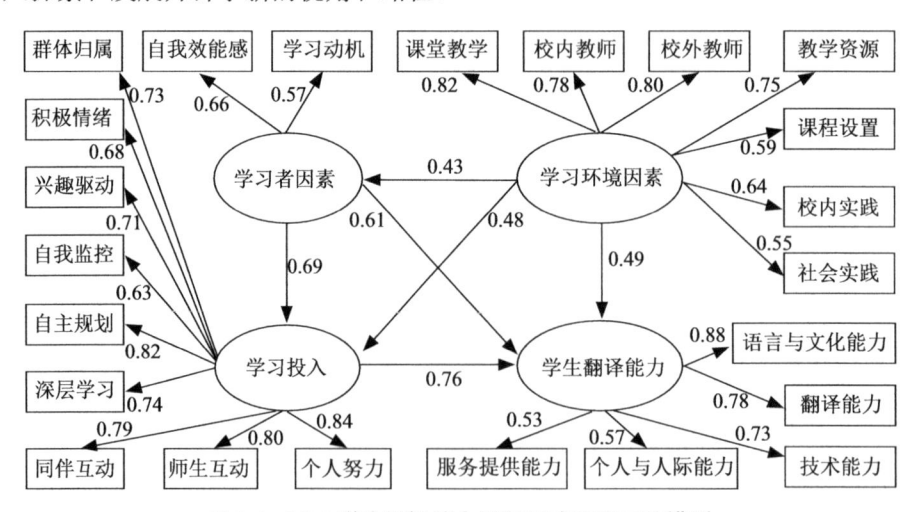

图 3-4　MTI 学生翻译能力及其影响因素互动模型

图 3-4 详尽地展示了各变量间的路径系数，这些系数均已经历了严格的标准化处理流程，从而确保了数据分析的准确性和结果的可比性。依据路径系数的大小，我们能够有效地评估变量间影响效果的显著性，进而深入理解各变量在整体模型中的作用。具体而言，当路径系数小于 0.33 时，我们判定

该变量的影响为不显著，即其被解释变量的贡献相对较小，可能并非模型中的关键因素；当路径系数超过0.67时，我们则认为该变量的影响非常显著，它对被解释变量具有强大的解释力，是模型中不可或缺的重要组成部分；而当路径系数位于0.33至0.67之间时，我们将其视为显著影响，即该变量对被解释变量有一定的贡献，但并非决定性的，它可能与其他变量共同作用，共同影响被解释变量的变化。

在深入分析潜在变量间的路径系数后，我们发现学习者因素和学习环境因素对学生翻译能力产生了显著且积极的影响。学习者因素的直接效应为 0.3721（0.61^2），而学习环境因素的直接效应则为 0.2401（0.49^2）。这一结果明确表明，在学习者因素和学习环境因素的双重作用下，学生翻译能力得到了显著提升。此外，学习投入也对学生翻译能力产生了极为显著的影响，其直接效应高达 0.5776（0.76^2）。这一发现进一步凸显了学习投入在翻译学习过程中的核心地位，它对于学生翻译能力的提升具有不可替代的作用。

除了直接效应外，学习者因素和学习环境因素还通过学习投入这一中介变量，对学生翻译能力产生了间接影响。具体而言，学习者因素通过学习投入的间接效应为 0.5244（0.69×0.76），而学习环境因素通过学习投入的间接效应则为 0.3648（0.48×0.76）。这些数据充分证明，学习者因素和学习环境因素不仅直接作用于学生翻译能力，还通过学习投入这一桥梁，间接地推动了学生翻译能力的提升。同时，学习环境因素还以学习者因素为中介变量，对学生翻译能力产生了显著的间接影响，其效应值为 0.2623（0.43×0.61）。

综合考虑所有因素，学习者因素、学习环境因素和学习投入对学生翻译能力有显著影响。它们的影响效应分别为 0.8965（0.61^2×0.69×0.76）、0.8672（0.49^2×0.48×0.76 + 0.43×0.61）和 0.5776（0.76^2 的标准化值）。尽管学习投入对学生翻译能力的直接影响最为显著，但学习环境因素和学习者因素对学习投入的共同影响也同样不容忽视（$0.48^2 + 0.69^2 = 0.7065$）。这一结果意味着，在塑造学生翻译能力的过程中，学习者因素和学习环境因素发挥着举足轻重的作用。

从观察变量与潜在变量间的路径系数来看，自我效能感相较于学习动机，对学生翻译能力的影响更为显著。这一发现表明，在翻译学习过程中，提高学生的自我效能感可能是增强学习者因素和学生翻译能力的有效途径。在学习环境因素中，课堂教学和校外教师教学水平的影响尤为突出（路径系数均大于或等于0.80），这充分说明这些因素在促进学生翻译能力发展方面具有至关重要的作用。然而，学术氛围因路径系数不显著而被排除在该模型之外。这一结果反映出当前MTI教育中学术氛围建设的不足，可能无法为学生翻译能力的发展提供有力的学术支撑。因此，在未来的教育实践中，我们需要更加重视学术氛围的营造，以促进学生翻译能力的全面发展。

在学习投入方面，行为投入的影响最为显著，认知投入次之，而情感投入则相对较小。这一结果表明学生在翻译学习过程中可能过于依赖机械记忆和时间投入，而忽视了认知调控和情感维护。这种投入方式和层次可能限制了学生翻译能力的全面发展。因此，在未来的教学过程中，我们需要引导学生更加注重认知调控和情感维护的培养，以实现学习投入的全面优化。

最后，从学生的翻译能力构成来看，语言与文化能力仍然占据主导地位，而翻译能力和技术能力的发展则相对滞后。同时，个人与人际能力和翻译服务能力的发展也存在严重不足。这些子能力尚未实现有效整合，无法形成完整的MTI学生翻译能力。因此，在未来的翻译教育中，我们需要更加注重学生各项子能力的均衡发展以及它们之间的有效整合。通过制订科学合理的教学计划和培训方案，我们可以全面提升学生的翻译能力，为他们的未来发展奠定坚实的基础。

第五节　MTI学生翻译能力发展研究结论

基于上述分析，本书得出以下几点结论，可为MTI学生翻译能力的培养与提升提供理论框架和实践指导。

（1）MTI学生翻译能力的发展是一个多维度、多层次的复杂过程，深受学习者个体特征、学习环境条件以及学习投入程度的综合影响。具体而言，学习者因素（包括先验知识、认知风格、学习动机等）和学习环境因素（如教学资源、师资力量、学习氛围等）不仅直接作用于学生翻译能力的形成，还通过学习投入这一关键中介，间接地对学生翻译能力产生深远影响。学习投入作为连接学习者内部因素与外部学习环境的桥梁，对学生翻译能力的发展起到了最为直接且显著的推动作用，这充分凸显了其在翻译学习过程中的核心地位与重要性。同时，在综合考虑直接效应与间接效应的基础上，学习者因素展现出了最大的总体影响力，这进一步强调了提升学习者自身素养、激发其学习能动性对于促进翻译能力全面发展的至关重要性。

（2）MTI 学生翻译能力的发展轨迹呈现出明显的阶段性特征与非均衡性发展态势。在研究生学习的不同阶段，学生翻译能力的发展并非呈简单的线性增长，而是呈现出波动上升的趋势。特别是在研三阶段，由于学生面临学业压力、就业准备等多重挑战，其翻译能力的发展出现了一定程度的回落。此外，从子能力的角度来看，实践性翻译服务能力的发展相较于理论性能力而言显得滞后，这反映出当前 MTI 教育体系中理论与实践结合不够紧密的问题，亟须通过教学改革来加以改善，以实现理论与实践的有机结合，促进学生的全面发展。

（3）深入探究 MTI 学生翻译能力发展不足的深层次原因，我们发现这主要归咎于学习环境、学习投入以及学习者自身因素三方面的综合作用。首先，学习环境的不理想状态，具体表现为实践型行业师资的严重匮乏、理论课程与实践课程比例失衡、课程实践性不足等问题，这些问题严重阻碍了学生翻译能力的有效提升。其次，学习投入的水平与质量低下，学生往往局限于表层的机械性学习，未能深入高级认知加工阶段，缺乏持续的学习热情与内在动力，这进一步限制了其翻译能力的提升。最后，学习者自身因素的限制同样不容忽视，学生对翻译学习的自我效能感不高，主要以工具型学习动机驱动，内源性学习动机不足，这些因素共同构成了限制其翻译能力提升的障碍，亟须通过有效的教学策略来加以克服。

（4）MTI 学生的学习投入是一个动态变化、多维度的过程，它受到学习时间分配、学习活动设计以及学习环境等多重因素的共同影响。不同学生在不同情境下，其学习投入的"质"与"量"、层次与深度均呈现出显著的差异性。这一发现与学习投入理论的核心观点相吻合，即学习投入是情境依赖的、可变的。然而，本书结果并未能完全验证三元交互理论在 MTI 领域的整体适用性。在本书的框架下，学习者因素、学习环境因素与学习投入之间并未展现出两两之间强烈的交互决定关系，而是更多地呈现出单向的影响路径。这表明，在 MTI 学习环境的构建过程中，学生的声音与需求往往被边缘化，他们的心理因素与行为倾向未得到充分重视。同时，学生也缺乏对自身学习投入的有效监控与深度反思，导致学习投入无法为学习者因素的优化提供有力的反馈与支持。因此，在未来的 MTI 教育实践中，我们应更加注重学生的主体地位，积极构建以学生为中心的学习环境，通过优化教学资源、增强学习的实践性与互动性，激发学生的学习投入；同时，注重各项子能力的均衡发展，以全面提升学生的翻译能力，培养出既具备扎实理论基础又拥有强大实践能力的翻译人才，为社会的国际化交流与发展贡献力量。

第六节　MTI 学生翻译能力发展研究建议

基于本书对 MTI 学生翻译能力及其影响因素互动模型的深入分析，针对 MTI 教育中普遍存在的学生翻译能力发展不足问题，研究表明提高学习投入的水平和质量是解决问题的关键，同时优化学习者个体因素是实现此目标的基础。因此，从学校教育的微观层面到社会环境的宏观层面全面加强 MTI 教学环境的构建与优化，为翻译能力的系统培育奠定坚实基础，其重要性不言而喻。本书旨在从学生个体发展、学校教育体系和社会支持三个维度提出策略和建议，以促进 MTI 学生翻译能力的全面发展。

一、学生个体发展层面

在学生个体发展层面，为了提高学习投入的质量和数量，应从认知、情感和行为三个核心维度进行综合干预。在认知投入方面，应增设教育学、语言习得等基础理论课程，旨在增强学生的自主学习能力与自我意识。通过细致的指导，帮助学生制订科学合理的长短期学习规划，监控学习进程，并根据实际情况灵活调整学习策略、方法和内容，以期实现高效学习的目标。在情感投入方面，需加强MTI学科教育以及翻译职业概况的教育引导，促使学生将工具型学习动机逐步转化为融合型学习动机，从而激发他们对翻译学习的深厚热情和情感认同。在行为投入方面，鉴于探究性学习活动对提升学生学习投入水平的显著作用（Diana等，2019），我们应设计多样化的学习活动，包括合作学习、探究性学习、翻译工作坊、翻译项目模拟以及同伴互评等，以促进学生深度融入课程翻译学习，有效提升其实践能力。

二、学校教育体系层面

在学校教育体系层面，课程设置应围绕翻译职业化取向和学生翻译能力培养的核心目标，不断完善MTI课程体系。一方面，要根据学生翻译能力的内涵和分类，凸显院校学科特色，针对发展不足的子能力增设相应课程。例如，针对个人与人际能力，可增设职业生涯规划、人力资源管理、能力评估等课程；针对服务提供能力，则可增设企业管理类课程，如管理学、客户关系管理、项目管理等。另一方面，应开设具有实用性和实践性的翻译课程，并强化课程的实践性教学方法，如综合运用案例教学法、情境教学法、实训教学法以及翻译工作坊等，为学生营造实践性、体验式、沉浸式的学习环境，全面提升其翻译实践能力。在实践型师资建设方面，我们应构建以校外师资为补充和引领、校内师资为主体和依托的师资培养体系。一方面，充分利用校外行业教师的丰富行业经验和实践优势，通过主题研讨、项目合作、共同教学等多种方式，帮助校内教师提升翻译教学的实践性；另一方面，充分利用校企合作平台，积极派送校内教师到实习单位"驻地"学习、工作，并将此作为MTI师资的重要准入条件。实习教师不仅可以指导、管理学生的实习工作，还可以亲身参与真实的翻译项目运作，从多重翻译身份视角构建综合性的翻译知识能力体系，进而提高其翻译业务能力。在学术氛围建设方面，我们应着力加强学术氛围和学术资源的建设，不断丰富学术活动的内涵和深度。通过建立和完善学术管理制度，邀请学界、业界的专家学者联合开展形式多样的学术研讨和实践活动，构建开放的"学""术"互动平台，以激发学生的学术热情和创新思维，为 MTI 学生翻译能力的全面发展提供有力的学术支撑。

三、社会支持层面

在社会支持层面，为了深化校企合作模式并提高 MTI 学生翻译能力的实践应用水平，吸引和整合社会翻译行业组织的资源与力量，构建系统化、规范化的实习体系是关键。此策略的核心目标在于实现翻译教育与行业实际需求的无缝衔接，进一步促进校企间在翻译教育领域的深度合作与共同发展。首先，规范实习单位的准入门槛与合作框架是确保实习质量的基础。这要求我们对潜在实习单位进行全面且严格的合格性资质审查、认证以及持续性的绩效考核。评估体系应综合考量实习单位的行业影响力、业务覆盖范围、过往翻译项目的质量评价，以及导师团队的专业资质与实战经验等多个维度。通过设定清晰、具体的评估指标，我们能够筛选出那些真正具备提供高质量翻译实习条件的单位。同时，实习单位需紧密贴合市场需求的变化，设计出详细且具有前瞻性的实习方案，明确实习岗位的具体职责、实习内容的深度与广度、实习方式的创新性以及实习考核与答辩的严谨性，确保每一环节都能有效促进学生的实践能力提升，并严格符合既定的质量标准。其次，将翻译实习经历正式纳入翻译行业从业者的资质认证体系，是提升 MTI 学生翻译能力的重要途径。我们提议，所有 MTI 学生在完成学业后，应被要求参与由权威翻译实习机构组织的、为期至少一年的在岗实习项目。在此期间，学生将在拥有高级技术职称的资深翻译行业导师的直接指导下，深入参与翻译业务的各个环节，亲身体验翻译工作的全貌。导师的"传帮带"不仅有助于学生快速掌握翻译技巧，还能帮助他们深入理解行业规范，培养良好的职业素养。实习期满后，学生需通过一套全面、严格的翻译实习考核体系，该体系应覆盖翻译质量、工作效率、职业道德、团队协作能力等多个维度，以确保每位学生都能达到合格职业译员的标准。通过积极吸引社会翻译行业组织的深度参与，严格规范实习单位的准入与合作流程，以及将翻译实习作为翻译市场从业准入的重要考核环节，我们能够显著提升 MTI 学生翻译能力的实践水平，为翻译行业输送更多具备实战经验与专业素养的高质量人才。这一系列举措不仅有助于缓解当前 MTI 学生翻译能力发展不平衡的问题，更为翻译行业的长远发展注入新的活力，推动其持续繁荣与进步。

本书通过对 MTI 学生翻译能力及其复杂影响因素的互动模型进行深入剖析，揭示了当前 MTI 教育中普遍存在的翻译能力发展不充分的核心问题，并对此提出了相应的解决策略。特别需要强调的是，提升学习投入的层次与质量是突破当前困境的关键所在，而深入优化学习者个体因素则是实现这一目标的根本路径。在成功构建了 MTI 学生翻译能力发展路径及其影响因素的模型后，我们对当前 MTI 教学中存在的若干关键问题有了更深刻的理解。后续章节将围绕 MTI 教学环境因素和学习者因素等方面开展深入的研究与实践。

第四章 翻译硕士专业学位翻转课堂教学模式研究

翻转课堂教学模式,亦称为"颠倒课堂",是一种旨在重新分配课堂内外时间,翻转课堂学习流程,将学习主动权交予学生的一种创新教学模式。其核心教学理念强调"先学后教",即学生在课前通过教学视频、在线阅读材料等自主完成基础知识学习,而课堂时间则转而用于深化理解、合作探究与实践应用。该模式的设计流程严谨,包括课程设计、创建精炼教学视频、引导学生课前自学、组织丰富的课堂活动以及实施有效的评价与反馈机制。翻转课堂能够提升学生的学习主动性,促进个性化教学,有效提高学习效率,并大大增强师生间的互动与合作。翻转课堂教学模式聚焦于培养学生的自主学习能力、批判性思维及问题解决能力,旨在提升教学质量。这一点与 MTI 教育旨在培养应用型、专业化翻译人才的目标不谋而合。翻转课堂教学模式在高等教育及职业教育,特别是 MTI 教育领域的应用前景十分广阔,有望成为培养具备创新精神和实践能力的高素质人才的重要途径。基于 MTI 翻译人才对实践翻译能力和职业翻译素养的较高要求,本书将翻转课堂教学模式进行本地化引入和改进,通过在 MTI 翻译课堂实施翻转课堂教学模式来验证翻转课堂对于 MTI 教学的有效性和可行性,为 MTI 教学信息化创新改革进行尝试性探索。

第一节　MTI 延展式翻转课堂教学模式的理论构建

2017 年 4 月，在上海同济大学隆重召开了 MTI 教育十周年纪念大会。这一盛会不仅是对过去十年成就的回顾，更是对未来十年发展蓝图的规划。大会以"下一个十年：MTI 教育的传承与创新"为核心议题，系统梳理了 MTI 教育自诞生以来的发展历程，并对其未来发展方向进行了深入的前瞻性探讨。目前，全国范围内已有 318 所高等院校设立了 MTI 教育项目，标志着 MTI 教育已成为高等教育领域中的重要组成部分，备受社会各界的关注与期待。

随着 MTI 教育的发展，其学术研究成果也愈加丰硕。众多专家学者从教育理念、课程设置、教学方法以及教学管理等多个维度展开了全面且细致的讨论。仲伟合（2014）与黄友义（2010）等学者，基于学科定位与培养理念的宏观视角，明确指出 MTI 人才的培养应当紧密贴合市场需求，着重强调翻译实践训练的重要性，致力于构建既具专业性又彰显特色的 MTI 教育体系。多数学者则选择从微观层面剖析 MTI 教育的内核。在课程设置方面，文军与穆雷（2009）以及王传英（2010）等强调，MTI 的课程体系必须强化实践性，应基于翻译实践能力的实际需求对课程体系进行革新，旨在提升学生的职业翻译素养及综合实践能力。与此同时，祝朝伟（2015）、何瑞清（2011）、曹莉（2015）以及王华树（2014）等学者，则聚焦翻译能力的深度培养，深入研究了翻译项目管理和技术课程，以及本地化等领域的课程设置，以期为学生提供更为全面和实用的知识体系。在教学研究层面，专家们积极借鉴国外先进的翻译培养模式，围绕翻译工作坊、案例教学法、项目教学法等教学模式的构建问题展开了深入探讨（董洪学、张坤媛，2016；岳峰、陈榕烽，2014；于艳玲，2014；冯曼、贾兰兰，2013）。这些探讨不仅丰富了 MTI 教学的方法和手段，也为提升 MTI 教学质量和效果提供了有力支撑。此外，还有学者以市场和就业为导向，深入探讨了 MTI 学生翻译能力的内涵问题（穆雷等，2017；王立非、王婧，2016）。他们指出，MTI 教育应紧密关注市场动态和行业需求，确保学生所掌握的翻译能力能够满足未来职场的需求。除了上述方面以外，实践基地的建设（董洪学、张晴，2015）、师资力量的提升

（丁素萍，2012；朱波，2016）、培养环境的优化（高黎、崔雅萍，2016）以及论文写作的指导（穆雷，2011；刘小蓉、文军，2016）等也是学者们关注的重点。这些研究不仅为 MTI 教育的全面发展提供了有力支持，也为其学科地位的确立和整体教育质量的提升奠定了坚实基础。

然而，在取得显著成就的同时，MTI 教育也面临着诸多挑战。黄友义（2020）指出，我国中译外高质量翻译人才的短缺问题依然严峻，缺口高达 90% 以上，这凸显了 MTI 人才培养的紧迫性和重要性。仲伟合（2014）进一步指出，MTI 教育领域依旧面临着若干长期未获妥善解决的问题，这些问题不仅制约了 MTI 教育的发展质量，也影响了高层次、专业化翻译人才的培养成效。一是人才培养理念与方案的错位。当前，部分 MTI 院校在人才培养的理念与具体实施方案上存在显著误区。这些院校未能充分理解并区分 MTI 与 MA 的不同培养目标与定位，导致在实际操作中，不自觉地沿用了 MA 的传统培养模式，即从课程设置、教学方法到评价体系，均侧重于理论研究与学术素养的培养，而忽视了 MTI 强调的实践应用能力训练。这种人才培养理念的模糊与培养方案的偏颇，直接导致了 MTI 人才输出的同质化现象严重，难以满足翻译行业对多元化、专业化翻译人才的需求。二是实践性师资队伍的匮乏。师资力量是 MTI 教育质量的重要保障，然而当前 MTI 教育普遍面临实践性师资薄弱的挑战。多数院校的 MTI 教师团队仍以学术型翻译师资为主，他们虽然拥有深厚的翻译理论功底，但在翻译实践经验和职业指导能力上有所欠缺，难以有效指导学生进行高水平的翻译实践训练。这一现状直接限制了 MTI 学生翻译实践能力和职业能力的提升，使得毕业生在就业市场上难以获得用人单位的广泛认可。三是教学方法的守旧与创新不足。在教学方法上，MTI 教育同样面临着亟待解决的问题。传统的翻译理论灌输式教学仍然是许多院校的主流教学方式，这种"填鸭式"的教学模式忽视了学生在翻译实践中的主体地位和能动性，缺乏对学生批判性思维、创新能力和实际操作能力的培养。与此同时，现代科技手段和教育理念在 MTI 教学中的融合应用不足，未能充分利用多媒体、网络等教学资源，实现教学方式的多元化和个性化，限制了教学质量的进一步提升。四是实践教学基地的利用不充分与翻译实践训练的缺失。实践教学是 MTI 教育的重要环节，对于提升学生的翻译实践能力和职业能力具有关键作用。然而，目前许多院校在实践教学基地的建设和利用上存在明显不足。一方面，实践教学基地的数量和质量难以满足 MTI 学生的实际需求；另一方面，基地的利用率普遍较低，缺乏有效的管理和指导机制，导致翻译实践训练严重不足。这种现状不仅影响了学生的翻译实践能力和职业能力的培养，也限制了 MTI 教育整体质量的提升。综上所述，当前 MTI 教学存在的根本问题在于严重缺乏实践性。为了解决这些问题，需要各培养院校从人才培养理念、师资队伍建设、教学方法创新以及实践教学体系完善等方面入手，全面加强 MTI 教育的实践性导向，以培养出更多符合市场需求的高素质、专业化翻译人才。

针对上述问题，本章旨在探讨如何运用现代教育信息技术，融合先进的教育理念，对 MTI 课堂教学模式进行创新性改革。具体而言，通过引入在线学习平台、翻转课堂、微课等信息技术手段，打通课上课下学习边界，为学生提供更加丰富、高质量、多模态的学习资源和实践机会。同时，结合翻转课堂、混合式学习等新型教学模式，可以有效改变传统的理论灌输式教学方式，使课堂更加侧重于翻译实践和翻译职业素质的培养。面对未来十年的发展机遇与挑战，MTI 教育应坚持传承与创新并重的原则，充分利用现代信息技术手段，不断优化人才培养体系和教学方法。通过强化实践导向、创新教学模式、加强校企合作等举措，努力培养出更多符合市场需求、具备扎实翻译实践能力和职业素养的高素质翻译人才，为我国乃至全球的翻译事业贡献更多的智慧和力量。

一、MTI 延展式翻转课堂教学模式构建背景

近年来，国家非常重视信息化教学的推广，通过发布一系列具有前瞻性和战略导向的政策文件，为教育改革勾勒出一幅详尽的宏伟蓝图，并为其指明了发展方向。教育部相继推出的《教育信息化十年发展规划（2010—2020年）》与《2015 年教育信息化工作要点》，以及国务院学位委员会颁布的《翻译硕士专业学位设置方案》，均明确阐述了教育信息化的核心理念，即"促进信息技术与教育教学的深度融合"，"充分利用现代化教育技术手段及丰富多

样的教学资源",并"积极创新信息化教学与学习方式"。这些举措旨在通过先进的信息技术手段,推动教育模式的深刻变革与创新发展。此外,《国务院关于积极推进"互联网+"行动的指导意见》(国发〔2015〕40号)中也特别强调,应鼓励各级学校逐步探索网络化教育新模式,加快推动基于互联网的高等教育服务模式变革。这进一步彰显了信息技术在教育领域应用的重要性和紧迫性。

在这一宏观背景下,全国各高校、中学甚至小学都将信息技术驱动的教学变革与教育创新作为当前以及未来教育改革与实践的重要内容,这对包括MTI教育在内的各类教育项目产生了广泛而深远的影响。为了适应这一趋势,全国翻译专业学位研究生教育指导委员会制定的《翻译硕士专业学位研究生教育指导性培养方案》(2011)对MTI的培养方式作出了明确而具体的规定,倡导采用"实践研讨式、职场模拟式教学","笔译课程可采用项目式授课,将职业翻译工作内容引入课堂",并"重视实践环节","强调翻译实践能力的培养和翻译案例的分析,翻译实践贯穿教学全过程"。这些规定不仅凸显了MTI教育的"实践性"特色,也强调了其"职业性"要求,为MTI教学改革提供了明确的指导和方向。

在这一背景下,MTI学位教育改革应当深入结合教育信息技术与翻译实践操作技能,以此积极响应并适应时代快速发展所提出的迫切要求。在当前教育改革的浪潮中,翻转课堂作为一种新兴且颇具潜力的教学模式,正凭借其独特优势——利用信息技术的力量,实现课堂教学流程的创新性逆转,在教育领域内逐渐展现出其特有的魅力与广阔的应用前景。翻转课堂是一种将基于互联网资源的自主学习与课堂内面对面的深度学习有机融合的混合式教学方法。这一模式不仅明确了教学信息的传递路径,还实现了教学流程的根本性重构,从而为学生创造了更为高效、灵活的学习环境。此外,翻转课堂特别强调培养学生的主动学习能力,通过激发其内在学习动机,进一步凸显了学习者在教学过程中的主导地位。尤为重要的是,该模式还大力倡导"实践性操作",鼓励学生在实际操作中深化理论知识,提升翻译技能。所以,翻转课堂教学模式的引入,能够增强学生的自主学习意识、实践操作能力、团队协作精神以及学习积极性,为MTI教学改革提供了全新的视角和实施路径。

通过紧密融合教育信息技术与翻译实践操作，MTI 教学改革有望培养出更多符合时代需求、具备高度专业素养和实践能力的翻译人才。

因此，本书旨在深入探讨如何将教育信息技术、实践性教学和翻转课堂三者有机融合，构建一种创新的 MTI 延展式翻转课堂教学模式。该模式在课前自学和课上互动学习的基础上，创新性地融入了课后项目式翻译实践环节。通过模拟构建翻译企业实际项目运作过程，对学生进行系统化的翻译实践训练，积累翻译实践能力，提高翻译职业素养。具体而言，该教学模式包括课前视频学习、课上协作讨论学习以及课后翻译职业训练三个核心步骤。通过这一模式的实施，我们期望能够实现 MTI 教育的深度改革和教学质量的全面提升，为培养更多高素质的翻译人才贡献力量，践行"先学后教再实践"的认知发展模式，实现由翻译学习者向职业译者的过渡。

二、MTI 延展式翻转课堂教学模式理论支撑

布鲁姆认知目标分类理论是在 1956 年由布鲁姆（Bloom）及其研究团队首次系统阐述的。这一具有里程碑意义的理论框架，从认知心理学的独特视角出发，对教育目标进行了全面而细致的划分。它不仅为教育领域提供了一个科学且系统的分类体系，用以明确学习目标的层次与结构，而且深刻影响了后续的教学实践与改革。布鲁姆的认知目标分类理论促进了教育过程中阶段性、差异化教学的实施。该理论允许教育者根据学习目标的不同，设计内容各异、目标明确、方法多样的教学活动。这一转变打破了以往教学目标笼统、教学内容与培养目标脱节、教学方法单一且成效有限的传统教学模式。通过细致的目标分类，教育者能够更加精准地定位学生的学习需求，从而制订出更为贴合学生实际、更具针对性的教学计划。此外，布鲁姆的认知目标分类理论还为教学评估提供了重要的参考依据。教育者可以根据分类理论中的不同层次，设计出相应的评估工具和方法，以准确衡量学生在各个学习阶段所达到的认知水平。这种基于目标分类的评估方式，不仅提高了评估的准确性和有效性，还有助于教育者及时调整教学策略，以满足学生的学习需求。随后，在 2001 年，Lorin Anderson 等人鉴于现代语言学习者的特征与传统教

学环境的变迁，对这一经典分类进行了细致的修订，并提出了"布鲁姆学习目标分类法2001版"。这一修订版不仅保留了原版的精髓，还融入了新时代的教育理念，为布鲁姆理论注入了新的活力与适用性。

认知教学目标分类体系将教学目标划分为六个循序渐进的层次：记忆、理解、应用、分析、评判以及创造。这六个层次不仅各自独立，而且相互关联，共同构建了一个完整的学生学习认知进程框架。首先，在记忆层次上，作为整个认知过程的基础，它着重强调学生必须牢固掌握所学内容，这既包括对具体事实性知识的准确记忆，也涵盖对问题解决策略的有效记忆。学生通常通过背诵、定义阐述或记忆回溯等认知行为来达成这一目标，这是知识积累与巩固不可或缺的初始步骤。其次，理解层次则要求学生更深入地把握学习材料的内在含义，理解知识的逻辑框架与组织结构。虽然这一层次不一定要求学生将所学知识与其他知识点进行关联，但它鼓励学生用自己的话语来阐述所学，从而促进知识的内化与转化，这是知识理解与吸收的关键环节，也是学生深化认知的重要步骤。应用层次则侧重于将所学的知识概念、操作原则等有效地用于解决实际问题。这要求学生具备将理论知识转化为实践能力的能力，通常包含计算、操作执行等认知活动。这一层次是知识应用与实践操作之间的桥梁，也是学生将所学知识转化为实际技能的重要途径。分析层次则要求学生对所学知识进行深入剖析与解构，明确各部分间的联系以及部分与整体的关系。这一过程不仅有助于培养学生的逻辑思维与批判性思维，还可以通过分解、阐释和区分等认知活动来实现，是知识分析与综合的重要阶段，也是学生深化对知识的理解与掌握的关键环节。评判层次则着重于培养学生对学习材料进行价值评估的能力。这要求学生能依据多种标准对所学知识进行客观、全面的评价。这一过程有助于提升学生的判断力与决策能力，也是学生形成独立思考与评判能力的重要阶段。最后，创造层次是整个认知过程的巅峰，它旨在将零散的知识点整合为系统的知识体系，并在此基础上进行创新性的思考与探索。这一层次强调学生的创新能力与创造性思维，鼓励学生在学习过程中产生新的知识结构与思想火花。通常通过创造、规划和生成等认知活动来实现，它标志着知识创新与发展的高峰，也是学生形成独特见解与创新能力的重要阶段。

根据学生认知发展的规律及年龄特征，我们可以将记忆、理解和应用视为低层次目标，它们构成了学生学习的基础和起点；而分析、评判和创造则被视为高层次目标，它们代表了学生学习的发展方向与目标。这一分类体系不仅深刻揭示了学习活动在认知领域的层次性与差异性，还为教学实践提供了清晰的指导框架。它有助于教师根据学生的实际情况与需求，制订科学、合理的教学计划与评价体系，从而更有效地促进学生的认知发展与学习进步。MTI 教育旨在培养高层次、应用型和专业化的翻译人才，其中，学生的翻译实践能力和翻译职业素养的培养至关重要。因此，MTI 教学不仅需要重视事实性知识和概念性知识的记忆与理解，更需要强化对程序性知识和翻译元认知知识的应用、分析、评价及创造能力的培养。然而，在传统的 MTI 教学中，有限的课堂时间往往主要被用于传授和巩固事实性及概念性知识，难以有效涵盖程序性知识和元认知知识的高阶认知过程。

翻转课堂作为一种创新的教学模式，通过颠覆传统的教学时空顺序，对学习的认知过程进行了优化。在课前学习阶段，学生被赋予自主权，负责掌握事实性和概念性知识的记忆与理解；而在课堂上，则通过互动学习的方式，重点聚焦于高阶认知过程，如程序性知识和元认知知识的应用、分析及评价；至于知识的创造性产出，则被巧妙地安排到课后的翻译实践环节进行训练。这种教学模式使学生在社会性互动的学习情境中，不仅能够深化对知识的理解，还能有效提升翻译实践能力和翻译职业素养。因此，延展式翻转课堂模式能够较好地兼顾布鲁姆认知目标分类理论中的各个子目标，确保学生经历从低阶到高阶的完整认知流程。通过这一教学模式的实施，MTI 教育有望更加高效地实现其培养目标，即培养出既具备扎实语言基础，又拥有出色翻译实践能力和职业素养的高层次翻译人才，为 MTI 教学提供了新的思路和方法。

三、MTI 延展式翻转课堂教学模式的理论构建

（一）学习平台的理论构建

1. 需求分析

翻转课堂的成功实践依赖于一个功能完备、运作高效的网络化学习平台。该平台需承担起协调教育资源分配、科学规划教学活动、严格执行教学管理流程，以及积极促进学习主体间多元互动与知识多样化呈现的重任。鉴于此，本书针对 MTI 学生的信息能力素养水平及其对学习平台的特定功能性需求，开展了一项细致的调查。此次调查的根本目的在于清晰界定网络学习平台的架构设计原则、功能服务范围、技术应用策略以及构建标准体系，从而确保该平台能够精准对接翻转课堂教学的实际需求，为其提供强有力的支撑。

调查结果揭示了 MTI 学生的信息能力素养具有以下几种明显特征：首先，学生们对网络多媒体环境下的学习方式抱有浓厚兴趣，并展现出积极尝试的积极态度，这充分说明他们乐于接纳并快速适应新兴的学习模式。其次，在技能层面，学生们普遍能够熟练掌握并运用一系列常见的信息工具，包括文字编辑软件、多媒体音视频处理工具及网页操作等，这为他们在网络平台上开展高效学习奠定了坚实的技能基础。再者，尤为值得注意的是，学生们至少掌握了一种计算机辅助翻译（CAT）工具的使用方法。同时，他们还精通 QQ、微博、BBS 论坛等社交软件的操作技巧，这不仅极大地方便了他们获取与分享宝贵的学习资源，也有效促进了学习社群内部的深度交流与合作。最后，学生们均配备了智能终端设备，并享有稳定的网络接入资源，这为他们随时随地开展在线学习创造了便利。综合以上分析，可以明确得出，MTI 学生不仅在网络学习环境中具备了实际的学习能力，而且表现出了强烈的学习意愿。

对学习平台功能需求的深度剖析进一步揭示，学生们对信息化学习资源与学习服务的需求呈现出广泛且迫切的特点。他们热切期望平台能够提供丰富多彩的学习资源、便捷高效的学习工具，以及个性化的学习支持服务，以

全面满足他们在学习过程中产生的多样化需求。这些调查结果，为网络学习平台的后续开发与持续优化提供了重要的参考依据，有助于我们构建一个更加贴近 MTI 学生学习特点与实际需求的高效学习平台。

2. 构建内容

在构建学习平台的过程中，我们采取了严谨而细致的方法，整合了四项在信息技术领域处于前沿地位的技术要素。这些技术包括云技术、教学资源数字化技术、大数据技术以及一体化系统设计技术，它们共同构成了学习平台技术支撑的核心框架。云技术作为现代信息技术的基石，为学习平台提供了高效、可扩展且经济的数据存储与处理解决方案。通过云技术，我们能够实现教学资源的灵活调度与按需分配，确保平台在面对大规模用户访问时依然能够保持稳定运行。教学资源数字化技术则是将传统的教学材料转化为数字格式的关键。这一技术的应用，不仅提高了教学资源的可访问性和可重用性，还使得教学内容能够跨越地域和时间的限制，更加便捷地传递给学习者。大数据技术在学习平台中的作用不容忽视。通过收集和分析用户在学习过程中的行为数据，我们能够深入了解学习者的学习习惯和需求，从而为个性化教学提供有力支持。同时，大数据技术还能够帮助我们优化平台功能，提升用户体验。一体化系统设计技术则确保了学习平台在整体架构上的统一性和协调性。通过这一技术，我们能够将硬件设施层、技术应用层、平台管理层和功能服务层这四个核心架构层面紧密地结合在一起，形成一个高效、协同且易于维护的系统整体。

在构建过程中，我们围绕这四个核心架构层面进行了设计与构建。在硬件设施层，我们选用了高性能、高可靠性的硬件设备，为平台提供了坚实的物理基础。在技术应用层，我们充分利用了上述四项前沿技术，为平台注入了强大的技术动力。在平台管理层，我们建立了完善的管理机制和监控体系，确保了平台的稳定运行和高效管理。在功能服务层，我们根据学习者的实际需求，设计了丰富多样的功能模块和服务接口，为学习者提供了便捷、高效的学习体验。

硬件设施层，作为学习平台稳固的物理基础，其构成涵盖了多个关键基础设施组件。网络中心服务器作为数据处理与分发的核心，配合高效稳定的网络系统，确保了信息的流畅传输与即时响应。先进的多媒体教学系统为平台提供了丰富多样的教学展现形式，而大容量存储设备则保障了海量学习资源的可靠存储与快速访问。此外，安全可靠的安全系统为平台筑起了一道坚实的防线，保护用户数据与隐私免受侵害。灵活的资源池则根据实际需求动态调配资源，进一步提升了平台的适应性与可扩展性。这些硬件设施不仅为平台的平稳运行奠定了坚实基础，还使其能够轻松承载日益增长的学习数据与用户访问量，为学习活动的顺利进行提供了有力支撑。

技术应用层，在学习平台的架构中扮演着关键角色。它充分利用云计算技术的强大存储与计算能力，为平台注入了新的活力与潜力。通过云计算技术的巧妙应用，平台得以实现学习资源的动态扩展与高效利用，轻松应对用户不断增长的学习需求与多样化的学习场景。这一层的技术应用不仅显著提升了平台的服务质量与响应速度，还为用户创造了更加优质、便捷的学习环境，使得学习变得更加高效与愉悦。

平台管理层，在架构中起着承上启下的关键作用，是连接技术应用层与功能服务层的重要纽带。它整合了资源统一管理、用户统一认证、学习内容管理、组件发送、师生交互以及数据收集等多项核心功能，实现了对平台资源的全面监控与高效调度。这些功能的协同工作，确保了平台的高效运行与便捷管理，为平台的稳定运行与持续发展提供了有力的保障与支持。

功能服务层，作为学习平台与用户直接交互的层面，其设计直接影响用户体验与学习效果。通过嵌入音视频录播系统、电子阅览系统、教师备课系统、学生自学系统、校园广播系统以及学习监控系统等多个子系统，为用户提供了全方位、多样化的功能服务。这些子系统各司其职，共同构成了完整的学习生态系统。教师可以轻松地进行备课、发布学习任务、批改测试、管理学习进程以及解答学生疑问等工作；而学生则可以在课前进行自学测试、参与学习讨论、发布问题、参加视频会议等丰富多样的学习活动。这些功能，极大地提升了学习的互动性与趣味性，使得学习变得更加高效与有趣。

总的来说，学习平台的构架（见图4-1）的设计在充分考虑技术先进性与实用性的同时，也兼顾了用户需求的多样性与个性化。这一设计不仅确保了平台的高效运行与稳定发展，还为用户提供了较好的学习体验。

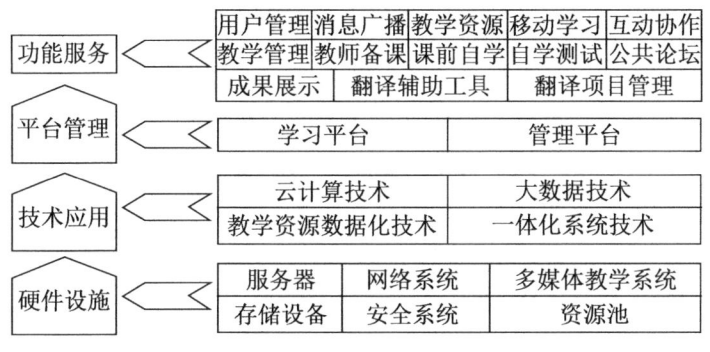

功能服务	用户管理	消息广播	教学资源	移动学习	互动协作
	教学管理	教师备课	课前自学	自学测试	公共论坛
	成果展示	翻译辅助工具		翻译项目管理	
平台管理	学习平台			管理平台	
技术应用	云计算技术			大数据技术	
	教学资源数据化技术			一体化系统技术	
硬件设施	服务器	网络系统		多媒体教学系统	
	存储设备	安全系统		资源池	

图 4-1　MTI 学习平台构架

（二）MTI 翻转课堂教学模式的理论设计

1. MTI 翻转课堂教学模式的理论构建

根据钱研、陈晓慧（2015）提出的翻转课堂设计理念，本书在构建 MTI 延展式翻转课堂教学模式时，遵循了一系列核心原则。首要原则是坚持学生的主体地位，旨在激发学生的自主学习动机，并全面促进其翻译职业能力的提升。其次，加强了课前自学的监督与管理机制，以确保学生在这一阶段能够初步掌握学习内容，为后续的深入学习打下基础。此外，还融入了过程性评价反馈机制，以便实时调整教学策略，更好地满足学生的学习需求。同时，以教师为主导，为学生提供必要的学习支持和引导，帮助他们克服学习中的困难。为了实现课上与课下学习活动的有效衔接，我们充分利用了学习平台的功能服务，确保学生能够在任何时间、任何地点都能进行高效的学习。

在前期理论构建的基础上，本书从以下几个方面开展教学模式的构建：首先，设计与实施了线上、线下相结合的学习活动，包括课前自主学习、课堂讨论学习和案例学习以及课后项目实践学习等，以丰富的学习形式激发学生的学习兴趣，提升其学习效果。其次，注重高效利用课堂教学时间，并有效延伸课下学习时间，以形成连续、完整的学习过程，确保学生能够充分掌握所学知识。此外，还嵌入了多维度评价机制，包括自我评价、过程性评价、诊断性评价以及总结性评价等，以全面、客观地评估学生的学习进展与成果，为他们提供有针对性的反馈和指导。最后，强化了翻译实践训练，通过模拟真实的翻译项目实践，提升学生的实际翻译能力与职业素养，为学生的职业发展提供基础。经过深入研究与实践探索，本书初步构建了一种创新的 MTI 延展式翻转课堂教学模式。此模式在充分汲取传统课前自学与课上协作学习精髓的基础上，创造性地融入了课后翻译项目实践学习这一关键环节，从而实现了知识传授、吸收内化与实践应用三者之间的有机统一，即达成了理论知识（"知"）与实际操作（"行"）的有机融合。

2. MTI 翻转课堂教学模式理论运行流程

下面对 MTI 翻转课堂教学模式的运行流程进行详细的阐述：首先，在课前自学环节，学生被赋予更大的自主权，通过利用线上资源如教学视频、电子教材等，自主完成基础知识的预习与理解。这一阶段旨在激发学生的学习兴趣，培养其自主学习能力，为后续的课堂深入学习打下坚实的基础。其次，在课上协作学习环节，教师引导学生围绕预习中遇到的问题与难点进行小组讨论与协作探究，通过师生互动、生生互动的方式，深化对知识点的理解与掌握。此环节不仅锻炼了学生的批判性思维能力与团队协作能力，还促进了知识的内化与迁移。最后，在课后翻译项目实践学习环节，则是该模式的创新之处与核心亮点。学生被分配到真实的或模拟的翻译项目中，通过参与翻译流程的各个环节，如原文理解、术语查找、译文初稿、审校修改等，将课堂所学理论知识应用于实践，解决实际问题。这一环节不仅有助于巩固与提升学生的翻译技能，还增强了其职业素养与实际操作能力，实现了"知"与"行"的无缝对接。我们构建的 MTI 延展式翻转课堂教学模式，通过课前自学、课上协作学习与课后翻译项目实践学习三个环节的有机结合，形成了一个完整而高效的学习循环，有效地促进了学生知识的吸收、内化与实践应用，为 MTI 教育提供了一种新的思路与方法。

（1）课前自学

在课前自学阶段，学生与教师依托先进的学习平台，共同开展了一系列高效的教学活动。教师基于课程内容的深度与广度，制作了高质量的教学视频。这些视频不仅涵盖了课程的核心知识点，还融入了丰富的教学案例与实例分析，旨在帮助学生更好地理解与掌握课程内容。随后，教师将这些教学视频上传至学习平台，供学生在课前自主观看与学习。学生则根据个人的学习习惯、认知特点与学习需求，灵活地选择观看视频的侧重点、观看次数以及学习进度。他们可以随时暂停、回放或快进视频，以便更深入地理解与学习课程内容。同时，学生还可以随时调阅教师提供的辅助学习资源，如电子课件、学习指南、参考文献等，以辅助完成知识的记忆与理解。在学习过程中，学生若遇到疑难问题，可以在学习平台的公共论坛区与教师或同伴进行实时的讨论与互动，尝试解决简单的学习问题，从而加深对课程内容的理解。教师则通过学习平台监控学生的学习进度与反馈，及时掌握学生在学习过程中遇到的涉及面广的深层次疑难问题。他们会对这些问题进行整理与归纳，为后续的课堂教学做好充分的素材和知识准备。这样，教师可以在课堂上更有针对性地解答学生的疑问，提高课堂教学的效率与质量。

（2）课堂协作学习

在课堂学习阶段，学生以小组为单位进行协作学习。教师根据学生在课前自学阶段的测试结果与反馈的疑难问题，布置课堂讨论问题。这些问题旨在引导学生独立思考、积极探索并尝试解决问题。通过小组讨论、教师引导与启发等方式，学生逐渐掌握了课程的核心知识与技能。他们学会了如何分析问题、如何寻找解决问题的方法以及如何与他人合作解决问题。教师则作为课堂学习的组织者、引导者与监控者，确保研讨活动的深入进行。他们通过提问、引导、启发等方式，激发学生的学习兴趣与积极性，帮助他们更好地理解与掌握课程内容。同时，教师还充分利用启发式与引导式教学方法进行补充教学，如案例分析、角色扮演、模拟实验等，以帮助学生全面掌握课程知识并提升他们的实践能力。这样的课堂教学不仅提高了学生的学习效率与质量，还培养了他们的团队协作能力与解决问题的能力。

（3）课后翻译项目实践

在课后实践环节中，通过模拟贴近实际的翻译项目操作，旨在将理论知识转化为实际技能，进而培育学生的翻译实战能力与职业素养。首先，教师指导学生构建翻译小组，小组内设定项目经理、术语管理专员、审校员、编辑员各一名，以及两名译员，并允许成员在不同项目中灵活兼任不同角色，以便他们能在多样化的翻译职位上获得实践经验，全面了解并掌握职业翻译工作的各项内容及规范标准。然后，教师扮演客户代理角色，与项目经理就项目细节、交付期限、翻译质量标准、费用预算及特殊需求等方面进行磋商；随后，项目经理在成本预算的基础上与客户签订正式的项目合同。项目启动后，项目经理负责整理原始资料、转换文件格式、建立并维护统一的术语库与翻译记忆库，同时执行预翻译与伪翻译流程，以有效控制成本并管理翻译进程。紧接着，项目经理通过平台上的项目管理工具，向团队成员明确项目要求、分配工作任务及具体内容，分发术语表与记忆库，并确立详细的时间表与工作标准。项目成员则依据各自职责，利用学习平台内置的计算机辅助翻译（CAT）工具、语料库资源、句料库、网络搜索工具及文本处理软件等，进行翻译、校对及编辑排版工作，直至项目初步成形。之后，客户代理组织验收团队对产品进行质量评估，并向项目经理提出反馈意见与建议。项目经理根据反馈整理出改进方案，指导相关成员进行修正，最终确保项目成果达到客户满意的标准。项目结束后，小组需撰写翻译工作总结，回顾翻译岗位的认知、规范遵循情况、任务处理流程及翻译实践中遇到的问题，并进行深入的分析与反思。完成的译文与工作总结将被上传至平台的成果展示区域，供其他学生参考与学习。教师则对项目的整体完成情况进行评估，指出翻译操作规范上的不足，并提出改进建议。通过课前视频自学、课堂小组合作学习与课后实践学习的紧密结合，学生不仅完成了知识的接收与理解，还实现了技能的锻炼与提升。这种"预习—教学—实践"的知识学习逻辑循环，既贴合 MTI 人才培养的实践性需求，又有助于学生提高自主学习能力，培养良好的翻译职业素养，为他们的职业生涯奠定坚实的基础。

四、MTI 延展式翻转课堂教学模式的优越性

MTI 延展式翻转课堂教学模式在多个维度上展现了其独特的优越性。该教学模式的构建深深植根于广泛而坚实的教育理论基础之上，其理论框架的形成尤其受到了布鲁姆教育目标分类理论的影响与启发。该理论作为教育学领域中的经典之作，为教学目标的设定与实现提供了详尽且系统的指导。具体而言，布鲁姆将教育目标划分为六个循序渐进、由简单到复杂的层次，即记忆、理解、应用、分析、评价以及创造。这六个层次不仅反映了学生学习

过程中认知能力的逐步提升，也为教师设计教学活动、评估学生学习成效提供了明确的参考依据。因此，该教学模式在借鉴布鲁姆理论的基础上，致力于通过科学的教学设计与实施，引导学生逐步达成这些教育目标，从而实现知识的有效传递与学生能力的全面发展。

（一）聚焦高阶认知目标实现

在传统的课堂教学环境中，由于课堂时间的有限性，教学活动往往集中于实现较低层次的认知目标，即记忆与理解。这两个阶段虽然基础且重要，但遗憾的是，它们经常占据了课堂的绝大部分时间，导致高阶的认知目标，如应用、分析、评价和创造，被边缘化或干脆留给学生课后自行摸索。这种安排往往使得高阶能力的培养效果不尽如人意，学生难以在课堂上获得充分的实践与指导。然而，MTI 延展式翻转课堂教学模式通过一种创新的方式，较好地解决了这一难题。该模式巧妙地重新规划了学习的时间与空间布局，使得低阶认知目标（记忆与理解）能够在课前通过学生的自主学习得以初步达成。学生利用教师提供的学习资源，如教学视频、电子教材等，在课前进行预习，为后续的课堂学习打下坚实的基础。在此基础上，课堂时间则被更多地用于实现高阶认知目标。在课堂上，学生以小组为单位进行协作学习，通过讨论、案例研究等互动形式，深入探索知识的应用、分析与评价。教师则作为引导者，适时提供指导与反馈，帮助学生在与同伴的共同探索中，逐步掌握高阶的认知技能。这种教学模式不仅提高了课堂时间的利用效率，还促进了学生之间以及师生之间的交流与合作，为学生的全面发展提供了有力的支持。关于最高层次的创造能力，该教学模式特别设计了课后的翻译项目实践活动，以此作为进一步培育与提升学生创新能力的关键环节。通过将这些实践活动与课堂教学紧密结合，该模式不仅精准地定位了不同教育目标所对应的学习情境，而且将教学的重心明确聚焦于高阶认知目标的实现上。这样的教学策略，无疑更有助于促进 MTI 教学目标的全面达成，进而显著提升整体的教学效果。

（二）兼顾学习者个性化需求与学习自主性融合

该教学模式在设计与实施学习环境的构建过程中，尤为注重个性化学习与自主性学习的深度融合，其核心目标在于为学生打造一个极具个性化特征的学习空间。在此空间内，学生能够充分享有学习自主权，并被确立为知识主动构建的核心主体。这一教学模式利用先进的学习平台技术，使得学生能够根据个人实际情况及特定的学习需求，灵活自主地安排学习进度、选择学习时间与地点。特别是教学视频资源的提供，为学生创造了反复观看、深入学习的条件，从而有效满足了不同学习水平及学习风格学生的个性化需求。在这种既自主可控又具有个性化的学习环境中，学生不仅能够高效地掌握课前自主学习的内容，顺利实现低阶学习目标，而且为后续高阶目标的实现奠定了坚实的基础。这一教学模式的设计理念与实践，充分体现了对学生个体差异的尊重与关注，以及对学生自主学习能力培养的重视，为提升教学质量与学习效果提供了有力的支撑。

（三）构建良性循环的学习生态系统

该教学模式关照了互动式学习在整体学习进程中的核心作用与不可替代性。它强调，在学习的各个阶段，无论是前期的自主预习、后期的实践应用，还是课堂内的深度探讨，学生都需通过积极的协作互动来汇聚集体智慧，共同辨析知识真伪，深化理解。此种互动式学习方式，不仅极大地促进了学生之间的知识流通与共享，还显著提升了他们对知识的深入理解和全面掌握。在这一教学模式下，知识如同活水，在学生间不断流淌、汇聚，形成了一个良性循环的学习生态系统。每个学生都能从这个系统中汲取养分，获得成长，而整个系统的持续运转，又不断推动整体学习水平的稳步提升。这一教学模式的实践，充分展现了互动式学习在促进学生知识掌握、能力提升方面的独特优势，为构建高效、和谐的学习环境提供了有力支撑。

（四）强化学习监督与管理，注重翻译实践能力培养

该教学模式还展现出强大的学习监督与管理能力。借助于学习平台所详

细记录的学生学习路径，教师能够全方位地掌握每位学生的学习进展情况、所投入的学习时间、取得的学习效果以及学习过程中的动态变化与趋势。这些信息为教师提供了参考，有助于他们精确掌握学生的学习需求、存在的问题以及面临的困难。在此基础上，教师可以采取更加具有针对性的措施，对学生进行及时的督促与有效的约束，从而确保课下学习的有序进行与高效完成。此外，该教学模式还具备鲜明的实践性特色。它不仅将案例教学法巧妙地融入教学过程中，还在课后学习阶段策划了翻译项目的实践环节。通过模拟真实的翻译工作环境，该模式引导学生逐渐将注意力从翻译理论与文本对等的层面，转向翻译理论的实践性应用、检验与分析，以及翻译职业场景中多维度职业因素的互动框架构建。这种教学模式旨在全面培养学生的职业素养与翻译实践能力，与 MTI 人才培养的实践性要求紧密契合。对于当前 MTI 教学实践中存在的实践性不足问题，该模式提供了针对性的解决方案，具有重要的现实意义。

本章深入探讨了 MTI 教育领域中的教学模式创新，特别聚焦现代教育信息技术与先进教育理念在 MTI 教学中的应用，进而提出了 MTI 延展式翻转课堂教学模式的构建策略。该模式深度融合了现代教育信息技术与翻译实践性操作，旨在通过在线学习平台、虚拟仿真实验室等信息技术手段，打破传统教学时空限制，为学生提供更加丰富、多元的学习资源与实践机会。与此同时，通过融合翻转课堂与混合式学习等创新教学手段，我们打破了传统教学中单纯理论灌输的模式，着重加强了翻译实践训练与职业素养的培育，旨在满足市场对于高素质翻译人才的迫切需求。本章提出的 MTI 延展式翻转课堂教学模式展现出多方面的显著优势：一是坚实的理论支撑确保了教育目标的精准实现；二是个性化学习环境的构建赋予了学生充分的学习自主权；三是互动式学习促进了知识在学生间的流动与汇聚；四是强大的学习监管能力保障了学习过程的顺利进行；五是鲜明的实践性特征全面培养了学生的翻译能力与职业素质。该模式的实施有望显著提升 MTI 教学质量，为我国翻译事业的发展贡献更多高素质翻译人才。

第二节 MTI延展式翻转课堂教学模式的实践构建与初步检验

在2018年召开的全国翻译专业学位研究生教育年会上，以"'双一流'建设背景下的翻译硕士教育"为核心主题进行了讨论。此次盛会汇聚了来自全国各地的知名专家学者，他们齐聚一堂，共同聚焦MTI教育的改革与未来发展。专家学者们围绕着MTI教育现状展开交流，更为MTI教育的未来发展规划贡献自己的智慧与见解。黄友义着重强调，在MTI教育的持续演进过程中，必须坚定不移地以创新驱动为核心，同时始终将教育质量放在首位。这一观点，不仅为MTI教育的质量提升指明了方向，也为其实现内涵式发展提供了思路。与此同时，仲伟合教授则针对MTI教育的各个环节，提出了更为具体且全面的八点建议。他明确指出，人才培养应作为MTI教育的核心使命，而提升学生实践能力则是评估教育效果的关键所在。仲伟合还强调，MTI教育应充分展现其专业特色，构筑自身竞争优势，而这一切都离不开一支高素质的教师队伍作为支撑。此外，他还提倡将科学技术融入日常教学，加强国际合作与交流，以及重视教材建设与更新。最终，仲伟合认为，服务国家整体发展战略应成为MTI教育的终极目标。这些建议极具前瞻性，针对当前MTI教育中存在的诸多问题，如教育理念模糊、教学方法陈旧、师资力量不足等，提供了切实可行的改进方案。与会专家和学者一致认为，应更加紧密地围绕国家经济建设和发展需求。为实现这一目标，MTI教育必须不断加强师资队伍建设，通过引进优秀人才、完善培训体系等方式，提升教师队伍的整体素质和教学水平。同时，教材体系的完善也至关重要，应及时更新教材内容，引入最新的翻译理论和实践成果，确保教育与行业发展的紧密结合。此外，积极借鉴国外先进的翻译人才培养经验和模式，将有助于我国MTI教育实现跨越式发展。特别是推动信息技术与MTI教育的深度融合与创新应用，将成为提升教育质量和效率的关键所在。这些举措的实施，将有效提高MTI学生的实践翻译能力，培养出更多符合市场需求的高层次、专业化、应用型翻译人才，从而为国家的经济社会发展提供坚实的人才基础和智力支持。

目前，我国 MTI 师资主体主要来自外国语言文学领域，这在很大程度上影响了该专业学位教育的健康发展。这一现状在很大程度上导致了 MTI 教育的实践性不足，成为制约其进一步发展的瓶颈。具体来说，MTI 的教学内容仍然过于侧重翻译理论和语言教学，而实践性翻译教学的比重相对较低。此外，即便是那些为数不多的实践性课程，也往往沿袭了传统的理论教学方法，从而未能凸显出这些课程应有的实践性特色。因此，MTI 教学在一定程度上偏离了专业学位培养以实践为导向的本质特征，反而更多地沦为了翻译理论学习的陪衬。为了有效应对这一问题，国内众多专家学者已从多个维度和视角展开了深入研究，并取得了一定的研究成果。仲伟合（2006、2010）和黄友义（2010）等学者对 MTI 教育的学科定位、人才培养理念等核心议题进行了深入探讨，他们明确提出，应着重培养学生的实践翻译能力和翻译职业能力，以更好地满足行业对专业人才的需求。王传英（2010）、文军等（2009）、曹莉（2012）等学者则从理论视角出发，强调 MTI 的课程设置应以提升学生的实践翻译能力和职业翻译素养为核心目标，同时积极推动课程体系的改革与创新，以适应 MTI 教育实践化和专业化的发展趋势。与此同时，也有学者从实践层面进行了富有成效的探索。何瑞清（2011）、王华树（2014）和祝朝伟（2015）等人深入研究了翻译项目管理、翻译技术和本地化在 MTI 教学实践中的具体应用，他们的研究为提升 MTI 教育的实践性提供了有力的理论支撑和实践指导。董洪学等（2016、2017）、岳峰和陈榕烽（2014）、钱研和陈佳慧（2015）则分别对 MTI 的教学模式和教学方法进行了创新性的研究与探索，这些实践经验为 MTI 教学向实践性转型提供了重要的参考。除此之外，丁素萍（2012）、穆雷（2011）、朱波（2016）等学者从导师队伍建设、课程教学改革、论文写作指导等多元视角出发，提出了优化 MTI 教育的发展策略和建议。这些研究成果不仅进一步丰富了 MTI 的研究内涵，也为推动 MTI 教育的持续健康发展提供了有益的思路和方向。总体上，国内对 MTI 的研究已经逐渐从对学科理念的思辨性探讨转向对具体教学问题的实证研究，研究深度和广度也在不断拓展。然而，如何充分利用现代教育信息技术来革新传统理论教学模式，并突出强调翻译实践训练在课程教学中的重要地位，仍然是当前研究中的薄弱环节。MTI 教育过于偏重理论、轻视实践的问题依然未能得到根本性的解决，教学改革研究正面临着发展的关键期和突破的瓶颈期。

本书认为，翻转课堂教学模式因其独有的教育理念和教学流程设计，可能有助于解决上述问题。上一节已经从理论上构建了 MTI 延展式翻转课堂教学模式，但该教学模式的实际教学效果尚未经过实践检验，也未进行模拟教学以检验该教学模式中不同的教学要素、教学流程以及教学活动设计的有效性和不足之处，因此还不能直接进行推广和应用。所以，本节将继续以布鲁姆认知目标教育分类理论（1956）为理论指导和思想基础，同时将 EMT（欧洲翻译硕士）职业翻译能力框架（2009）作为 MTI 实践翻译能力培养的具体目标和衡量标准，探讨本章第一节中构建的 MTI 延展式翻转课堂教学模式的实践应用效果。同时，本章将对不同的教学设置和流程进行数据统计分析，检验其对教学效果的影响，以期进一步完善和改进该教学模式，提高该教学模式的教学效率、提升教学效果，从而促进 MTI 教学质量的不断提升。

一、MTI 翻转课堂教学模式的理论框架

按照布鲁姆认知目标教育分类理论，知识的习得被看作是一个复杂的内化过程。在这一过程中，学习者需要运用多重认知技能，包括记忆、理解、应用、分析、评价和创造。这些技能在知识的不同类型——事实性知识、概念性知识、程序性知识和元认知知识中，均发挥着关键作用。从宏观视角来审视，学习呈现出一个层级螺旋上升的态势，起始于对事实性知识和概念性知识的基础性记忆与理解，随后逐渐过渡到对程序性知识的熟练应用，最终达成对元认知知识的深度分析与创造性运用。这一路径不仅揭示了从理论分析到实践操作的逐步过渡，也揭示了从基础认知到高级元认知的线性且不可逆的演进过程。为了与这一认知能力的发展机制相契合，教学活动的规划与实施必须有利于培养学生娴熟地运用各种认知技能去获取并掌握多元化的知识体系，以达到优化教学效果的目的。在这一理念的指导下，教学活动的设计应当注重认知技能的均衡发展，确保学生在各个层级上都能得到充分的锻炼与提升。

MTI 教育，作为一种专业化的学位教育，其宗旨在于培育具备高层次、

应用型和专业化特质的翻译人才。这一教育目标对 MTI 教学提出了双重挑战：一方面，学生需要系统掌握翻译理论知识，构建坚实的学科基础；另一方面，学生还需通过实践不断提升自身的翻译技能和职业素养。在布鲁姆认知目标教育分类理论的框架下，MTI 教学应首先夯实学生对事实性知识和概念性知识（即翻译理论）的掌握，通过记忆和理解等初级认知活动，帮助学生建立起扎实的理论基础。在此基础上，教学应逐步引导学生深入到程序性知识（实践翻译能力）和元认知知识（职业翻译素养）的探索与实践中，通过应用、分析、评价和创造等高级认知活动，不断提升学生的实践能力和职业素养。

然而，当前 MTI 教学中普遍采用的传统授课模式却存在着明显的局限性。在这种模式下，有限的课堂时间主要被用于传授翻译理论中的事实性和概念性知识，对学生实践翻译能力和职业素养的培养则往往因时间不足而难以得到充分落实。尽管高级认知活动，如应用、分析、评价和创造等，对于提升学生的实践能力和职业素养至关重要，但在传统授课模式下，这些活动却常常被迫让位于对理论知识的记忆和理解。此外，由于缺乏对学生课后学习的有效监管和针对性指导，学生往往难以独立完成这些高级认知学习目标，从而导致其翻译实践能力和职业素养的提升受到限制。面对这一困境，翻转课堂模式以其独特的优势为 MTI 教学提供了新的可能。翻转课堂通过重新安排学习的时间和空间顺序，使学习过程更加贴合人类知识习得的认知规律。在翻转课堂模式下，学生可以在课前阶段通过自主学习完成对事实性和概念性知识的初步记忆与理解，从而为课堂阶段的学习腾出更多时间。在课堂阶段，教师可以利用这些腾出来的时间引导学生深入到对程序性知识和元认知知识的探索与实践中，通过互动学习、小组讨论、案例分析等多样化教学方式，帮助学生实现知识的深度内化和实践能力的有效提升。

然而，尽管翻转课堂模式在促进学生理论知识内化方面表现出色，但在推动学生将理论知识转化为实践技能方面仍存在不足。为了弥补这一缺陷，本书提出将翻转课堂与课后翻译实训有机结合的教学策略。通过课后翻译实训环节，教师可以为学生创设真实的翻译实践社会情境，引导他们在实践中运用并检验所学的理论知识。这种结合方式不仅有助于培养学生的实践翻译能力和职业素养，更能有效促进翻译理论知识向实践技能的转化，从而全面提升 MTI 教学的质量和效果。在这一过程中，学生的自主性、创新性和批判性思维也将得到充分锻炼和提升，为他们未来成为优秀的翻译人才奠定坚实基础。

二、MTI 翻转课堂教学模式的实践构建

本书以布鲁姆认知目标教育分类理论作为坚实的理论基础和指导框架，对 MTI 翻转课堂教学模式进行了深入的探讨和构建。通过充分发挥现代教育信息技术的独特优势，该教学模式不仅对传统的教学方式进行了根本性的革新，更重要的是，它融入了课后翻译实训环节，从而有力地强化了学生实践翻译能力的培养。

在构建这一创新教学模式的过程中，参考并借鉴了 EMT 职业翻译能力框架（2009）对职业译者实践翻译能力的权威界定，明确提出了 MTI 学生应具备的核心实践翻译能力，这些能力被细致地划分为翻译服务能力、信息挖掘能力、翻译技术能力三大一级能力领域，并进一步被详细拆解为 31 项具体的二级能力指标。这一能力体系的明确界定，不仅为教学活动的设计提供了清晰的目标指向，同时也为课程考核体系的建立提供了可量化、可操作的评价标准。在教学活动流程的设计层面，我们始终坚持以这些实践翻译能力作为出发点和最终落脚点。从课程类型的选择，到学习平台的科学搭建，再到课程考核的实施，我们确保每一个环节都紧密围绕这些核心能力的培养和提升展开。通过教学流程，我们致力于确保学生在顺利完成学业的过程中，能够全面、系统地提升其各项实践翻译能力。

在教学模式的具体构建方面，我们主要从网络学习平台的打造和翻转教学流程的设计两大方面入手。网络学习平台为学生提供了丰富多样的课前虚拟学习环境支持和课后翻译实训工具支持，这些支持服务与传统课堂教学相互补充、相互促进，共同构建了一个全天候、全方位的综合学习环境。在这样的学习环境中，学生可以不受时间和地点的限制，随时随地开展灵活多样的学习活动，充分利用其碎片化时间进行知识的系统积累和技能的全面提升。

同时,我们以布鲁姆认知目标教育分类理论作为核心指导思想,对翻转教学流程进行了科学的设计。我们明确以实践翻译能力的培养作为根本目标,将教学内容和教学步骤按照翻转学习的核心理念和要求进行了全面而系统的设置。在这样的教学流程中,学生的学习过程、学习方法和学习手段都更加符合认知知识和技能的自然发展规律。通过课前自主学习、课堂互动探究以及课后实践应用三大环节的有机衔接和深度融合,学生的学习效果预期将得到显著而全面的提升。该教学模式融入课后翻译实训环节,有效强化了学生实践翻译能力的培养。这一教学模式的显著创新之处在于其全面性、系统性和实践性,为 MTI 教育的持续发展和深入改革提供了新的视角和思路。

(一)网络学习平台构建

依据翻转课堂实施的技术细节要求和 MTI 教学的特点,我们从技术和功能两大层面对学习平台进行了深入且全面的构建。在技术层面,我们不仅充分利用了现有的计算机和网络硬件设施资源,更在此基础上搭建了稳固的基础设施层和技术支撑层,从而构建了稳定可靠的平台物理基础。为了进一步增强平台的性能,提升其管理效率,我们引入了 Hadoop 云计算系统、XMPP 通信协议、Open Meetings 视频会议系统、Roller Web-blogger 博客系统、Wiki 协作编辑系统以及 Dropbox 云存储等一系列先进的软件技术。这些技术的有机融合,使我们得以成功构建出高效的系统管理层。该层级不仅实现了用户间的顺畅交互、内容的精细化管理,还实现了数据的实时收集与智能推送,为整个学习平台提供了全方位、多层次的管理环境支持。此外,在功能应用层方面,我们嵌入了包括文字协作编辑软件、多媒体处理软件、翻译技术及资料库软件、社交互动软件等在内的多样化学习工具。这些软件的融入,不仅丰富了学生的学习方式和手段,更在提升学习效果方面发挥了显著作用。

功能层面,我们紧密结合 MTI 教学的实际需求,为学习平台量身定制了六个实用且高效的功能模块。首先是平台管理维护模块。该模块集账户注册管理、功能日常维护以及学情实时监控等多项功能于一身,确保平台的稳定运行和用户的优质体验。其次是信息资料发布模块。通过该模块,我们可以实现教学资料的实时更新和快速发布,供学生随时随地查阅和学习,大大提高了信息的传递效率和利用价值。视频学习模块则为学生提供了灵活便捷的课前自学环境，学生可以通过观看高质量的视频讲解，提前预习课程内容和重点难点，为课堂学习做好充分准备。互动交流模块作为实现师生互动和生生互动的重要桥梁，支持文档协作式编辑、在线讨论、视频会议等多种交互方式，有效促进了学习共同体的形成和发展，提升了学习的深度和广度。作业提交反馈模块则通过智能化的作业收集、批改和反馈机制，帮助学生及时了解自己的学习进度和存在问题，为后续的改进和提升提供有力支持。最后，CAT 工具专区模块为学生集成了 Wordfast、Trados 等翻译辅助工具，同时配备了翻译术语库、语料库、电子词典以及搜索引擎等资源。这些工具和资源的整合应用，不仅为学生提供了全方位、一站式的翻译实训支持，更在提升学生翻译实践能力和专业素养方面发挥了不可或缺的重要作用。该平台的成功搭建和高效运行，不仅为学生提供了便捷、高效、个性化的学习环境，更为提升 MTI 教学质量和效果奠定了坚实的基础，同时也为翻译教育的创新发展和人才培养模式的改革探索提供了有益的参考和借鉴。

（二）翻转课堂教学模式教学流程

教学流程在翻转课堂的实施中占据着举足轻重的地位，它对于提升学生的学习成效和教师的教学品质具有决定性的影响。根据钱研、陈晓慧（2015）所倡导的翻转课堂设计原则，我们在构建这一教学模式时，严格遵循了四大核心原则。首要原则便是以学生为主体、教师为主导。在这一原则的指导下，我们强调学生在学习过程中的主动性，鼓励他们积极参与、主动探究；同时，教师则扮演着引导者和促进者的角色，通过教学活动和指导，帮助学生更好地理解和掌握知识。其次，我们坚持学习过程的有效监控。这意味着教师需要对学生的学习进度和效果进行实时的跟踪与评估，以便及时发现问题并作出相应的调整。通过有效的监控，教师能够确保每位学生都能够按照既定的教学计划前进，从而达到最佳的学习效果。再者，我们注重过程性学习和评价。MTI 教学更应强调对学生学习过程中的阶段性评估和过程管理，最终的考试成绩仅是过程性学习和评价的一部分。我们鼓励学生在学习的过程中不断反思、总结，培养他们的自主学习能力和批判性思维。最后，我们确保课前、课中、课后学习的连贯性和一致性。这意味着教师在设计教学流程时，需要充分考虑各个阶段之间的衔接和过渡，以确保学生能够顺利地从一个阶段过渡到另一个阶段，实现知识的有效传递和内化。

1. 课前学习

在课前学习阶段，我们以培养学生的自主学习能力为核心目标。教师依据布鲁姆认知教育目标分类理论，将课程内容细分为不同的知识层级，并重点针对事实性知识和概念性知识进行讲解。这些讲解内容被制作成约30分钟的教学视频，旨在帮助学生建立对这两类知识的初步理解和认知。教师会提前一周将这些教学资源发布到学习平台上，供学生提前预习和自学。学生可以根据自己的学习进度和兴趣进行个性化的学习安排，并通过完成自学测试来检验自己的学习成果。在自学过程中遇到的问题，学生可以及时通过平台反馈给教师或其他同学，寻求帮助和解答。

2. 课堂学习

进入课堂学习阶段后，教师的角色变得更加重要。他们需要通过协作讨论、案例分析等多样化的教学形式来引导学生进行深入的学习和思考。首先，教师会针对学生在课前学习中遇到的问题进行引导式讨论，帮助学生解决疑惑并加深对知识的理解。接下来，教师会逐步引入程序性知识（如实践翻译知识）的讲解和训练，重点培养学生的实际应用能力和问题解决能力。在这一阶段，教师会适时地提出具有思辨性的问题来激发学生的思考热情并培养他们的批判性思维能力。对于涉及实践操作的课程内容，如翻译实操等，教师会通过生动的案例分析来引导学生进行实际的翻译练习，并通过平台提交作业，以便教师及时给予反馈和指导。在课堂学习的最后环节，教师会对本节课的学习内容进行全面的总结，并梳理出关键知识点和薄弱环节，为后续的课后学习和复习提供明确的方向。

3. 课后学习

课后翻译实训阶段是整个教学流程中的重要组成部分，它主要针对程序性知识的巩固和元认知知识的培养发挥作用。在这一阶段，教师会根据课堂学习情况和实践能力的具体要求来设计和布置翻译实训任务。学生被组织成异质的学习小组，并成立翻译团队来模拟真实的翻译工作场景。他们需要按照翻译行业的实际流程规范来分工合作，完成包括咨询报价、签订合同、原文翻译、译文校对、编辑处理、本地化写作以及交付稿件等在内的整个翻译项目流程。在这一过程中，学生不仅能够锻炼自己的实践操作能力，还能够培养团队协作精神和职业素养。同时，教师也会提供必要的指导和帮助，来确保实训任务的顺利完成，并对各组的实训成果进行客观的评价和反馈。此外，学生还需要将自己的翻译作品上传到学习平台上，供其他同学进行学习和评价，从而形成一个良好的互动学习氛围。通过撰写实训报告和反思总结，学生能够进一步巩固所学知识，并明确下一步的学习方向和目标。

在该教学模式流程下，学生能够逐步实现从对事实性和概念性知识的理解吸收，到程序性知识的技能转化，再到元认知知识的内化提升这一完整的认知过程。这一流程不仅充分体现了将理论知识与实践技能相结合的教学理念，还与MTI学科的实践性特点以及实践翻译能力培养的目标要求契合，为提升学生的专业素养和综合能力奠定了坚实的基础。

三、MTI 翻转课堂教学模式实践检验

本书以北方某重点院校 2016 级 MTI 学生为研究对象，共计选取了 32 名具有一定专业基础的学生参与实验。在参与本实验之前，这些学生已经顺利完成了"翻译项目管理"和"计算机辅助翻译"等实践技能性课程的学习，并具备了相应的专业知识和技能。为了确保实验的顺利进行和数据的可靠性，我们在课前对学生进行了翻转课堂模式的系统培训，帮助他们迅速适应并融入这一新的教学模式。本次教学实验共持续了 16 周的时间。在此期间，课前自学和课堂教学环节均由经验丰富的授课教师全程负责，而课后翻译实训环节则由具有业界经验的校外导师主导。在教学效果评价方面，我们采取了授课教师和校外导师共同负责的方式，通过定期的教学反馈和讨论来确保评价的客观性和公正性。在实验过程中，我们对学生的课前学习、课堂学习和课后翻译实训情况进行了阶段性的过程性评价；同时，在教学实验开始前后分别实施了"翻译实操测试"的前测和后测，以便更全面地了解学生在教学实验过程中的进步与变化，并准确评估教学模式的实际效果。这种全方位、多

角度的评价方式，能够更深入地探究该教学模式对 MTI 学生实践翻译能力培养的具体效果及影响机制。

（一）教学实验工具

为了更深入地探究该教学模式对 MTI 学生实践翻译能力的培养效果，并进一步了解各环节对培养目标的实际贡献程度，本书对教学实验数据进行了相关性分析和多元回归分析。为了科学、准确地衡量被试者在教学实验前后的实践翻译能力变化，本章采用了 EMT（2009）职业翻译能力框架中提出的实践翻译能力定义与标准作为理论支撑。在此基础上，我们特请了 2 名具有丰富教学经验的校内专家、2 名在业界具有广泛影响力的校外导师，以及 1 名来自知名翻译公司的项目经理，共同负责构建了一套全面系统的"翻译实操测试"。该测试内容不仅全面覆盖了翻译服务能力、信息挖掘能力、翻译技术能力这三大核心领域，还进一步将其细化为翻译项目组织、翻译产品产出、信息技术挖掘、翻译技术操作和翻译文本质量等五大具体方面。为了确保测试的全面性，我们共计设立了 32 个具有针对性的考查点。

为了确保测试结果的客观性和准确性，出题组专家根据各项采分点在实践翻译能力中的重要性，运用科学的加权计算方法，对上述考查点进行了细致的权重分配，从而得出了测试的总分以及各分项的分数。在研究方法上，我们采用了准实验法进行测试，并综合运用了问卷调查、观察记录、成绩分析等多种方法来进行数据的收集与整理。此外，为了更深入地剖析教学模式各环节对实践翻译能力发展的影响，出题组专家还分别对课前学习、课堂学习和课后翻译实训这 3 个关键环节的学习情况进行了精细化的测量与评估。在课前学习环节，我们主要测试了学生对课程理论知识理解和掌握的程度，通过阶段性试卷测试和学生自学测试来收集相关数据；在课堂学习环节，我们重点考查了学生对翻译实践技能操作的掌握情况，通过对翻译技能实践操作过程和完成情况的实时观察与详细记录来收集数据；在课后翻译实训环节，我们则聚焦学生在翻译项目管理方面的实操能力，利用综合法对翻译项目操作过程和完成情况进行了全面而深入的数据收集与分析。值得一提的是，为了确保测试的科学性和有效性，各项测试均经过了专家组的严格试测和细致修改，从而确保了测试的信度、内容效度和结构效度均能达到预期的测试要求。

(二) 教学实验结果分析

对收集到的各项数据进行了正态分布检验,结果显示数据总体呈现出正态分布的特征,这表明所收集的数据在统计学上具有可靠性和有效性,满足后续数据分析的要求。为了进一步探究教学模式对实践翻译能力培养的具体效果,我们对实验前后的翻译服务能力数据进行了深入的相关性分析。通过这一分析,我们旨在揭示教学模式的实施与学生翻译服务能力提升之间的内在联系,为优化教学方法提供有力依据。同时,为了更全面地评估教学模式的各个环节对学生实践能力发展的影响,我们还对教学环节评价数据进行了多元回归分析。这一分析方法的运用,有助于我们量化各教学环节对 MTI 学生实践翻译能力发展的具体贡献,进而识别出哪些环节在促进学生实践能力提升方面发挥了关键作用。通过多元回归分析的结果,我们可以为未来教学模式的改进提供更具针对性的建议,以更有效地提升学生的实践翻译能力。

1. 相关性检验

针对"翻译实操测试"所收集的前测与后测数据,我们进行了配对样本 t 检验分析,旨在探究教学模式对学生实践翻译能力的影响(见表 4-1)。统计分析结果显示,在实践翻译能力的总分方面,后测成绩相较于前测成绩呈现出显著的提升,其均值增加了 14.73 分。这一发现初步表明,在经过一段时间的教学模式实验后,学生的实践翻译能力有了明显的提高。

表 4-1 MTI 学生翻译能力配对样本 t 检验结果

一级能力	测试	总分	均值差	显著系数	二级能力	测试	均值	均值差	显著系数
实践翻译能力	前测	55.70	14.73	0.000**	翻译服务能力	前测	53.9	11.0	0.000**
						后测	64.9		
					信息挖掘能力	前测	59.1	17.4	0.000**
						后测	76.5		
	后测	70.43			翻译技术能力	前测	54.4	12.5	0.000**
						后测	66.9		

注:** 表示在 0.01 水平上显著。

为了更细致地研究这一提升,我们对各项二级能力的得分情况进行了深入分析。结果显示,后测中各项二级能力的得分均在不同程度上高于前测得分。值得注意的是，前测和后测之间的差异显著系数均达到了 0.000，这一统计学上的显著差异进一步证实了教学模式对学生实践翻译能力的积极影响。为了从更深层次上理解这些变化，我们引入了 Wengensteen 等学者（2010）提出的能力倾向维度划分标准作为理论支撑。根据该标准，前测成绩的总分以及各项二级能力的得分主要聚集在 53～59 分的范围内，这一区间被界定为"摇摆不定区间"。这一结果揭示了实验前学生的翻译实践能力相对薄弱，且缺乏稳定性。此外，他们在将理论知识转化为实际操作技能方面遭遇了一定的障碍，同时尚未形成有效的元认知知识体系。然而，在后测中我们观察到了一个显著的变化：学生的总分以及各项二级能力的得分普遍提升到 64～77 分的区间内，该区间被划分为"大体正向区间"。这一转变不仅表明学生的翻译实践能力已经趋于稳定，而且展现出了积极的发展态势。与实验前相比，学生在将理论知识转化为实践技能方面取得了更为显著的成效，同时他们的元认知知识也开始初步形成并发挥作用。

通过对"翻译实操测试"前测与后测结果的详细分析，我们得出了如下结论：在该教学模式的引导下，学生的实践翻译能力以及各分项能力均实现了显著的提升。这一提升与教学模式设计的初衷和预期目标契合，充分证明了该教学模式在培养学生实践翻译能力方面具有显著的有效性和实用性。因此，可以认为，该教学模式对于提高学生的翻译实践能力具有重要的促进作用，值得在未来的教学实践中进一步推广和应用。

2. 多元回归检验

多元回归分析，因其能够深入探索多个自变量与因变量之间的线性关联性，而被广泛应用于各种研究领域。它通过对数据的精细分析，可以为我们解释因变量变化的深层原因，从而实现对其未来趋势的准确预测。在教育领域，特别是当我们试图了解某种教学模式对学生能力培养的具体影响时，多元回归分析成了一个非常有用的工具。为了详尽地探讨所研究的教学模式中，各个环节如何具体地影响学生的实践翻译能力，本书决定采用多元阶层回归分析作为主要的研究手段。

在我们的研究中，后测的实践翻译能力成绩被选作因变量。这一成绩不仅是一个量化指标，更直观地展现了学生在经历了一整套教学模式后的翻译技能水平。为了全面而系统地评估整个教学过程，我们选择了三个关键的教学环节——课前自学、课堂学习和课后翻译实训，并将这三个环节的测试成绩设定为自变量。它们分别反映了学生在进入课堂前的准备状态、在课堂中的学习成效以及课后的实践应用能力。经过统计分析（见表4-2），我们得到了一系列关于教学模式各个环节对学生实践翻译能力培养贡献度的重要观察结果。

表4-2 多元阶层回归分析结果

模式	R	R^2	调整过后的R^2	估计标准误差	调整后的R^2改变	F改变	显著性F改变
1	0.408a	0.167	0.066	4.036	0.066	1.182	0.361
2	0.691b	0.478	0.380	3.889	0.314	6.823	0.004**
3	0.918c	0.843	0.792	2.614	0.412	10.984	0.000**

注：** 表示在0.01水平上显著。
a. 预测变量：课前自学；
b. 预测变量：课前自学，课堂学习；
c. 预测变量：课前自学，课堂学习，课后翻译实训。

根据表4-2所列的调整后R^2值，我们可以清晰地看到，课前自学、课堂学习和课后翻译实训三个环节，分别对MTI学生的实践翻译能力有着6.6%、31.4%和41.2%的解释力。这些数值告诉我们，这三个教学环节加在一起，能够阐释学生实践翻译能力变动的79.2%。这无疑证明了该教学模式在塑造和提升学生实践翻译能力方面的成效。为了更细致地理解每个环节的独特作用，我们进一步对各环节的显著性进行了探究。分析结果显示，课前学习的显著性F改变值为0.361，这一数值超过了0.05的显著性水平，表明其影响并不显著。这说明，尽管课前学习为后续的课堂学习和课后实践提供了必要的知识储备，但它并不直接促成学生实践翻译能力的形成和提升。其相对较低的解释力可能源于课前学习更侧重于理论知识的积累，而非直接针对翻译技能的实操训练。

然而，与课前学习不同，课堂学习和课后翻译实训在统计上表现出了显著的影响。具体来看，课堂学习和课后翻译实训的显著性F改变值分别为0.004和0.000，均远低于0.01的显著性水平，显示出这两个环节对学生实践翻译能力的提升有着显著的推动作用。尤其是课后翻译实训环节，其调整后的 R^2 改变值更高，意味着相比于课堂学习，它在促进学生实践翻译能力提高方面的作用更为突出。这很可能是因为课后翻译实训为学生提供了将课堂知识转化为实际操作技能的机会，通过真实的翻译实践和及时的反馈，学生能够更加有效地提升自己的翻译能力。

（三）实验结果讨论

对实验数据的相关性分析结果表明，基于网络学习平台的MTI翻转课堂教学模式在宏观层面上能够较为有效地提升MTI学生的实践翻译能力。这一发现为我们进一步探究该教学模式的具体作用机制提供了依据。为了深入剖析这一提升效果背后的关键因素，我们进行了详尽的回归分析。回归分析的结果进一步印证了课堂学习与课后翻译实训环节在培育学生实践翻译能力中的核心作用。这两个环节在整个教学过程中相互衔接、互为补充，共同构成了提升学生实践能力的关键路径。具体而言，课堂学习是学生系统掌握翻译理论知识、初步培养实践技能的重要环节。教师通过精心设计的课堂教学活动，帮助学生建立起坚实的翻译知识体系，并引导他们逐步将理论知识转化为实际操作能力。而课后翻译实训环节则为学生提供了将课堂所学应用于实践的机会。通过参与真实的翻译项目或模拟实训，学生能够在实践中不断磨炼自己的翻译技巧，加深对翻译行业的理解和认知。这一环节不仅有助于巩固和拓展学生的理论知识，也能够提升他们的实际操作能力和问题解决能力，为未来的职业发展奠定坚实的基础。

本书探讨了基于网络学习平台的MTI翻转课堂教学模式，并详细分析了其中的三大关键因素：学习平台、翻转学习和翻译实训，以及这三者如何相互协同，共同推动MTI学生实践翻译能力的发展。

首先，网络学习平台在提升MTI学生实践翻译能力方面发挥了重要作用。该平台凭借其独特的虚拟性、个性化学习路径设计以及丰富的社会性互动学习环境，为MTI学生提供了一个无时空限制的学习环境。这一创新性的学习环境不仅与传统的线下物理课堂环境形成了和谐的互补，更重要的是，它满足了学生从课上学习到课下翻译实训的无缝对接需求。学生可以通过该平台在课前进行自主学习，利用平台上丰富的翻译工具和资源库进行实践操作，从而逐步掌握翻译软件的使用技巧、信息搜索方法以及资源库管理策略。此外，该平台还提供了实时互动学习的功能，这一功能极大地促进了学生之间的交流与合作，使他们能够集思广益，共同解决学习中遇到的问题，为后续的课堂学习和课后翻译实训做好充分的知识和技能储备。

其次，翻转学习环节是该教学模式中的另一大亮点。该环节的设计精妙之处在于它符合布鲁姆的认知目标教育分类理论，充分体现了知识习得的循序渐进过程。根据这一理论，人类对知识的获取是从对事实性知识和概念性知识的初步记忆和理解开始的，然后逐渐过渡到对程序性知识的深入分析、应用、评价和创造，最终形成具有元认知能力的知识体系。实践翻译能力，作为一种应用型的知识技能，其发展过程也同样遵循这一认知规律。翻转课堂通过重新安排学习流程，将知识的习得和技能的训练合理地分配到课前自学、课堂学习和课后实践学习三个阶段。在课前自学阶段，学生主要完成对翻译理论中基础概念和事实的初步理解与吸收；到了课堂学习阶段，则重点训练学生运用分析和评价技能对翻译实践技能进行深入的内化与升华，从而构建起自身独特的应用型知识体系；而在课后翻译实训阶段，学生通过实践进一步熟练掌握程序性知识，并发展其创新能力，最终将新学到的知识和技能内化为个体独有的元认知知识，实现对自身知识的有效管理和应用。这种教学模式不仅严格遵循了知识习得的认知逻辑规律，更是"知行合一"教育理念的具体体现，对MTI教学具有极高的适用性和针对性。

最后，课后翻译实训环节在该教学模式中的地位不容忽视。通过采用仿真的翻译项目训练方式，学生不仅能够将课前和课堂上学到的理论知识进行深入的巩固和拓展，更重要的是，这种实训方式能够有效地将翻译学习与实际的翻译职业生产活动相结合。在这一过程中，学生不仅能够突破对翻译活动纯理论学习的限制，更能够深入理解和把握职业翻译行为的动态特征和多元性。在扎实的理论知识基础上，学生进一步加强对职业翻译领域中诸如项目管理、工具使用、团队协作以及职业道德与修养等实践性活动的训练。这种以实践为导向的学习方式对于提升学生的全局视野和实际操作能力具有显著效果，同时也为他们未来在职业翻译领域的长远发展奠定了坚实的基础。

该教学模式通过高效整合网络学习平台资源、创新运用翻转学习机制以及着重强化课后实训环节等多元化教学手段，构建了一种符合现代教育理念的教学方法体系。这一体系不仅为 MTI 学生实践翻译能力的全面提升提供了强有力的支持，同时也为我国翻译教育的改革与创新探索出了一条可行的路径。

本书以布鲁姆认知教育目标分类理论作为理论基础和坚实指导，该理论为认知领域的教学目标提供了清晰的分类框架，有助于我们系统地设计和评价教学活动。在此基础上，本书充分整合了现代教育信息技术的优势与翻转课堂学习理念的精髓，构建了一种新型的翻转课堂教学模式，旨在全面而深入地培养 MTI 学生的实践翻译能力。通过教学实验实证分析，该教学模式在提升 MTI 学生实践翻译能力方面具有明显成效：学生在翻译服务能力、信息挖掘能力以及翻译技术能力等方面也取得了明显的提高。然而，在肯定该教学模式成效的同时，我们也应看到其存在的不足之处。对照 EMT（2009）对职业翻译能力的要求，我们发现该教学模式在文本翻译能力的培养方面尚需加强，特别是在语言能力、跨文化能力和主题能力等方面。这些能力是职业译者必备的核心素养，对于提高他们的翻译质量和效率具有至关重要的作用。

第三节 MTI 延展式翻转课堂教学改革与创新实证研究

前面章节已经初步证实，MTI 延展式翻转课堂教学模式具有较为明显的优势，本节将对 MTI 延展式翻转课堂进行改进和完善，并分别从口译教学和笔译教学两个方向，实证探讨 MTI 延展式翻转课堂的教学效果。再次通过数据收集与分析，从更微观的视角查找该教学模式可能存在的缺陷并加以完善，期望能够不断地优化该教学模式，同时也希望该教学模式能够增强其灵活性及在不同教学情境中的适应性，为在 MTI 教学中全面推广和应用该教学模式奠定坚实的实践基础。

一、基于 MTI 学生笔译能力培养的 MTI 翻转课堂教学实证研究

（一）研究背景

目前，全国各地的高等教育机构对 MTI 的教育资源投入已显著增强，截至 2024 年 2 月，已有 318 所高等院校设立了 MTI 专业，且该专业的年均毕业生人数已稳定维持在 5000 人以上。然而，尽管有如此大规模的毕业生输出，翻译市场供需之间的深层次矛盾却依然突出。分析发现，多数 MTI 毕业生在实际从事翻译工作时，其翻译实际操作技能以及职业素养方面存在明显的短板。因此，这些毕业生在初入职场时，往往难以迅速接手并完成高难度、时效性强的翻译工作，这影响了行业和市场对他们的专业认可和接纳程度。造成这一状况的主要原因在于 MTI 的教学模式仍然深受传统外语人才培养模式的影响。详细来说，传统的外语教学师资力量以及教学方式在 MTI 教育中仍然占据主导地位，这使得教育过程中未能充分结合 MTI 人才培养的市场导向需求。更为关键的是，当前的教育过程中缺少了真实的社会互动环节以及模拟或真实的职业翻译实践环境，这无疑成为阻碍学生实践能力提升的关键因素。针对这一问题，莫爱屏、吴迪、刘吉林（2015）明确指出了 MTI 教学在培养学生职业能力以及与翻译实践相关能力方面的不足，他们视此为制约 MTI 教育质量提升的重要因素。无独有偶，陈水平（2013）也着重强调，在翻译人才的培养过程中，职业化以及教学的实用性是至关重要的，这也是当前教育体系中急需解决的问题。为了有效应对上述问题，学术界已从多个角度进行了积极的探索与实践。文军和穆雷（2009）从课程构建的角度出发，提出了一系列具有针对性的改进建议；而高方和许均（2010）将研究重点放在了教材建设上，力求通过优化教材内容来提升教育质量。此外，穆雷（2011）还进一步探讨了论文写作在 MTI 教育体系中的重要地位和作用；鲍川运（2009）则着重强调了加强师资建设对于提升 MTI 教育质量的重要性。与此同时，董洪学和张晴（2015）特别关注了实习基地建设在提高学生实践能

力方面的积极影响。尽管这些研究和实践已经在一定程度上取得了成效，但从全局来看，翻译教学方法的改革仍然未能取得突破性的创新，这无疑将成为未来 MTI 教育改革过程中需要给予重点关注和着力解决的问题。

在西方国家，翻译人才的培养具有深远的历史背景，其起源可追溯至"二战"结束后的时期。从那时起，这些国家便开始系统地构建并逐步优化职业翻译人才的培养架构与模式。在此过程中，美国蒙特雷国际研究学院、法国巴黎第三大学高等翻译学院、英国巴斯大学以及纽卡斯尔大学等高翻学院，作为西方翻译人才培养的杰出代表，凭借它们全面且系统的翻译人才培养体系，以及深入且成效显著的翻译教学模式脱颖而出，被誉为全球顶尖翻译人才的培育圣地。这些机构在长期的翻译教学实践中所积累的丰富经验以及所采纳的先进方法，对于我国 MTI 人才的培养而言，具有启示与借鉴价值。

近年来，西方国家的翻译教学领域呈现出若干引人注目的特征，这些特征共同揭示了其在教学理念上的进步与实践层面的创新。首先，这些教学机构已经认识到翻译能力在翻译教学中的核心与纲领性地位。诸如 Neubert（2000）、Pacte（2008）以及 Shreve（1997）等在他们的研究中都明确指出，对翻译能力及其获取机制的深入探索与研究，不仅为翻译教学的课程设置提供了科学的依据，而且为教学方法的选择与实施奠定了坚实的基础，从而成为整个翻译教学活动的中心环节。其次，西方翻译教学机构对市场需求在翻译教学中的引领作用给予了高度的重视。他们深知，翻译市场的动态变化与发展趋势直接决定了翻译教学应当培养具备何种能力与素养的翻译人才。以巴黎高等翻译学院为代表的一流翻译教育机构，其课程项目始终紧密跟随社会和市场的需求变化，从而确保了它们在全球翻译教育领域的领先地位。这些机构不仅致力于根据市场需求精准地培育出特定类型的翻译人才，而且更加注重在课堂教学中融入大量真实且具有明确职业定位的翻译实践内容。同时，他们还会依据学生对市场动态的敏锐洞察力与灵活应对能力来全面评估其翻译水平的高低（Wilss，1996；Anderman、Rogers，2000；Fraser，2000）。再者，伴随着科技的持续进步与时代的快速发展，西方高等翻译院校已经普遍将培养学生有效利用电子资源和使用先进翻译工具的能力视为一项至关重要的任务。计算机辅助翻译技术、术语管理技术、翻译语料库的建设与应用、电子词典的使用技巧以及网络语言资源的开发与利用等多个方面，均已被纳入翻译教学的核心课程体系之中，并被广泛认为是当代翻译人才所必须掌握的专业技能（王树槐，2009）。此外，西方翻译教学还特别注重提升学生的社会互动能力，并大力倡导以学生为中心的建构主义学习方式。在Kiraly（1995、2003）等翻译教育家的积极推动与倡导下，国外众多翻译院校纷纷致力于为学生营造逼真的翻译实践环境、设计基于实际项目的学习任务与活动。同时，通过实施富有实践性的翻译教学课堂模式，这些院校鼓励学生在自主学习与合作学习相结合的过程中，以及在职业译者和翻译专家的悉心指导下，与真实的翻译市场环境进行深度的互动与交流，从而能够积累起宝贵的从业经验并显著提升自身的专业能力。可以清晰地看到，国外的翻译教学在建构主义学习理论的深刻影响下已经取得了显著的成效。通过项目式学习活动以及真实的翻译实践情境设置，这些教学实践不仅充分激发了学生的学习热情与主动性，而且更加注重培养学生在社会互动中的学习与成长能力。更为重要的是，这些先进的教学实践始终以市场需求为导向，并着重强调了翻译人才培养过程中职业性和实践性特征的重要性。

本书认为，我们应当积极借鉴国外在翻译人才培养方面的先进理念和成功经验，并以此为基础对我国现有的MTI翻译教学模式进行全面而深入的改革与创新。我们致力于构建一种全新的、以市场需求为导向的、以培养学生具备胜任未来职业翻译工作能力为根本出发点的实践性翻转课堂教学模式。通过这一模式的实施与推广，我们期望能够帮助学生更加顺利地完成从翻译学习者到职业译者的角色转变，并实现自身能力的全面提升与发展。

（二）MTI学生职业翻译能力界定

MTI教育的目标是培养高层次、应用型、专业化的高级翻译人才，他们应具备多元化能力和素质，涵盖语言能力、文化素养与跨文化交际能力、专业知识与技能、职业素养与适应能力以及实践能力与团队协作能力等方面。具体来说，他们需要精通源语言和目标语言，具备多语言沟通能力和熟练使用翻译工具的能力；了解不同国家和地区的文化背景，具备文化差异意识和跨文化沟通能力；掌握相关领域专业知识和翻译技巧以及逻辑思维能力；具备较高的职业素养、持续学习能力和良好的适应能力；同时，通过丰富的实践经验和团队协作能力，不断提升自己的翻译水平和能力。其中，最重要的还是要具备较高的翻译能力（本章指笔译能力）。但是，MTI 应培养何种翻译能力？如何培养这些能力？在回答这些问题之前，必须先弄清楚什么是 MTI 教育应该培养的翻译能力。首先，我们必须回顾国内外学界对翻译能力内涵已有的研究成果。在探讨翻译能力的界定方面，国外学术界已经形成了四大主流观点，包括翻译能力自然观（Wilss，1976）、翻译能力要素观（PACTE，2008）、翻译能力最简观（Pym，2003）以及翻译能力认知观（Shreve，1997）。这些观点为后续的翻译能力研究提供了重要的理论支撑。国内学者在借鉴这些理论观点的基础上，结合中国实际，对 MTI 人才的翻译能力进行了深入研究。他们大多在翻译能力要素观的指导下展开探讨，并提出了职业翻译能力（冯全功、张慧玉，2011）、译者素养（李瑞林，2011）、翻译能力（莫爱屏、吴迪、刘吉林，2015）以及译者胜任力（钱春花、徐剑、胡洁雯，2015）等具有创新性的概念。这些概念的提出无疑为翻译研究和 MTI 教学研究注入了新的活力，推动了 MTI 研究领域的深化发展。然而，值得注意的是，这些观点多数是从教育者和翻译专家的视角出发，对市场需求的关注相对不足。同时，在子能力的划分及其内涵的界定上，存在一定的交叉和重叠现象，这无疑给 MTI 教育的翻译能力培养目标带来了一定的困扰。为了解决这一问题，本书尝试从市场需求的角度出发，对 MTI 学生应具备的职业翻译能力进行全面而深入的界定。

本书将 MTI 学生应具备的胜任职业翻译工作的各项能力统称为职业翻译能力（本章仅探讨职业翻译能力中的笔译能力），但更强调市场对 MTI 人才培养的职业性和实践性要求。这一概念不仅涵盖了胜任工作所需的各种能力和素养，还包括了必要的素质要求。为了科学界定这一职业翻译能力，本书采用了 SATI（statistical analysis toolkit for informatics）共词分析法与市场问卷调查法相结合的研究方法，尝试界定 MTI 学生应该具备的翻译能力的内涵和子能力构成。具体而言，我们利用中国知网（CNKI）这一国内权威的学术资源平台，以"翻译硕士专业学位""MTI""职业译者"，并含"能力""素养""胜任力""素质"为关键词进行主题检索。在检索过程中，我们采用

"模糊"匹配模式，不限定时间范围，但将类别限定为核心期刊及 CSSCI 检索期刊，以确保所获取文献的高质量与高相关性。经过严格的筛选与整理，我们共获得符合条件的论文样本 139 篇。接下来，我们利用 SATI 软件对这些论文进行共词分析，提取出词频大于 10 次的词条。在此基础上，我们进一步去除内涵及范畴重叠以及不符合条件的词条，合并上义词和下义词，最终得到 16 个与职业翻译能力相关的高频词汇。这些词汇为我们进一步界定职业翻译能力提供了重要的参考依据。

为了进一步明确这些词汇的内涵与重要性排序，我们根据资料查询和课题组讨论的结果编制了调查问卷。该问卷采用李克特 7 级量表制式进行设计，要求被试者根据这些词条所代表的能力或素质在职业翻译工作中的重要性进行打分评价。我们选择了黑龙江和河北两省五所高校的 274 名 MTI 毕业生、6 家翻译公司的 47 名职业译者和管理人员以及 11 名校外导师作为问卷对象进行广泛调查。最终共发放问卷 332 份，并成功回收 286 份有效问卷，回收率为 86.1%。通过对回收问卷数据的详细分析处理（利用 EXCEL 进行均数分析），我们成功提取出均数在 5 以上的 6 个核心词条。按照其均数由高到低排序分别为：双语转换能力、翻译工具能力、翻译项目管理能力、职业沟通能力、职业道德与规范以及翻译元认知能力。这些核心词条代表的能力构成了 MTI 学生职业翻译能力的核心要素。这一研究成果不仅为我们后续的教学模式改革提供了明确的方向指引，同时也为 MTI 教育的职业化与市场化发展奠定了坚实的基础。MTI 学生职业翻译能力核心构成详见表 4-3。

表 4-3 MTI 学生职业翻译能力核心构成

能力	内涵
双语能力	双语转换能力、语用能力、语言知识等
翻译工具能力	计算机辅助翻译工具、机器翻译工具、电子资源、资源搜索工具等
翻译项目管理能力	策划、组织、指导和管控项目能力等
职业沟通能力	处理人际关系和团队协调合作的能力等
职业道德与规范	翻译从业规章、操守准则、职业规范等
翻译项目元认知能力	对翻译任务进行监控、反思、评价和决策能力等

对这 6 项核心能力进行深入的促成因素分析，我们发现它们各自依赖于特定的教学和实践环节。具体而言，双语转换能力主要得益于扎实的双语知识学习，这包括语言基础知识的掌握以及语言间转换技巧的训练。翻译工具

能力则明显受到翻译工具软件使用熟练度的影响，这要求学生必须熟悉并能有效利用各种现代化翻译工具。翻译项目管理能力的提升离不开实际的翻译项目实操训练，通过参与真实项目，学生能够更好地理解和掌握项目管理的关键要素。职业沟通能力的强化与社会群体互动密切相关，学生在与团队成员、客户等多方沟通中锻炼并提升自己的沟通技巧。职业道德与规范的培养则渗透在日常教学的方方面面，需要教师不断强调并引导学生自觉遵守行业规范。最后，翻译元认知能力的提升依赖于学生对自身翻译过程的反思与总结，而信息化教育技术在此过程中发挥了重要作用，它为学生提供了丰富的自主学习资源和便捷的反思工具。在进行教学模式构建时，我们将充分考虑并整合这些促成因素，以确保教学模式能够全面、有效地提升学生的职业翻译能力。通过设计针对性的教学活动和实践环节，我们将致力于培养具备高度专业素养和综合能力的MTI人才，以满足市场的实际需求并推动翻译行业的持续发展。

（三）MTI学生职业翻译能力（笔译能力）翻转课堂教学模式

在构建针对MTI学生职业翻译能力（笔译能力）的教学模式时，教育部颁布的《教育信息化十年发展规划（2011—2020年）》为我们的工作提供了宏观的指导原则。该规划明确提出了"推动信息技术与高等教育深度融合"以及"创新信息化教学与学习方式"的要求，这为我们整合现代技术资源、革新传统教学方法指明了方向。同时，《翻译硕士专业学位研究生教育指导性培养方案》（2011年）对于MTI教育的具体实施有着详尽的阐述。其中，"笔译课程可采用项目式授课，将职业翻译工作内容引入课堂"以及"强调翻译实践能力的培养"等内容，为我们设计具有实践性和职业导向性的教学模式提供了有力的支撑。在充分理解和吸收上述政策文件精神的基础上，我们结合本书对MTI学生职业翻译能力促成因素的深入分析结果，决定采纳包括云计算、互联网、大数据等在内的先进信息化教育技术。这些技术将作为构建网络化翻译教学平台的基础，通过该平台，学生能够接触到丰富的翻译资源，进行实时的翻译实践。特别是，我们将在平台中嵌入计算机辅助翻译工具软件，旨在帮助学生在实际操作中熟练掌握这些工具，进而提升他们的翻译效率和准确性。

此外，我们还引入近年来备受推崇的翻转课堂教学模式。这一模式强调学生在课下进行自主学习，而课堂则成为师生互动、深入探讨问题的场所。通过翻转课堂，我们可以有效地促进学生对双语知识和翻译知识的内化吸收，同时提高他们学习的主动性、实践性和互动性。杨刚、杨文正、陈立（2012）等学者的研究已经表明，翻转课堂在信息技术与课堂教学深度融合方面具有显著优势，这也进一步坚定了我们采纳这一教学模式的决心。为了更进一步地强化学生的实践能力和职业素养，我们还计划引入项目式教学法。通过组织学生参与真实的翻译项目，让他们在项目实施的各个环节中亲身体验、学习和成长。这种方式不仅能够帮助学生更深入地了解翻译行业的实际运作情况，还能够有效地提升他们的翻译项目管理能力、职业沟通能力以及团队合作精神。更重要的是，项目式学习还能够促使学生在实践中不断反思和总结自己的翻译行为，从而培养他们的翻译元认知能力，即对自己翻译过程和策略的监控与调整能力。这些方法和手段的有机结合，有望能够全面满足MTI学生职业翻译能力培养的基本要求，为他们的全面发展提供有力的支持。我们相信，随着这些创新性教学模式的逐步实施和完善，MTI学生的职业翻译能力将得到提升，为他们未来在翻译行业的发展奠定坚实的基础。

1. 网络学习平台的构建

利用云计算、互联网、大数据等信息技术，我们构建了一个专门针对MTI学生特点的网络学习平台。该平台深度整合了多元化的教学资源，并提供了全方位、个性化的教学管理服务，旨在全面满足MTI学生在翻译学习过程中的各类需求，进而提升他们的学习效率与专业能力。为了保障学习平台的稳定性、高效性以及可扩展性，我们采用了先进的四层架构体系进行整体构建，具体包括：基础设施层、技术支撑层、系统管理层和客户服务层（亦称功能应用层）。每一层级都具备独特的功能定位，共同保障整个学习平台的顺畅运行与服务提供。

在基础设施层方面，我们依托高性能的计算机设备、稳定的网络设施、大容量的存储设备以及灵活的资源池，为学习平台打下了坚实的物理基础。这些硬件设施不仅保障了平台的稳定运行，还提供了海量的数据存储能力，从而确保了平台服务的连续性和数据的安全性。技术支撑层则是整个平台的技术核心，我们引入了云计算、物联网、大数据以及学习分析等前沿技术。通过云计算技术，我们实现了计算资源的弹性扩展与动态分配，使得平台能够根据用户需求和流量变化灵活调整资源。物联网技术的运用则打破了设备间的壁垒，实现了各类学习设备的互联互通，为 MTI 学生提供了随时随地的学习资源访问能力。大数据技术则对学生在学习过程中产生的海量数据进行深度挖掘与分析，为教师提供了精确到个人的教学反馈，同时也帮助学生更好地跟踪自己的学习进度。此外，学习分析技术通过对学生的学习行为、习惯以及偏好进行全面分析，为平台提供了个性化学习推荐与资源推送的智能支持。

系统管理层在平台中扮演着至关重要的角色，它负责全面管理学习内容、精准发送教学组件、高效处理用户交互、实时收集学习数据以及智能推送相关资源。这一层级的设计确保了学习内容的时效性与管理的有效性，同时为用户提供了直观易用的交互界面与高效的数据收集机制。利用这些功能，教师能够实时掌握学生的学习动态，并根据实际情况进行针对性的教学调整与优化。最后，功能应用层（客户服务层）作为平台与用户直接接触的窗口，为师生提供了丰富多样的教学服务功能模块。这些模块包括在线课程学习、实时互动交流、作业在线提交与批改、优质学习资源下载等，旨在为学生打造一个全面、便捷且高效的学习环境。通过这些功能模块的应用，学生不仅能够轻松获取所需知识、提升专业技能，还能与教师及其他同学进行即时的互动与交流，从而形成良好的学习氛围与社群效应。图 4-2 展示了本学习平台的整体架构及各功能模块的具体分布。该平台通过四层架构的设计，不仅为学生提供了丰富多样的教学资源与高效便捷的学习体验，还为教师的教学管理与个性化教学提供了有力支持。相信这一创新性的学习平台将成为推动 MTI 学生专业学习与全面发展的重要助力。

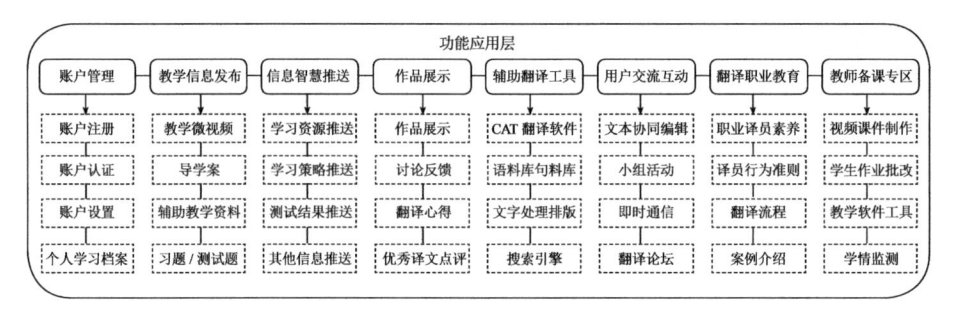

```
                                    功能应用层
┌─────────┬──────────┬──────────┬────────┬──────────┬──────────┬──────────┬──────────┐
│账户管理 │教学信息发布│信息智慧推送│作品展示│辅助翻译工具│用户交流互动│翻译职业教育│教师备课专区│
├─────────┼──────────┼──────────┼────────┼──────────┼──────────┼──────────┼──────────┤
│账户注册 │教学微视频 │学习资源推送│作品展示│CAT翻译软件│文本协同编辑│职业译员素养│视频课件制作│
├─────────┼──────────┼──────────┼────────┼──────────┼──────────┼──────────┼──────────┤
│账户认证 │导学案    │学习策略推送│讨论反馈│语料库句料库│小组活动  │译员行为准则│学生作业批改│
├─────────┼──────────┼──────────┼────────┼──────────┼──────────┼──────────┼──────────┤
│账户设置 │辅助教学资料│测试结果推送│翻译心得│文字处理排版│即时通信  │翻译流程  │教学软件工具│
├─────────┼──────────┼──────────┼────────┼──────────┼──────────┼──────────┼──────────┤
│个人学习档案│习题/测试题│其他信息推送│优秀译文点评│搜索引擎│翻译论坛│案例介绍│学情监测│
└─────────┴──────────┴──────────┴────────┴──────────┴──────────┴──────────┴──────────┘
```

图 4-2　网络学习平台架构

其中，账户管理模块作为整个系统的核心组成之一，承担着全面的账户注册管理任务，并确保每位学生的学习档案得以详细记录。学生通过该模块可以便捷地完成账户注册与登录操作，其个人信息及学习进度等关键数据均受到严格保护。同时，系统能够实时追踪并记录学生的学习历程，包括课程完成情况、测试成绩等各类数据，从而为学生提供一个清晰、全面的学习进度和成果概览。这不仅有助于学生及时了解自身学习状况，还能为其后续学习规划提供有力支持。教学信息发布模块则为教师构建了一个高效、便捷的信息发布平台。教师可以通过该模块轻松发布课程视频、导学案、丰富多样的教学资料以及各类测试题。这些资源的及时上传与更新，不仅保障了学生能够在课前获得充足的自主学习材料，进行自我知识检测和巩固，还能有效激发学生的学习兴趣，引导其深入探索课程内容。信息智慧推送功能则依托先进的算法技术，精准分析学生的学习需求和兴趣点，为其推送个性化的学习资源。这种定制化的学习体验能够帮助学生更加高效地获取所需知识，提升学习效果，并培养其自主学习和终身学习的能力。作品展示模块则为学生打造了一个展示翻译作品的专业空间。学生可以在此上传自己的翻译作品范例，与他人分享自己的翻译成果和学习心得。这一功能不仅为学生提供了展示才华的舞台，有助于增强其自信心和成就感，还能促进学生间的相互学习与交流，共同提升翻译技能和水平。辅助翻译工具模块汇聚了业界常用的翻译软件，如 Trados、Wordfast 等，以及丰富的术语库、记忆库、电子词典、语料库和网络搜索资源等。这些工具的集成应用，为学生提供了全方位的翻译支持，从词汇查找、术语统一到句式调整等各个环节，都能得到专业的辅助与指导。这将大大提升学生的翻译效率和质量，培养其成为具备专业素养和技能的翻译人才。用户交流互动模块则通过实现即时通信、视频会议系统、翻译论坛和博客以及文本协同编辑等多种交互功能，构建了一个充满活力的学习社区。学生与教师之间可以实时进行沟通交流，共同解决学习过程中的疑难问题；同时，在学习过程中，学生们彼此之间不仅能够相互分享各自的学习经验与心得，而且还能够就翻译技巧进行深入的探讨与交流。这种互动不仅促进了知识的共享与智慧的碰撞，还极大地激发了学生们的学习热情与积极性。通过不断的交流与讨论，学生们逐渐形成了良好的学习氛围，彼此之间相互支持、共同进步。此外，这种合作模式还促使学生们学会了如何有效地与他人协作，如何在团队中发挥自己的优势，从而为未来的职业生涯奠定了坚实的基础。翻译职业教育模块致力于培养学生的职业道德意识和职业行为规范。该模块通过整合丰富的教育资源和开展多样化的实践活动，帮助学生深入理解翻译行业的职业道德要求，掌握基本的职业行为规范，并培养其具备良好的职业素养和团队协作精神。这将为学生的未来职业发展奠定坚实的基础，助力其成为优秀的翻译专业人才。最后，教师备课专区为教师提供了全方位的教学支持服务。该专区配备了先进的课件制作工具、录屏软件以及内容展示工具等，使教师能够轻松制作高质量的教学视频和导学案；同时，专区还提供了便捷的测试题和作业批改功能以及全面的学情监督系统。这些功能的应用不仅大大减轻了教师的教学负担，提升了其教学效率和效果，还能确保每位学生的学习情况得到及时关注并对其进行有效指导。

2. 教学模式的运行

本教学模式通过创新性地融合翻转课堂与项目式学习，构建了一个以翻译理论与实践为核心教学内容的框架。该框架充分利用讨论、协作和案例分析等多样化的课堂活动方式，同时结合课后翻译项目实践，实现了知识吸收、知识内化和知识实践应用的全方位、多层次统一。这一模式的设计不仅深深植根于"知""行"合一的传统教育理念，而且通过实践验证了其在提升学生翻译技能和职业素养方面的有效性（见图4-3）。

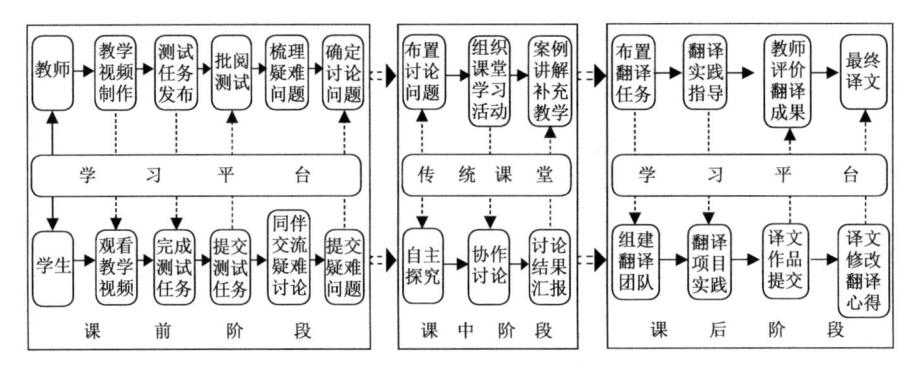

图 4-3　教学模式运行流程

在课前自学阶段，教师的角色至关重要。他们需要精心策划并制作时长适中的教学视频、导学案以及翻译测试题，确保这些材料能够在有限的时间内传递核心知识点并激发学生的学习兴趣。教师将这些教学材料及时上传至平台的教学信息发布模块，供学生随时下载学习。学生则通过个人账户登录系统，按照导学案的明确指引，有序地观看教学视频，进行个性化的自定步调学习，并完成相应的翻译测试。在此过程中，学生不仅需要对自己的学习情况进行反思，整理出难点和疑问，更需要借助现代化的即时通信工具和专业的翻译论坛等交互平台，与同伴进行积极的实时交流与讨论，从而初步解决部分在自学过程中遇到的疑难问题。对于那些难度较大或具有普遍性的问题，学生可以通过学习平台及时反馈给教师，以便教师能够更准确地把握学生的学习动态和需求。教师在批阅测试题目后，能够全面而精准地掌握学生对各个知识点的掌握情况。结合学生提交的疑难问题，教师可以进一步精确定位学生的学习盲区和薄弱环节，从而为后续的课堂活动设计提供有力的数据支持。在这样的基础上，教师可以根据学生的实际需求和学习状况有针对性地设计课堂活动的形式和内容，确保学生的学习需求和教师的教学供给能够达到较高的一致性和契合度。这样的设计不仅有助于激发学生的学习主动性和积极性，更能够在很大程度上提升教学效果和学习效率。

课堂学习阶段是教师和学生进行深度互动和知识内化的关键环节。教师首先根据课前学生的学习情况，对学生进行合理的异质分组，每组包含 3~4 名学生。这样的分组方式有助于促进不同背景和能力的学生之间的交流与合作。随后，教师根据课前收集到的疑难问题，布置具有引导性和探究性的先导问题，让学生进行自主探究学习。在自主探究的过程中，学生需要独立思考并尝试解决问题，从而培养自主学习和独立思考的能力。教师则通过抽检学习结果并对相关问题进行解释说明的方式，帮助学生初步解决学习中的疑难问题，并加深对知识的理解。在自主探究之后，教师进一步提出更具讨论性和深层次的问题，组织学生以小组为单位进行协作讨论。在这一环节中，教师担任着监督、指导和协调的重要角色，他们需要确保课堂讨论能够高效有序地进行，避免讨论流于形式或偏离主题。通过小组内的协作与讨论，学生可以相互启发、共享知识，从而形成更为全面和深入的理解。讨论结束后，各小组推选出的发言人需要陈述小组对问题的理解，以展示小组讨论的成果和收获。针对学习内容中的重点和难点，教师会组织学生进行案例讨论和讲解。通过引入真实的翻译案例或模拟情境，教师可以逐步启发和引导学生深入剖析问题、探索解决方案。在这一过程中，学生不仅能够提升问题解决能力，还能够增强对翻译行业的实际认知和理解。此外，补充教学环节则主要针对个性化的学习问题和被学生忽视的知识点进行讲解和补充，以确保每位学生都能够获得全面而均衡的学习体验。

在课后项目式学习环节，教师以《翻译服务规范第一部分：笔译》（GB/T19363.1—2022）为标准，明确规定了翻译项目的整个流程和要求。这一环节旨在使学生通过亲身参与和实践，熟练掌握翻译的各个环节和要求，并深刻理解作为一名职业译员应具备的职业素养和操守。教师组织学生组建翻译团队，并设立项目经理、译员、审校、编辑等岗位，让学生轮流担任不同角色，以培养他们的团队协作能力和责任感。在项目实施过程中，教师以客户的身份向翻译团队提出具体的翻译服务咨询要求。项目经理则需要与客户进行详细的沟通与协商，就翻译服务的内容、标准、时限、要求和责任等方面达成共识，并签订正式的翻译服务合同。随后，项目经理负责召开翻译项目筹备会议，向团队成员传达翻译要求、制订详细的工作计划、确定人员分工，并发放必要的术语表和原文文本资料。在团队成员的共同努力下，利用学习平台提供的辅助翻译工具进行高效的翻译、审校、编辑和校正等工作，最终完成译文初稿并提交给客户进行审查。客户在审查过程中会反馈不符合合同约定的内容或存在的问题，项目经理则需要组织团队成员针对这些问题进行讨论并制定整改措施。经过反复修改和完善后，按照客户的要求完成译文终稿并交给客户验收，至此整个翻译项目基本完成。

在整个项目过程中，教师始终对翻译过程进行密切的监控、协调和管理，并提供必要的顾问服务，以确保项目的顺利进行。项目完成后，教师还需要对项目的完成情况、组织过程、译文质量以及工作规范等方面进行全面而客观的评价，并提出建设性的改进意见，以帮助学生不断提升自身的翻译技能和职业素养。同时，学生也需要撰写详细的翻译心得报告，对岗位认识、工作内容、职业规范以及项目实践过程中遇到的问题进行深入的反思和总结，以便更好地规划自己未来的学习和职业发展路径。

（四）教学实验设计与实施

1. 教学实验方法和工具

本书的核心目标是通过实施严谨的定量分析方法，对收集自调查问卷和翻译测试的数据进行深入细致的量化及相关性分析，旨在验证该教学模式在增强 MTI 学生职业翻译能力方面的积极效应。为实现这一目标，我们深入剖析了职业翻译能力的不同构成要素及其所属的知识与技能领域，并据此设计了三种具有针对性的评估工具，以确保我们的研究能够全面覆盖并准确反映 MTI 学生的职业翻译能力。

首先，我们设计了"双语能力测试题"，该测试题由前测和后测两个核心部分组成，旨在全面评估学生的双语转换能力。为确保测试内容的可信度和有效性，我们特地从全国翻译专业资格（水平）考试（CATTI）"笔译实务"二级的题库中挑选了真题作为测试材料。这些题目均经过了严格的筛选和审核流程，确保其能够有效地检验学生在基础笔译方面的能力，包括但不限于翻译策略与技巧的灵活应用、译文的准确性与流畅性、对原文信息的忠实传达，以及对语法规则和词汇用法的熟练掌握。此外，我们还特邀了 CATTI 阅卷组的专家对试卷进行权威评价，从而进一步提升了测试结果的可靠性与精确度。

其次，我们研发了《职业翻译能力调查问卷》，该问卷同样包含前测和后测两个部分，旨在深入探索学生在使用翻译工具、管理翻译项目以及进行沟通协作等方面的能力变化。为实现这一目标，我们采用了李克特9级量表作为设计基础，以便更精细地捕捉学生能力之间的细微差异。同时，我们还组建了一个由MTI教师、校外导师以及职业译员构成的审定小组，对问卷进行了两轮预测试和修订。通过持续优化测试内容、改进题目表述、调整分项题量等手段，我们成功地控制了问卷的表面效度、内容效度和结构效度。此外，我们还利用重测法对问卷的经验效度进行了严格把控，最终将问卷的整体效度和信度稳定在了0.6252和0.7003的水平上，这一结果在小规模样本测试中是完全可接受的。

最后，为了更深入地探究学生的翻译项目管理能力，我们专门设计了"翻译项目管理案例分析"测试环节。在这一环节中，我们特别聘请了经验丰富的校外导师和职业译员担任观察员的角色，全程跟踪并记录学生对典型案例的分析过程与最终结论。通过这种直观且深入的观察方式，我们能够更准确地了解学生在实际翻译项目管理中的具体表现，并据此为他们提供更加贴合实际需求的指导和帮助。通过综合运用这三种测试工具，我们不仅能够更全面、更深入地洞察该教学模式在提升MTI学生职业翻译能力方面的实际成效，还能为未来的教学改革提供坚实的数据支撑和科学的决策依据。

2. 教学实验过程

本书选取北方某工科院校2015级MTI英语笔译学生（共计19人）作为实验组，同时以该校2014级同专业学生（共计18人）作为控制组进行对照研究。在实验正式开始前，我们对两组被试在研究生入学考试中的专业课成绩进行了详尽的相关性分析，旨在客观评估他们的初始能力水平，为后续实验提供基准数据。分析结果（见表4-4）显示，在"翻译硕士英语"这一关键科目上，控制组的成绩均值达到了73.61分，显著高于实验组的66.79分。这一数据对比结果反映出两组被试在英语语言水平方面虽然均具备一定的基础，但仍存在明显的提升空间；相较之下，控制组在这一方面的表现更为出色。进一步深入剖析差异系数（0.021），这一数据进一步印证了控制组在英语语言水平上确实略高于实验组的结论。然而，在"英语翻译基础"和"汉语写作与百科知识"这两门重要科目上则情况不同。尽管控制组的成绩均值略低于实验组,但两组之间的差异系数均超过了 0.05 的临界值。这表明,在这两个特定领域,两组被试的知识储备和应用能力大致相当,并未出现明显的优劣分化现象。在翻译能力构成方面,我们参考了多位学者的权威观点。马会娟和管兴忠(2010)以及杨志红、王克非(2010)等学者在各自的研究中明确指出,翻译能力远非单一的语言能力所能涵盖。相反,它是一个非常复杂的综合体系,其中融合了双语能力、文化素养、认知能力以及译者独特的个人风格等多个层面。苗菊(2007)在其研究中也着重强调了语言能力虽然是翻译能力不可或缺的基石,但仅凭语言能力并不足以全面揭示翻译能力的全部内涵。

表 4-4 被试入学成绩独立样本 t 检验结果

被试	"翻译硕士英语"成绩均值	"英语翻译基础"成绩均值	"汉语写作与百科知识"成绩均值
控制组(2014 级)	73.61	106.78	124.67
实验组(2015 级)	66.79	111.58	125.16
t 值	0.021*	0.271	0.838

注:*表示在 0.05 置信水平上差异显著(双尾)。

本书认为,尽管两组被试在单纯的外语成绩上表现出一定程度的差异性,但这并不足以作为评判他们整体翻译水平高下的唯一标准。事实上,翻译能力的多维性决定了我们不能仅仅依赖单一的语言测试成绩来评估学生的全面能力。因此,我们决定对这两组具有代表性的被试进行深入细致的对比研究,以期更准确地揭示不同教学模式对学生翻译能力发展所产生的深远影响。

在实验设计方面,实验组的学生全程参与了翻转课堂项目式学习,并严格按照要求完成了所有测试的前测和后测环节。而控制组由于在实验进行时已经完成了传统的课堂学习阶段,因此,控制组仅参与了后测部分。这样的实验设计确保了两组被试在后测阶段所接受的课程内容是完全一致的,从而有效排除了课程内容差异对实验结果可能产生的干扰。唯一的不同之处在于他们所体验的教学模式:实验组采用翻转课堂项目式学习,而控制组则遵循传统的课堂教学方式。通过这种设计,我们将教学模式确立为本书中的唯一自变量,为最终得出准确可靠的实验结论奠定了坚实基础。

（五）教学实验结果与分析

本书对实验组和控制组在各项测试中所获得的数据进行了量化处理，并进行了正态分布检验，以确保数据的可靠性和有效性。正态分布检验的结果表明，所收集的数据呈现出正态分布的特征，这为后续的数据分析和结果解读提供了坚实的基础。为了深入探究实验组在实验前后在各项翻译能力上的发展变化情况，我们采用了配对样本 t 检验的方法对实验组的前测和后测成绩进行了分析。这一分析步骤在研究中具有至关重要的作用，因为它能够帮助我们准确地判断所采用的教学模式是否对提升被试的职业翻译能力产生了显著的效果。在完成了对实验组数据的深入分析之后，我们进一步将控制组和实验组的后测成绩进行独立样本 t 检验，目的是明确在提升被试职业翻译能力方面，哪种教学模式更具有优势。通过独立样本 t 检验，我们能够对比两组被试在不同教学模式下的表现，从而得出更为客观和全面的结论。数据分析结果（见表 4-5）不仅展示了各项测试指标的均值和差异系数，还包含了相关性分析的结果，为我们全面理解数据提供了有力的支持。

根据表 4-5 中的数据，我们可以观察到以下重要发现：在双语能力方面，实验组在前测阶段的表现显示出一定的提升空间。具体来说，被试在翻译策略与技巧、译文准确通顺、译文忠实以及语法与词汇这四个方面的得分均值分别为 64.41、71.32、65.98 和 78.46。这些数值表明，实验组被试在双语能力上虽然达到了一定的水平，但仍有待提高。然而，在经过一段时间的实验后，我们在后测中看到了显著的进步。这四项能力的得分均值分别提升至 75.35、79.99、72.44 和 80.53，表明实验组被试在双语能力方面取得了明显的提升。通过对比前测和后测的均值，并结合差异系数的分析，我们发现除了语法与词汇能力的提升不够显著外（差异系数为 0.391，大于 0.05），其余三项能力均取得了显著的提升（差异系数均小于 0.05）。这一结果表明所采用的教学模式在提升实验组被试的双语能力方面取得了积极的效果。

表 4-5 数据分析结果

测试项目	测试内容	实验组前测、后测配对样本 t 检验					实验组、控制组后测独立样本 t 检验				
		测试	均值	均值差	标准差	相关系数	组别	均值	均值差	标准差	相关系数
双语能力测试	翻译策略与技巧	前测	64.41	10.94	8.7744	0.000**	控制组	67.71	7.64	6.7133	0.002**
		后测	75.35		7.3899		实验组	75.35		7.3899	
	译文准确通顺	前测	71.32	8.67	10.6476	0.012*	控制组	73.66	6.33	6.4076	0.024*
		后测	79.99		9.4956		实验组	79.99		9.4956	
	译文忠实	前测	65.98	6.46	7.6505	0.007**	控制组	68.18	4.26	7.3228	0.042*
		后测	72.44		10.5847		实验组	72.44		10.5847	
	语法与词汇	前测	78.46	2.07	7.274	0.391	控制组	78.98	1.55	5.9901	0.492
		后测	80.53		7.4432		实验组	80.53		7.4432	
职业翻译能力测试	翻译工具能力	前测	5.04	2.59	0.7895	0.000**	控制组	5.79	1.84	0.8897	0.000**
		后测	7.63		0.9032		实验组	7.63		0.9032	
	翻译项目元认知能力	前测	6.10	1.02	0.5441	0.000**	控制组	6.54	0.58	0.7455	0.037*
		后测	7.12		0.8704		实验组	7.12		0.8704	
	沟通协作能力	前测	6.57	1.80	0.6324	0.000**	控制组	6.86	1.51	0.6795	0.000**
		后测	8.37		0.5444		实验组	8.37		0.5444	
翻译项目管理案例研讨	翻译项目管理能力	前测	4.68	1.83	0.6663	0.000**	控制组	4.63	1.88	0.7283	0.000**
		后测	6.51		0.7191		实验组	6.51		0.7191	
	职业道德与规范	前测	3.47	2.81	0.5246	0.000**	控制组	4.86	1.42	0.2846	0.000**
		后测	6.28		0.8474		实验组	6.28		0.5258	

注：* 表示在 0.05 置信水平上差异显著（双尾），** 表示在 0.01 置信水平上差异显著（双尾）。

在职业翻译能力测试方面，实验组在前测阶段的表现同样显示出一定的提升空间。被试的翻译工具能力、翻译项目元认知能力以及沟通协作能力的得分均值虽然均处于正向区间，但与分界值 5.0 相比仍有一定的距离，反映出这三项能力的整体水平有待提高。然而，在后测中我们观察到了显著的改变。这三项能力的均值分别提升至 7.63、7.12 和 8.37，均已进入正向较好区间。与此同时，差异系数均为 0.000 的结果进一步印证了这三项能力在后测阶段取得了极为显著的提升。这一发现充分说明了所采用的教学模式对于提升实验组被试的职业翻译能力具有显著的效果。此外，从翻译项目管理案例研讨的结果来看，实验组在前测阶段在翻译项目管理能力和职业道德与规范方面的表现均不尽如人意。特别是职业道德与规范的得分过低（前测均值为 3.47），这对于未来的职业译者来说无疑是一个需要解决的问题。然而，在后测中我们看到了明显的改善。这两项能力的得分分别提升至 6.51 和 6.28，与前测成绩相比呈现出显著的差异和提升。这一结果进一步印证了所采用的教学模式在提升实验组被试的翻译项目管理能力和职业道德与规范方面同样取得了积极的效果。

（六）教学实验结果结论

本书得出以下结论：所采用的教学模式在整体上能够有效提升 MTI 学生的职业翻译能力。这一结论不仅得到了实验组前后测数据的支持，也得到了实验组与控制组后测数据对比的进一步验证。因此，我们有理由相信，相对于传统的教学模式，本书所采用的教学模式在提升 MTI 学生职业翻译能力方面具有更为显著的效果。研究结果显示，该教学模式能够显著提升学生的职业翻译能力，这一结论与雷婷婷和张岩（2016）的先前研究结果，即翻转课堂在增强实践性课程教学成效方面具有积极作用相一致。在对该教学模式进行详尽分析后，课题组认为其优势主要凸显在课前自学、课堂互动学习、课后项目式学习以及网络学习平台的全面利用等几大方面。课前自学环节，为学生提供了前所未有的灵活性与自主性。学生可根据个人的学习进度、兴趣及理解能力，自由安排学习时间，并通过反复研习教学视频，最大限度地吸收与掌握知识。在此过程中，学生所遇到的疑难问题及引发的深层次思考，能够转化为强烈的求知欲望，进而激发他们的学习动机。这种自我驱动的学习方式促进学生对学习的责任感，形成良好的自我管控习惯，并积极主动地通过协作学习解决所遇到的问题，从而显著提高了学习的主动性和参与度。课堂互动学习，则是该教学模式中又一不可或缺的环节。在课堂上，学生有机会通过小组讨论、角色扮演等多种形式，对自学过程中遇到的疑难问题进行深入探讨与交流。这种互动学习方式，不仅有助于巩固和深化学生对知识的理解，更能在群体互动中激发新的思维火花，促进学生的认知发展，从而不断提升知识的内化程度。此外，网络学习平台的有效利用，也为该教学模式的实施提供了有力支持。学生可借助这一平台，随时随地进行学习，自主选择学习伙伴和学习内容，实现线上线下的无缝对接与交流互动。这种灵活的学习方式，极大地满足了不同学习风格学生的个性化需求，使学习真正变得按需进行、自定步调。同时，平台上提供的丰富翻译资源和辅助工具，也为学生的学习提供了便捷的支持，有助于他们改善学习方法和策略，提高学习效果。项目式学习，作为该教学模式的核心组成部分，对于培养具备实战能力的翻译人才至关重要。通过模拟真实的翻译职场环境，让学生亲身参与并处理各种翻译任务。该教学模式成功引导学生将关注点从单一的文本翻译技巧转向对翻译职场中多元复杂因素的全面认识与应对。这包括但不限于文本的准确转化、专业工具的高效使用、项目进度的合理管理、团队协作的顺畅运作以及译者职业道德与规范的严格遵守等多个层面。通过这一系列全方位、多角度的实践锻炼，学生的职业翻译能力得到了全面而系统的提升。

然而，研究也发现，该教学模式在提升学生双语能力中的语法与词汇水平方面表现并不十分突出。这可能是由于随着翻译训练的逐步深入，学生的语言能力对翻译能力的直接影响逐渐减弱，正如杨志红（2014）在其研究中所指出的那样。同时，研究生阶段的学生在语法与词汇方面的知识储备已经相对稳定，除非进行专门的针对性训练，否则难以在短时间内实现显著突破。此外，该教学模式在设计之初可能更多地关注翻译实践技能的培养，而对语法和词汇等语言基础知识的训练相对不足，这也是导致上述结果的一个重要原因。尽管如此，这并不影响我们对该教学模式在整体提升学生职业翻译能力方面所取得显著成效的积极评价。

基于MTI人才职业翻译能力培养的翻转课堂项目式教学模式，是在对当前市场动态和行业需求进行深入分析后设计和实施的一种创新教学策略。该教学模式深刻认识到,随着全球化的不断推进和国际交流的日益频繁,市场对高质量翻译人才的需求愈发旺盛。而这种需求背后,实际上是对翻译人才职业性和实践性的高度关注与期待。为了满足这一市场需求,并切实提升MTI 学生的职业翻译能力,该教学模式将市场需求和翻译人才能力培养作为核心目标。通过引入市场导向的教学理念,结合翻转课堂和项目式学习的优势,旨在打造一种既能夯实学生语言基础,又能强化其实践应用能力的全新教学模式。在这种教学模式下,我们特别注重培养学生的职业素养和实践能力。通过引入真实的市场翻译项目,让学生在实战中锤炼技能,感受职场氛围,从而更好地适应未来工作岗位的需求。同时,我们还通过模拟职场环境,为学生提供逼真的翻译实践场景,使他们在模拟实践中不断磨炼自己的翻译技巧,提升对职业翻译所需素养和能力的认知。

此外,翻转课堂的教学理念也在该教学模式中得到了充分体现。通过课前自主学习、课中互动讨论和课后巩固提升的方式,翻转课堂为学生提供了更多的自主学习空间和互动协作机会。这种教学方式不仅有助于激发学生的学习兴趣和主动性,还能在互动讨论中培养学生的创新思维和解决问题的能力,从而进一步提升其职业翻译能力。经过一系列的教学实践和研究分析,我们发现,基于 MTI 人才职业翻译能力培养的翻转课堂项目式教学模式,在提升学生职业翻译能力方面取得了明显成效。学生的翻译技能得到了明显提升,对职业翻译的认知也更加深入和全面。然而值得注意的是,我们在探讨教学模式对职业翻译能力影响的过程中,主要关注了教学模式这一自变量,而对其他潜在影响因素(如心理、社会等因素)进行了控制。这些因素虽然在本书中未直接涉及,但它们在职业翻译能力的获得和发展过程中可能扮演着重要角色。因此,在未来的研究中,我们将进一步拓宽研究视野,综合考虑更多可能性变量对职业翻译能力的影响。例如,我们将深入探讨学生的心理状态(如学习动机、自信心等)与职业翻译能力之间的关系;同时,我们还应关注社会背景(如家庭环境、教育资源等)对职业翻译能力培养的潜在影响。通过全面、系统地考察这些变量与职业翻译能力之间的内在联系,我们有望揭示 MTI 学生职业翻译能力获得机制的全貌,从而为优化翻译人才培养模式、提升翻译人才培养质量提供更加科学而有效的理论支撑和实践指导。

接下来，本书将聚焦于翻转课堂对口译能力培养效果这一核心议题，深入探讨翻转课堂教学模式在 MTI 教学中的实际应用效果及其产生的影响。口译能力作为翻译专业学生的重要技能之一，其培养质量直接关系到学生未来职业发展的竞争力。因此，我们旨在全面分析翻转课堂教学模式是否及如何有效地提升学生的口译能力，并探讨该模式在 MTI 教学中的适用性。希望该方面的研究，不仅能为 MTI 口译教学提供有益的参考和借鉴，还能为翻转课堂教学模式在更广泛教育领域的应用和推广提供有力的支持。

二、基于 MTI 学生口译翻译能力培养的 MTI 延展式翻转课堂教学实证研究

近年来，我国对外开放程度持续深化，与世界各国的交往活动愈发频繁与紧密。国际交往的广泛性和深入性极大地推动了市场对专业口译人才的需求增长。特别是在积极推进"一带一路"倡议与"中国文化走出去"等国家宏观战略的背景下，高层次、应用型、专业化的口译人才在国家对外交流与合作中扮演着愈发重要的角色。口译人才不仅需要具备深厚的语言功底和精湛的口译技能，更要拥有跨文化交际能力，以便能够在复杂多变的国际交流环境中游刃有余。他们的专业素养和综合能力，直接关系到国家对外交往的成功与否，影响到国家形象和软实力的构建。因此，职业口译译员的培养已经上升到国家语言战略服务的高度，被视为提升国家软实力和国际竞争力不可或缺的一环。为了进一步响应国家对专业口译人才的迫切需求，并优化现有的人才培养结构，2007 年国务院学位委员会经过严格审议，正式设立翻译硕士专业学位，标志着翻译学科正式从外国语言文学学科中独立出来，成为一个独立的二级学科。这一变革无疑是翻译学科发展史上的一个里程碑，它赋予了翻译学科更为明确和专业的定位，为其后续发展奠定了坚实基础。特别值得一提的是，MTI 口译方向的设立更是我国专业化口译人才培养历程中的标志性事件。它不仅彰显了我国在高水平专业口译译员培养方面的决心和投入，更意味着我国口译人才培养进入了一个全新的历史时期。通过设立

MTI 口译专业，我国高等教育体系为培养更多具备国际视野、专业技能和跨文化素养的口译人才提供了坚实的平台。MTI 口译方向的确立，不仅从专业性和系统性的角度提升了口译人才培养的整体水平，更推动了口译教学领域的改革与创新。在此背景下，众多高校积极响应国家号召，纷纷设立 MTI 口译专业，并致力于探索符合当前市场需求的人才培养新模式。这些高校注重理论与实践的紧密结合，通过引入先进的教学理念和方法，强化学生的实践能力和职业素养培养。这一系列举措的实施，为我国口译事业的持续繁荣和发展注入了新的活力。随着越来越多高素质、专业化的口译人才走向社会，他们必将在国家对外交往与合作中发挥更加重要的作用，为推动"一带一路"倡议与"中国文化走出去"等国家战略的顺利实施提供坚实的人才保障和智力支持。

为了积极响应国家对于高质量专业口译人才的迫切需求，并进一步提升 MTI 口译教学的整体质量，国内众多口译领域的专家学者及一线教学工作者已经对口译教学展开了广泛而深入的研究。这些研究涵盖了教学理念、教学原则、教学内容以及教学方法等多个关键层面，旨在构建一个更加科学、系统且高效的口译教学体系（詹成，2017）。在教学理念的研究方面，仲伟合（2007b）、刘和平（2008）、詹成（2010）等权威学者对"口译教学"与"教学口译"这两个常被混淆的概念进行了明确的区分与界定。他们指出，"口译教学"的核心任务在于充分利用学生已经熟练掌握的语言能力，进一步帮助其掌握双语（源语和目标语）之间思维的灵活转换以及高效的交流技能，因此它强调的是对学生双语转化技能的全面培养。相对而言，"教学口译"则更多地被看作是一种服务于语言学习的辅助性手段，其主要通过口译这种特定形式来提高学生的外语交流和应用水平。这一重要的概念区分不仅为 MTI 口译教学的基本理念、教学原则、教学内容以及教学方法提供了清晰的指导，而且也为后续更加深入的口译教学研究奠定了坚实的基础。在探讨口译教学的原则和方法时，仲伟合（2007b）创造性地提出了"技能性、实践性、理论性、阶段性"这一综合性的教学原则框架，并特别强调技能性教学在整个口译教学中的核心地位。朱珊和刘艳芹（2015）则在此基础上进一步细化了 MTI 口译课程设置的具体原则和实用框架，他们的研究为实际口译教学活动的组织和实施提供了有力的理论支撑和实践指导。与此同时，王斌华（2012）、唐媛（2013）以及贾兰兰（2017）等学者也针对专业口译教学中的各项技能及其训练模式进行了深入而细致的研究。他们提出了以技能训练为主导、语言训练为辅助的创新教学模式，这一模式进一步凸显了口译技能训练在口译教学中的重要性和不可替代性。在口译教学模式的研究层面，国内学者和教学实践者已经探索出多种具有鲜明特色和代表性的口译教学模式。例如，"厦大模式"（陈菁，2014）以其独特的课程设置和教学理念在口译教学界产生了广泛影响；"广外模式"（仲伟合、詹成，2016；王丹，2017；王巍巍，2017等）则以其注重实践和技能训练的特点受到了广泛认可。此外，Gile（1995）提出的同传和交传口译模式也为口译教学提供了宝贵的理论借鉴和实践指导。这些多样化教学模式的出现不仅极大地丰富了口译教学的实践形式，而且也有效地推动了口译教学研究的学科融合与多元化发展（张威，2012）。除此之外，还有众多学者结合自身的教学实践提出了各具特色的口译教学模式，如文军和刘威（2007）的任务型口译教学模式、刘庆雪（2012）的多模态口译教学模式等。这些创新性的教学模式均在实际教学中取得了成效，为口译教学的持续改进和创新注入了新的活力。

值得特别关注的是，"基于信息技术的外语教学已经成为当前高等学校外语教学的主要实践方法"（胡加圣、陈坚林，2013）。在这一时代背景下，如何有效地结合信息技术进行计算机辅助口译教学成为研究者和实践者共同关注的焦点。刘振和何明霞（2014）等学者在这一领域进行了有益的探索和研究，他们的工作为信息技术与口译教学的深度融合提供了宝贵的经验和启示。陈卫红（2014）详细探讨了网络环境下口译多模态教学模式的可行性和实施策略；刘梦莲（2018）则基于IVY虚拟现象提出了一种新颖的口译训练模式；而高云柱和马苏妮（2018）则深入研究了基于MOOC（慕课）环境的口译教学改革问题。这些研究不仅展现了信息技术与口译教学深度融合的广阔前景，而且也为口译教学的未来发展提供了新的思路和方向。然而，尽管近年来我国在口译教学研究方面取得了令人瞩目的进展和成就，但仍存在一些亟待解决的关键问题。首先，当前的口译教学研究尚缺乏足够的系统性和整体性，碎片化的研究成果较多，这导致我们难以从宏观到微观、从整体到细节对口译教学进行全面而深入的把握。其次，国内口译实证研究的比例相对较低（刘和平，2016），目前的研究仍以定性分析为主，定量分析和实验法等科学方法的应用相对较少（刘振、何明霞，2014）。这种研究现状使得我们对口译教学模式的有效性难以进行客观而准确的评估。此外，尽管现代信息技术与翻译课堂的结合已经成为国内翻译教学改革的重要趋势（蔡静，2018），但基于信息化教育技术的口译教学改革研究仍显得不够丰富和深入。这与当前网络信息技术的教育转向以及国家教育的信息化改革目标之间存在一定的差距。

针对上述问题和挑战，本书认为口译教学领域应充分利用现代教育信息技术的优势，结合相关的认知和学习理论，不断探索和创新口译教学模式和方法。通过强调口译技能培养的实践性和职业性特点，我们可以进一步提高口译人才的培养质量，从而更好地满足国家对高质量口译人才的迫切需求。同时，我们还应加强口译教学的实证研究力度，综合运用多种科学方法来明确各种教学模式的实际效果和有效性，为口译教学的持续改进和优化提供有力的数据支持和理论支撑。基于对 MTI 延展式翻转课堂理论和实践构建、教学效果检验、笔译能力培养效果等方面的实证分析，本节将针对 MTI 学生职业翻译能力（口译）在翻转课堂教学模式中的应用和效果进行研究。

（一）研究理论框架

《国家中长期教育改革和发展规划纲要（2010—2020 年）》指出，高等教育需积极顺应当今技术发展的潮流，加强网络教学资源体系的建设工作，并深入探索网络学习课程的开发，以此作为推动教育质量提升、拓宽学生学习途径的关键手段。在此过程中，我们必须不断更新陈旧的教学观念，积极探索并改进教学方法，以最大限度地提高教学效果。更为关键的是，我们需要鼓励学生充分利用现代信息手段进行主动学习、自主学习，进而培养他们的自我驱动能力和创新思维。这一重要的指导方针，不仅深刻体现了国家对高等教育信息化发展的高度关注和重视，而且为高等教育，尤其是 MTI 口译教学的深入改革与创新，提供了宏观且富有前瞻性的方向指引。与此相呼应，《翻译硕士专业学位研究生教育指导性培养方案》（2011）也着重强调了现代教学技术在口译教学中的不可或缺的作用。该方案进一步提出，我们应当积极采纳实践研讨式、职场模拟式等多元化的教学方法。在口译课程的教学实践中，教师可以充分运用现代化电子信息技术，例如网络技术、口译实验室、多媒体教室等高端设备，从而有效增强学生的实践操作能力和应变能力。同时，为了确保学生能够在更加贴近真实的环境中进行高效的学习和实践，我们还需要不断加强翻译技能训练的真实感和实用性。这一详尽的方案不仅进一步细化了信息技术在口译教学中的具体运用方式，而且为 MTI 口译教学的具体实施提供了更为明确和实用的操作建议。这两个方案共同为如何更加有效地开展 MTI 口译教学指明了方向，其核心理念可以概括为以下几个关键词：信息技术、网络教学、自主学习、真实学习情境以及实践学习。这些核心要素相互关联，相互促进，共同构建了现代 MTI 口译教学的核心框架体系。

本书认为，在构建 MTI 口译教学模式的复杂过程中，我们应当在相关认知理论和学习理论的深入指导下，充分体现并融合上述关键要素。具体而言，我们需要充分利用先进的信息技术和丰富的网络教学资源，丰富教学内容和手段，为学生创造更多的自主学习机会和平台。同时，通过让学生在真实的学习情境中实践学习，不断提升他们的口译技能和综合素质。这样的创新教学模式不仅能够全面激发学生的学习兴趣和内在动力，而且能够更有效地培养他们的实践操作能力和创新精神，进而为社会培养和输送更多优秀的口译人才。

1. 技能习得理论

MTI 口译教学致力于帮助学生全面构建和掌握"完成口译任务所必备的内在知识和技能体系"（王斌华，2007）。为实现这一目标，教学过程需经历一个由陈述性知识（涵盖双语知识、百科知识及口译技巧等）向程序性知识（涉及口译任务的规划、管理、执行等）转化的心理认知旅程。值得注意的是，这一转化过程与布鲁姆教育目标分类理论（Anderson、Krathwohl，2001）所阐释的认知目标习得路径一致。

布鲁姆教育目标分类理论对知识结构进行了深入探索，将其细致划分为陈述性知识（含事实性知识和概念性知识）、程序性知识及元认知知识。这一划分揭示了一个难度逐级递增的知识体系。同时，该理论还将人类对知识的认知过程细分为六个递进阶段：记忆、理解、应用、分析、评价和创造。这些阶段不仅代表了认知难度的逐步提升，更映射了知识在不同认知层次上的具体操作与运用。遵循此理论，教学过程应有序地从"事实性知识的记忆"推进至"概念性知识的理解"，再进一步深入到"程序性知识的应用与分析"，最终达成"元认知知识的监控与管理"。在布鲁姆理论的基础上，Anderson（2009）提出了技能习得理论。技能习得理论的核心目标在于阐释"个体在掌握各类技能的过程中，如何从初步的认知阶段逐步进展到高级精通的水平"（DeKeyser，2015）。该理论提出，不同技能的学习均遵循一个相似的演进路径，即经历从陈述性知识向程序性知识，并最终达到自动化水平的三个阶段（DeKeyser，2007）。在学习的起始阶段，学习者需积累陈述性知识，即对事物本质及事实的认知，这在语言学习中体现为对形态句法结构、音系规律以及词汇意义的掌握。此阶段，执行语言任务所需的信息会从长期记忆库中提取，并转存至工作记忆中，以便在执行具体任务时能够即时访问这些规则或词义（Anderson，1982）。随后，学习者需发展程序性知识，即"知道如何操作"的知识体系。这涵盖了执行多种程序或行为的能力，比如"我们如何理解语言，或是如何运用所学的规则来解决实际问题"（O'Malley、Chamot、Walker，1987）。程序性知识在记忆中是以一系列"产生规则"的形式存储的（Anderson，1982），这些规则遵循"如果—X—则执行—Y"的逻辑结构。在学习的最终阶段，通过对程序性知识的重组和优化，学习者能够实现相关语言行为的精确且迅速的表达，从而达到知识的自动化。这一过程既包含定性上的转变，如将多个频繁共现的产生规则整合为可从长期记忆中整体提取的模块，也包含定量上的调整，如提高信息检索的速度和精确调整规则的应用概率。在技能学习的过程中，区分这三种类型的知识具有重要的理论意义。技能习得模型的核心概念，即思维理性自适应控制（Anderson，1993；Anderson 等，2004）强调，技能的学习通常始于陈述性知识（或关于事物"是什么"的知识，如操作指南或对象的一般属性描述）的获取。然而这种陈述性知识仅能使学习者理解对象的相关事实，而无法有效地运用这些知识。在此之后，是一个快速的程序化（或知识编译）阶段，通过初步的实践，学习者能够形成质量截然不同的程序性知识（或编码行为的知识）。随后，通过大量的练习，这些程序性知识在长期的学习过程中被不断优化，并最终达到自动化的水平（Anderson，1993；DeKeyser，2015）。简而言之，技能习得经历三个阶段：认知、联结和自动化。在认知阶段，学习者主要聚焦于陈述性知识的获取与表征，并据此进行初步的实践操作。随着学习的深入，进入联结阶段的学习者开始系统地修正和完善先前阶段中的认知偏差与不足，逐步将各项技能整合为协调统一的整体。此阶段中，陈述性知识与程序性知识相互交织，但技能尚未达到完全自动化的水平。最终，在自动化阶段，学习者的工作记忆能够熟练地调动程序性记忆，从而主导整个任务的执行流程，实现技能的自动化输出。

然而，在MTI口译教学实践中，传统的教学模式往往将课堂时间大部分配在对事实性知识和概念性知识的记忆与理解上。尽管这些活动在认知层级上相对基础，但对于程序性知识的深度应用、分析、评价及创造等更高层次的认知活动，却常因时间分配不均而难以得到充分的关注与展开。鉴于这类知识所蕴含的高认知难度，学生在缺乏系统指导的自学环境下往往难以有效掌握。因此，传统的MTI口译教学模式在很大程度上局限于知识的初步认知阶段，难以实现知识的深度联结与自动化产出。传统教学模式与布鲁姆教育目标分类理论和技能习得理论之间的这种内在矛盾，为翻转学习理念的兴起提供了重要的理论背景与实践契机。翻转学习作为一种融合了实体课堂教学与在线教学双重优势的混合教学模式，不仅实现了O2O（线上到线下）学习环境的深度融合，更推动了传统纸质资源与现代网络资源的有效整合，以及学生自主学习与教师面授教学方式的互补与协同。这种教学模式从根本上"翻转"了传统的课堂学习流程（张苇、陶友兰，2017），将低阶的认知活动（如事实性和概念性知识的记忆与理解）前置至课前阶段，使学生在丰富的教学视频、导学资源以及教师和同伴的共同支持下进行自主学习。Herreid 和 Schiller（2013）的研究指出，真正的学习往往源于学生的自主学习时刻。学生完全具备独立完成这些低阶认知学习任务的能力，从而将宝贵的课堂时间更多地释放给高阶的认知学习任务（如程序性知识和元认知知识的深度学习与实践）。在以学生为中心的学习环境中，教师能够充分发挥引导作用，组织和帮助学生进行高效的协作学习。通过师生间、生生间的深度互动与交流，教师帮助学生完成知识的内化与建构过程（张金磊，2012）。

翻转学习通过重新配置课内外学习的时间与任务分配，契合人类对认知目标学习的基本规律与内在逻辑。它优化并重新分配了不同认知任务层级下教与学主体应承担的角色与责任，从而实现了对布鲁姆教育目标分类理论的实践应用与创新发展。在布鲁姆教育目标分类理论的宏观指导下，翻转学习不仅充分展现了信息技术、网络教学等现代教学手段在 MTI 口译教学中的重要作用与价值，更凸显了自主学习、协作学习等先进教学理念在推动 MTI 口译教学质量提升方面的关键意义与实践路径。

2. 建构主义学习理论

皮亚杰（J. Piaget）在 20 世纪 60 年代提出了建构主义学习理论，这一教育理念深受维果茨基（Vygotsky）的认知信息加工说的启迪与影响。该理论不仅从根本上挑战了长期占据主导地位的行为主义教学思想，更以其前瞻性的视角，倡导以学生为中心的教学理念，从而在外语教学领域引发了深远的变革，逐渐成为指导实践教学的核心学习理论。建构主义学习理论的核心观点，颠覆了传统知识传授的单向性。它强调，知识的获取并非仅仅通过教师的讲授，而是在特定的学习情境下，学习者在教师的引导、同伴的互助以及各类学习资源的辅助下，通过积极主动的意义构建过程而实现（高文、徐斌艳、吴刚，2008）。这一观点不仅赋予学习者更大的自主性，也为教学过程中的师生互动和生生协作提供了理论基础。

建构主义所推崇的教学模式以学生为中心，重新定义了教师在教学过程中的角色。教师应该从单纯的知识传授者、监督者和权威规划者，转变为在以学生为中心的学习活动中的组织者、"脚手架"和促进者。通过创设学习情境、有效利用协作与会话等学习环境要素，教师能够激发学生的主动性、积极性和创新精神，帮助他们有效地对当前所学知识进行意义构建（何克抗，1997）。这种教学模式的转变，不仅提升了学生的学习效果，也促进了他们高阶思维能力和解决实际问题能力的发展。建构主义特别强调了情境在意义建构中的关键作用，认为学习环境的设计是提升教学效果的关键环节（Jonassen，1999）。通过创设真实、富有挑战性的学习情境，教师能够帮助学生将所学知识应用于实际问题的解决中，从而实现知识的内化和迁移。此外，建构主义学习观还着重强调了协作与会话在教学过程中的重要性。课堂上的师生互动、生生互动不仅有助于知识的深刻理解，还能够促进学生对知识的实际应用能力的提升。在建构主义中，学生主体地位得到肯定的同时，也充分认可了教师在学习过程中的重要作用。教师不仅需要提供必要的学习资源和指导，更需要深入了解学生既有的知识和经验，通过精心设计的教学活动，引导学生通过同化—顺应的循环过程，主动构建新的知识和意义（朱玉彬、许均，2010）。这种以学生为中心、教师为引导的教学理念，为培养学生的自主学习能力、批判性思维以及创新精神提供了有力的支持。

MTI口译教学作为一个综合的教学体系，旨在培养学生的口译实践能力。为了全面提升教学质量，我们需要从教学手段、教学媒介、师生角色定位、教学内容选择、教学情境创设以及教学流程设计等多个维度进行全面而细致的整合。口译训练应遵循"技能性、实践性、理论性、阶段性"四大原则（仲伟，2007），且以技能性教学为根基，注重学生的口译技能培养和实践能力提升。在布鲁姆教育目标分类理论、技能习得理论和建构主义学习理论的共同指导下，我们对MTI口译教学模式进行了相应的调整与优化。具体而言，我们参照布鲁姆的理论框架，明晰了知识学习的认知程序和目标层次，着重加强了对高阶知识和认知能力的培养；同时以建构主义学习观为引领，充分利用现代网络信息技术手段，为学生打造真实且富有沉浸感的学习情境。通过将网络学习、自主学习、协作学习和实践学习深度融合的方式，构建一个高效、互动且个性化的口译教学环境。

本书据此提出构建一种基于MobiMooc的MTI口译翻转课堂教学模式。该创新模式将信息技术、网络教学、自主学习、真实学习情境以及实践学习等多元教育要素进行有机融合，旨在为MTI口译教学注入新的活力并探索实践路径。通过这种创新性的教学模式的应用与实践，我们期望能够为学生提供一个更加丰富多样、高效便捷且个性化的学习环境与资源支持，从而全面提升他们的口译技能水平，促进他们的综合素质能力发展。

（二）MTI翻转课堂口译教学模式建构及运行

教学模式这一概念，具有高度的综合性，它不仅涵盖了教学理念、教学目的，还详细规划了教学活动的结构、程序和方式（陈坚林，2010）。简而言之，教学模式既是理论指导下的教学行为框架，也是教师在教学实践中的操作指南。特别是在口译教学领域，口译教学模式的形成与发展，深深植根于口译教学的核心理念与原则。这一模式应当严格遵循学习者的认知发展规律（吴青，2010），确保所设计的教学活动与学习者的心理发展及学习能力匹配。

在探讨口译教学模式的构建时，必须重点强调技能学习的实践性（仲伟合，2014）。口译，作为一项对实践能力要求极高的技能，需要学习者在真实或模拟真实的情境中反复练习，直至达到熟练自如的运用水平。同时，我们也不能忽视学习情境的真实性（Kiraly，2000）。真实的学习情境，能够极大地激发学习者的学习兴趣，增强他们的学习动力，并进一步促使他们将所学知识有效应用于实际生活和工作中。此外，在当前的数字化时代，随着信息技术的日新月异，教学手段的信息化已经逐渐成为现代教育的一个重要趋势（仲伟合，2007b）。信息化的教学手段，如多媒体教学、网络教学等，不仅能够极大地丰富教学内容，提高教学效率，还能为学习者提供更加便捷、个性化的学习体验。因此，在构建口译教学模式时，我们应充分利用这些现代信息技术，不断探索和创新教学方式与方法。刘进和许庆美（2011）对教学模式进行了更为详细的剖析，他们创新性地提出了"两前提、七要素"的理论框架。在这一框架中，"两前提"主要指的是教学理念和教学目标，这两者共同构成了教学模式的基础和出发点，为教学模式的构建提供了明确的方向和指引；而"七要素"则更为具体地包括了学生、教师、内容、媒介、方法、环境和评价这七个关键组成部分。这些要素之间并非孤立存在，而是相互关联、相互作用，共同构成了一个完整、动态且富有生命力的教学活动系统。

本书在布鲁姆教育目标分类理论、技能习得理论和建构主义学习理论的坚实支撑下，着眼于MTI口译学生的口译能力培养，计划构建一种创新型的MTI口译翻转课堂教学模式，该教学模式构架详见图4-4。

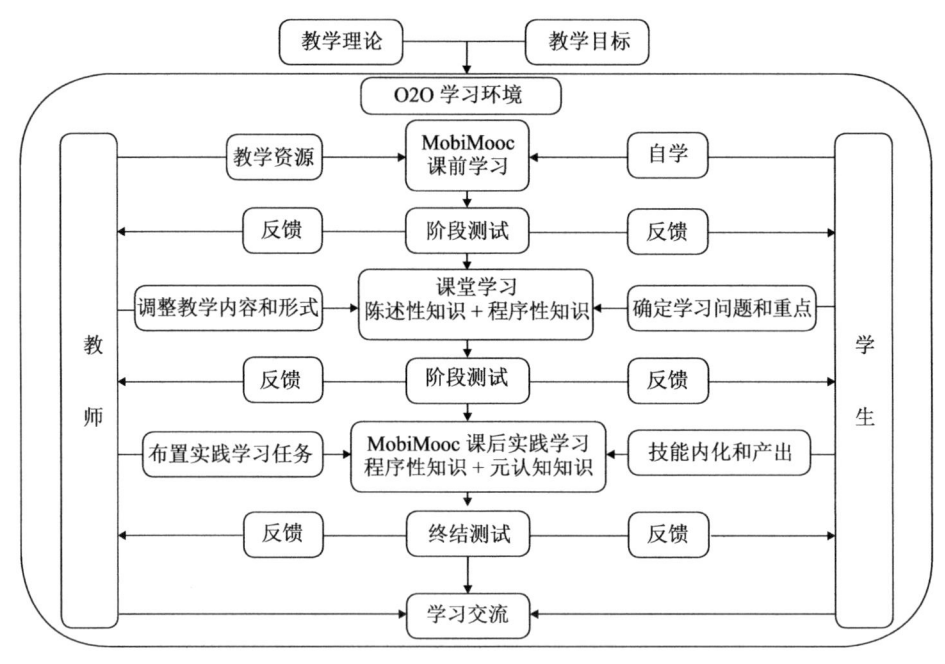

```
                    ┌──────────┐    ┌──────────┐
                    │ 教学理论 │    │ 教学目标 │
                    └──────────┘    └──────────┘
                           ↓             ↓
                    ┌──────────────────────┐
                    │     O2O 学习环境     │
                    └──────────────────────┘
```

图 4-4 中展示了 MTI 口译翻转课堂教学模式构架，包含教学理论、教学目标、O2O 学习环境，以及教师端（教学资源、反馈、调整教学内容和形式、反馈、布置实践学习任务、反馈）与学生端（自学、反馈、确定学习问题和重点、反馈、技能内化和产出、反馈）之间围绕 MobiMooc 课前学习、阶段测试、课堂学习（陈述性知识+程序性知识）、阶段测试、MobiMooc 课后实践学习（程序性知识+元认知知识）、终结测试、学习交流等环节展开。

图 4-4　MTI 口译翻转课堂教学模式构架

该模式将教师置于主导地位，确保教师在整个教学过程中发挥引领和指导作用；同时，该模式也以学生为中心，充分尊重和体现学生的主体地位和学习主动性；此外，该模式以口译能力培养为教学内容的核心，从而确保所有教学活动的针对性和实效性。在教学媒介的选择上，我们利用 MobiMooc 等先进的网络信息技术平台，为学生提供海量、多样的学习资源和高效而便捷的学习工具，从而助力学生更好地进行口译学习和实践。在学习方法的引导上，我们鼓励学生进行自主学习、协作学习和实践学习，通过这些多样化的学习方式，全面提升他们的学习效果和实践能力。为了提供更加全面、灵活的学习环境，我们还将传统课堂与网络课堂进行有机结合，构建 O2O 的学习环境，从而为学生提供更加多元化、个性化的学习空间和路径。在评价方式上，我们将过程性评价和终结性评价相结合，旨在全面、客观、准确地评价学生的学习成果和进步情况，为他们提供更有针对性的学习反馈和建议。具体到教学过程的各个阶段，首先在课前自学阶段，学生需要自主完成陈述性知识的学习任务。这是整个认知阶段的重要环节，通过自学，学生不仅能够初步掌握相关的基础知识和概念，还能为后续的课堂学习奠定坚实的基础。进入课堂学习阶段后，我们将综合运用互动学习、协作学习、案例学习和实践学习等多种教学方法。这一阶段的核心目标是帮助学生解决在课前自学过程中遇到的疑问和困惑，并将教学的重点放在程序性知识的表征上。通过丰富的师生互动、生生互动以及小组合作等形式多样的教学活动，学生能够更加深入地理解并掌握口译技能的具体应用方法和技巧。最后，在课后实践学习阶段，创造真实的学习情境，助力学生将所学知识有效应用于实际生活和工作中。通过模拟真实的口译场景和任务，学生能够在不断的实践中磨炼自己的口译技能，并进一步提升其元认知知识，以及对陈述性知识和程序性知识进行管理、监控和协调的能力。我们的目标是帮助学生实现技能的自动化产出，使他们能够达到熟练运用口译技能的水平，为未来职业生涯奠定坚实的基础。

鲍川运（2004）与仲伟合（2016）等学者在深入研究口译教学领域后明确指出，为确保口译教学的有效性，必须紧密遵循口译技能训练的认知规律，并紧紧围绕这些核心技能进行有针对性的训练。基于这一重要观点，本书决定对MTI口译翻转课堂教学模式展开深入探讨，旨在全面评估该模式在培养MTI学生口译技能方面的实际成效及其所展现的特点。此处提及的"口译技能"，特指在连续传译过程中至关重要的技能，具体涵盖口译短期记忆、口译笔记、口译笔记阅读、连续传译理解原则、言语类型分析、主题思想识别、目的语信息重组、数字传译技巧、口译应对策略、译前准备技巧、演说技巧、跨文化交际技巧以及口译职业准则等，合计达到十三项关键技能（仲伟合，2001）。为了更为直观且详尽地展示这一教学模式的实际运作流程，本书特别选择以"口译笔记教学"作为具体案例进行深入阐述。

在课前学习阶段，教师首先根据口译技能教学的具体内容、明确目标以及严格要求，策划并制作一系列教学短视频。这些短视频的内容应全面覆盖口译笔记的基本概念、实际操作流程以及重点难点问题。例如，深入探讨口译笔记的目的、显著特征、基本原则及其在整个口译过程中的重要性；详细解析口译笔记操作过程中的意义记忆技巧与符号记忆方法；同时，还应着重强调在记录口译笔记时应重点关注的主旨思想、逻辑联系以及关键观点等元素。除此之外，为增强学生的实践能力与创新能力，视频内容还应包含如何个性化创建笔记符号的有效方法。这些教学内容主要归属于陈述性知识的范畴，对学生的认知能力要求相对适中，因此非常适合学生在课前通过如MobiMooc等便捷的在线学习平台进行自主学习。同时，为进一步协助学生更好地理解和掌握这些关键知识，教师还需及时上传相关的导学材料、辅助学习资源以及自学自测题。在自学过程中，学生如遇到难以理解的问题或产生困惑，可随时通过QQ、微信等广泛使用的社交媒体平台与同伴进行实时讨论与交流；而教师则应在必要时提供恰当的引导与支持，以鼓励学生进行独立思考与探索。自学阶段结束后，学生需参加课前自学测试，旨在全面检验其自主学习的实际成果。教师则应根据学生的讨论情况以及测试结果，对学生的自学效果进行客观评估，并认真梳理出学生在自学过程中遇到的主要疑难问题，以便将这些问题作为接下来课堂教学环节中的重要内容。

当进入正式的课堂教学阶段时，教师首先应引导学生分组进行深入的讨论，分享各自在课前自学阶段的收获与疑问，并由各小组选派的发言人进行汇总报告。这一环节的设置旨在有效激发学生的学习兴趣，并成功激活其与口译笔记相关的知识背景。随后，教师应针对学生在自学过程中遇到的困难进行深入分析，探究其产生的原因，并提供具有针对性的解决策略和方法。通过采用案例分析的教学方式，教师能够帮助学生更加直观地理解和掌握解决这些实际问题的有效措施，从而进一步巩固和提升其口译笔记技能。在此基础上，教师将利用真实的口译语料资源，为学生创设一个模拟的口译实践环境，要求其在此情境下进行口译笔记的实际操作。在学生进行这一实践操作的过程中，教师需保持高度的关注，仔细观察并记录每位学生的表现情况，以及其中存在的问题和不足。模拟口译笔记环节结束后，教师可选择部分表现具有代表性的学生进行口译展示，并结合其口译笔记的实际情况对其口译表现进行全面而细致的评价与分析。同时，为增强学生的参与感和互动性，教师还应鼓励学生之间进行相互点评，使其能够更加深入地认识到口译笔记在保障口译质量方面所发挥的重要作用。针对学生在实践中所暴露出的具体问题，如精力分配不均、笔记逻辑性欠缺等，教师应提供具有针对性的解决方案和练习方法，以帮助学生逐一攻克这些难题。课堂教学临近结束时，教师可利用最后的时间安排一场简短的口译笔记测试,旨在进一步了解和评估学生在本节课中的学习成效。

课后实践学习阶段是整个教学过程中不可或缺的一环。在这一阶段,教师需根据学生在课堂学习中的实际表现以及测试结果,有针对性地补充和完善口译笔记技能训练的相关材料和学习资源,以供学生进行更加深入和系统的自学与练习。同时,为增强学生的实践能力和应用经验,教师还应发布具体的口译笔记实践任务,要求学生以小组为单位协作完成真实的交替传译视频口译笔记实践训练。在这一过程中,学生不仅需要对自身的实践情况进行全面的反思和总结,找出存在的问题和不足,并通过社交媒体与同伴进行积极的交流和讨论,以寻求改进之道;同时还需要对他人的实践成果进行客观的评价和分析,以汲取有益经验。教师则应对学生的实践成果进行全面的评价和梳理,对其中存在的共性问题进行深入的阐述和分析,以供学生进行反思性学习。通过这一阶段的实践学习与经验积累,学生不仅能够将所学的程序性知识消化吸收并转化为自动化的技能产出;同时还能够培养起对自身口译笔记操作进行有意识评估、协调和管理的能力,从而为其未来的口译职业发展奠定坚实的基础。

教学模式中的课前自学、课堂协作学习以及课后实践学习三个有机结合的环节,旨在帮助学生依据其自然的认知学习规律逐步实现从陈述性知识的认知理解到陈述性知识与程序性知识的有效联结,再到程序性知识的自动化产出等技能学习目标。而各学习阶段后所安排的阶段性测试,则为学生和教师提供了一个了解学习进步情况、发现存在问题以及明确教学重难点的有效途径。教师可以根据学生的实际学习和实践情况,灵活地调整教学内容、教学方法、教学设施等,以满足其个性化的学习需求;同时也能够帮助学生采取更加合理的策略和方法来不断提高自身的口译笔记技能水平,从而为其未来在口译领域的职业发展奠定更加坚实的基础。

(三)教学实验及数据分析

1. 实验工具和数据分析方法

（1）实验工具

本书以基于 MobiMooc 的口译翻转课堂教学模式为核心对象，进行了一个学期的实证研究，旨在全面探究该模式的实际应用效果。在研究过程中，我们对收集到的大量实验数据进行了严谨的定量分析，以确保研究结果的准确性和可靠性。同时，我们选取了三种实验工具来全面、系统地采集教学实验数据。首先，我们联合校内、校外导师以及经验丰富的职业口译员，共同设计并编制了《口译技能测试试卷》。这份试卷不仅对学生的连续口译技能进行了全面考查，还深入评估了学生在口译笔记及阅读、言语类型分析、译入语信息构建、译前准备技能、演说能力、跨文化交际能力以及口译职业准则等十三个核心技能方面的掌握情况。在试卷的编制过程中，我们充分参考了口译从业者对各项技能重要性的专业判断，以确保试卷中各项技能的分值比重设置合理。经过多次试测和修改，该试卷的效度和信度分别达到了 0.6013 和 0.6744，满足测试要求，为后续的数据分析提供了坚实的基础。其次，为了对每一个单元的教学内容进行实时跟踪和评估，我们特别设置了课前自测、课堂小测和课后实测等一系列连贯的测试环节。这些测试旨在动态地反映学生的学习进步和教学效果，从而帮助我们深入剖析该教学模式在各个阶段对学生口译技能培养的具体作用和影响。在测试形式的选择上，我们根据教学内容的特点和实际需求，灵活采用了试卷测试、实际操作演练等多种形式，以确保测试结果的全面性和准确性。同时，授课教师负责全程实施测试并精确采集相关数据，为后续的数据分析和教学模式优化提供了证据支持。

（2）数据分析方法

此外，为了了解学生对该教学模式的真实感受和反馈，我们专门设计了《口译翻转课堂教学模式接受度调查问卷》。该问卷以李克特 9 级量表为设计基础，通过学生对各项问题的打分情况，直观地反映出他们对教学模式的接受度和认可度。在问卷的编制过程中，我们注重问题的针对性和逻辑性，确保问卷内容能够全面覆盖教学模式的各个方面。经过多轮细致的修改和完善，该问卷的信度和效度分别达到了 0.7414 和 0.6527，符合测试要求，为我们获取学生真实反馈提供了可靠的工具。

在数据分析环节，我们严格遵循实验设计的要求，采用了三种科学的数据分析方法对实验数据进行了全面的统计分析。具体而言，我们首先采用了独立样本 Mann-Whitney U 非参数检验方法，对口译技能测试数据进行了深入的对比分析。这一方法的运用旨在判断基于 MobiMooc 的口译翻转课堂教学模式与传统教学模式在提升学生 MTI 口译技能方面是否存在显著差异。通过这一分析，我们能够更清晰地揭示出该教学模式在促进学生技能提升方面的独特优势和潜在价值。其次，我们运用了多元回归分析法来系统探究该教学模式的各个教学步骤对整体教学效果的贡献程度。通过构建回归模型并分析各步骤的系数和显著性水平，我们能够更准确地识别出哪些教学步骤对教学效果产生了显著影响，从而为后续的教学模式优化提供有针对性的建议。最后，我们还采用了两两相关性分析法来详细剖析该教学模式下各项因子之间的相互作用关系。通过计算各项因子之间的相关系数并分析其显著性水平，我们能够揭示出这些因子之间是否存在紧密的联系和相互影响。这一分析不仅有助于我们更深入地理解教学模式的内在机制和影响因素，还能为教学模式的综合改进提供全面的视角和思路。

通过综合运用多种数据分析方法对实验数据进行深入挖掘和剖析，我们不仅从宏观层面全面评估了该教学模式的总体效果和优势所在，还从微观层面深入揭示了其内在机制和影响因素。这些研究成果将为口译翻转课堂教学模式的后续修正和改进提供有力的科学依据和实践指导。

2. 实验过程

本书致力于深入探索口译翻转课堂教学模式与传统教学模式之间的效果差异，为此我们设计并实施了一项严谨的并行实验。为确保实验环境的权威性和结果的广泛适用性，我们特别选取了两所在省内具有一定影响力的理工科院校作为实验场所。在实验的具体安排上，我们对其中一所高校 MTI 口译方向二年级的学生群体（总计 11 人）实施了传统模式的口译教学。这一组学生被设定为实验的控制组，以作为我们评估新教学模式效果的参照基准。与此同时，在另一所高校的相同专业与年级中，我们经过仔细筛选，选取了背景、能力等方面与控制组相似的 15 名学生，作为实验的实验组。对实验组的学生，我们则采用了口译翻转课堂教学模式进行教学。整个实验周期持续了一个完整的学期，这样的时间跨度为我们提供了充裕的时间来细致观察和全面评估两种不同教学模式所带来的影响与效果。

为了确保实验结果的准确性和可靠性，我们在实验设计中非常重视对相关变量的控制。为此，我们在多个关键维度上进行了一致性匹配。首先，在学校类型的选择上，我们特意挑选了两所均被认定为省内重点的理工科院校，这样的选择旨在确保两所学校在背景、教学资源以及教学质量等方面具有较高的相似性，从而消除学校因素可能对实验结果产生的干扰。其次，在授课教师的配置上，我们也进行了严格的筛选。我们确保两位负责实验的教师不仅都具备深厚的口译教学功底和丰富的教学经验，而且在教学风格上也保持基本一致。这样的安排排除了教师因素作为潜在的变量，使得教学模式成为实验中唯一的自变量。除此之外，在学生背景的匹配上，我们详细对比了两组学生在入学时的成绩、过去的口译学习经历以及其他相关的背景信息，以确保实验组和控制组的学生在实验的起始点上就具有同质性。这样的匹配过程对于保证实验结果的内部有效性和可比性至关重要。最后，在教学环境的营造上，我们也力求做到尽善尽美。我们尽量保证两所学校的教室设施、使用的教学材料以及提供的课外辅导等方面都保持一致性，这样的环境设置有助于我们进一步控制实验条件，提高实验结果的信度和效度。

通过细致匹配和严格控制，我们成功地使教学模式成为本次实验中唯一的也是最关键的自变量。这一严谨而周密的实验设计不仅为我们后续的数据收集和分析工作奠定了坚实的基础，更为我们得出准确、可靠的结论提供了有力的保障。通过这项研究，我们能够更加全面、客观地了解口译翻转课堂教学模式的实际教学效果，并为口译教学领域的改革与创新提供科学、有力的支撑和依据。

3. 实验结果与分析

本书旨在深入探究基于 MobiMooc 的口译翻转课堂教学模式与传统课堂教学模式的效果差异，为此我们采用了 Mann-Whitney U 独立样本检验对实验组和控制组在《口译技能测试试卷》上所得的量化结果进行了严谨的非参数检验分析。

（1）Mann-Whitney U 独立样本检验

Mann-Whitney U 检验作为一种广受认可的非参数统计手段，其核心在于通过对比两个独立样本的秩的分布状况，以此来推断这两个样本在均值或中位数层面是否存在显著的差异性。在数据分析的环节中，我们遵循标准的分析流程，首先将实验组和控制组所有的样本数值进行混合处理，随后根据数值的大小进行升序排序。在此过程中，我们为每个数值分配了一个秩，秩的大小与数值的大小成正比，即数值越大，其秩也越高；反之，数值越小，秩也越低（见表4-6）。

表4-6　Mann-Whitney U 独立样本检验结果

组别		秩次			检验统计量	
		样本（N）	平均秩（Mean Rank）	秩和（Sum of Ranks）		成绩
成绩	控制组	11	9.14	100.50	Mann-Whitney U	34.500
	实验组	15	16.70	250.50	Wilcoxon W	100.50
	总体	26			Exact Sig.[2(1-tailed)]	0.011
					Asymp. sig. (2-tailed)	0.013

通过对表4-6中数据的细致分析，我们发现控制组的平均秩值为9.14，而实验组的平均秩值则显著提升至16.70。这一显著差异说明，在教学实验结束后，实验组的学生在口译技能方面的掌握和运用上展现出优于控制组学生的表现。为了进一步夯实这一发现，并增强其可信度，我们考虑到本书中的被试总数为26人（少于30人），因此决定采用 Exact Sig.[2(1-tailed)] 值作为衡量两组间差异显著性的统计指标。经过精确的计算，我们得出了 Exact Sig.[2(1-tailed)] 的值为0.011。鉴于该值远低于通常采用的显著性水平0.05，我们有充分的理由相信，实验组学生与控制组学生在口译技能水平上所展现出的差异是显著的。这一关键性的分析结果不仅为我们提供了确凿的证据，表明基于MobiMooc的口译翻转课堂教学模式相较于传统的课堂教学模式，在推动学生口译技能提升方面具有更为显著的效果，而且还有力支持了我们的研究假设。因此，我们可以得出结论：基于MobiMooc的口译翻转课堂教

学模式确实是一种具有显著优势的口译教学模式，它有望在未来的口译教学实践中发挥更为广泛且重要的作用，从而推动口译教学质量的整体提升。

（2）多元阶层回归分析

基于MobiMooc的翻转课堂教学模式，作为一种创新型的教学方式，融合了课前自主学习、课堂协作学习和课后实践学习三个核心环节，构建出一个多模态、全方位的教学框架。此模式的应用在提升MTI（专业口译训练）学生的口译技能水平方面，已初步展现出其独特的潜力和优势。然而，尽管该模式在整体上取得了显著的教学效果，但我们对于其中各个环节的具体贡献及其对口译技能提升的影响程度仍知之甚少。这一问题的明确对于进一步优化和完善该教学模式具有重要的意义，因为它直接关系到我们在构建和优化教学过程时应重点强化哪些环节，以及识别出哪些环节可能尚存不足之处，从而进行有针对性的改进。

为了深入探讨这一问题，本书不仅系统地整理了该教学模式中课前学习自测、课堂学习测试和课后实践训练考核的过程性评价结果，而且将这些宝贵的数据作为自变量进行深入研究。同时，为了更准确地衡量学生的口译技能提升情况，我们将学生的口译技能考核分数设定为因变量。通过运用多元阶层回归分析这一先进的统计工具，我们旨在揭示这三个自变量与因变量之间的内在联系和影响机制，即详细探究课前自主学习、课堂协作学习和课后实践学习三个环节，如何分别影响学生口译技能的提升。详细的分析数据和结果见表4-7。

表4-7　多元阶层回归分析结果

模式	R	R^2	调整后的R^2	估计标准误差	变化统计		
					R^2改变	F改变	显著性F改变
1	0.398a	0.158	0.093	2.45864	0.158	2.440	0.142
2	0.665b	0.442	0.349	2.08359	0.284	6.101	0.029
3	0.866c	0.751	0.683	1.45475	0.309	13.616	0.004

注：a. 预测变量：(常量)，课前自学；
　　b. 预测变量：(常量)，课前自学，课堂学习；
　　c. 预测变量：(常量)，课前自学，课堂学习，课后实践学习；
　　d. 因变量：口译技能。

在表4-7中，学习环节指该教学模式的三个关键环节：课前自学、课堂学习和课后实践学习。这三个环节对口译技能培养的贡献程度，通过 R^2 改变这一重要指标得以精确体现。根据我们的深入数据分析，课前自学环节在口译技能习得过程中的贡献度为0.158，这意味着在学生口译技能的整体提升中，有约15.8%的进步可以明确归因于课前自学的积极影响。然而，值得注意的是，其贡献度的显著系数为0.142（大于0.05），这表明尽管课前自学确实对学生口译技能的提升有一定的促进作用，但从统计学的角度来看，这种促进作用并不十分显著。与此相比，课堂学习的贡献度则表现得更为突出，达到了0.284，其显著系数为0.029（小于0.05）。这一结果充分说明，课堂学习环节可以显著解释口译技能习得的28.4%，并且这种差异在统计学上具有明确的显著性。这一重要发现清晰地表明，与课前自学相比，课堂学习在提升学生口译技能方面实际上发挥着更为关键的作用。进一步深入剖析数据，我们发现课后实践学习的贡献度在所有环节中最高，达到了令人瞩目的0.309，同时其显著系数为极低的0.004（远小于0.01的显著性水平），这意味着课后实践学习环节对学生口译技能的整体提升贡献最大，且这种显著的贡献在统计学上具有较高的确信度。这一重大发现不仅有力证明了课后实践学习在该教学模式中占据着举足轻重的核心地位，而且是提升口译技能最为关键的教学环节，不容忽视。

综上所述，基于MobiMooc的翻转课堂教学模式，通过设计多模态教学环节，已经在整体上显著提升了学生的口译技能水平。在这一模式中，课堂学习和课后实践学习两个环节，在促进学生口译技能全面发展方面发挥了尤为重要的作用，这一点得到了数据的明确支持。特别是课后实践学习环节，其对学生口译技能的实际提升效果在所有环节中最为显著。因此，在未来的口译教学实践中，应得到教育工作者们更多的关注和重视。从整体效果来看，该教学模式的三个核心学习环节共同作用，能够全面而系统地解释学生口译技能习得的75.1%，这一数据充分显示了该模式在口译教学领域中的明显优势和广阔的应用前景。

从三个教学环节对教学效果的贡献度来看，课后实践学习、课堂学习和课前自学各自扮演着不同的角色。其中，课后实践学习的作用显得尤为突出，课堂学习次之，而课前自学则相对影响较弱，且其效果并不显著。这一发现与布鲁姆教育目标分类理论技能习得理论中关于知识习得规律的阐述高度一致。口译技能作为一种典型的实践性和应用性技能知识体系，其习得并非一蹴而就，是需要经历一个由低到高的认知过程，具体包括记忆、理解、应用、分析、评价和创造六个层次。这些层次层层递进，每一层次都是对前一层次的深化和拓展，同时也为后续层次的发展奠定了坚实的基础。在课前自学阶段，学生主要通过自主学习来掌握事实性知识和概念性知识，这一过程主要依赖于记忆和理解两种认知技能。然而，口译技能的培养并不仅仅停留在对知识的记忆和理解上，更重要的是要将这些知识转化为实践能力。由于课前自学阶段缺乏更高层次的认知加工，如应用、分析、评价和创造等，因此难以直接对程序性知识和元认知知识产生显著影响。这也正是课前自学在口译技能提升方面贡献有限的主要原因。为了进一步提升课前自学的效果，我们需要深入剖析其存在的制约因素，并针对这些因素采取相应的改进措施。课堂学习环节则通过协作互动的方式，为学生提供了一个更加丰富多彩的学习环境。在这一环节中，教师不仅注重知识的传授，更重视对学生应用、分析和评价等认知技能的培养。通过课堂学习，学生能够将所学的事实性知识和概念性知识有效地转化为程序性知识，从而实现知识的内化和能力的提升。然而，尽管课堂学习在整体教学效果中贡献度较高，但它仍未能完全打通由静态理论知识向动态实践知识转化的通道。换句话说，学生在课堂上所获得的知识和技能，仍未能完全转化为实际的口译能力。

为了弥补这一不足，课后实践学习环节显得尤为重要。课后实践学习通过创设真实的口译情境，为学生提供了一个将所学知识付诸实践的平台。在这一环节中，学生不仅能够将所学的程序性知识激活并转化为实际的口译技能，还能够在实践中不断检验和巩固所学内容，从而实现技能的固化和提升。更重要的是，课后实践学习还培养了学生运用元认知知识，对程序性知识的实践应用进行监控和管理的能力。这种能力对于口译员来说至关重要，它能够帮助口译员在实际工作中更好地应对各种复杂情境和挑战。因此，课后实践学习环节在口译技能习得过程中发挥着举足轻重的作用，其高达 **30.9%** 的解释力也充分证明了这一点。可见，课后实践学习、课堂学习和课前自学三个环节，在口译技能习得过程中各有侧重、相互补充。其中，课后实践学习以其独特的优势和显著的效果，成为该教学模式中最为重要的一环。为了进一步提升口译教学效果，我们应充分重视并优化这一环节的设计与实施。

（3）教学模式接受度评价问卷描述性分析

为了进一步深入探究学生对所实施的教学模式的接受情况，本书设计了教学模式接受度评价问卷调查，并详细分析了回收的数据（见表4-8）。此次问卷调查的目的在于，从学生的角度出发，全面评估教学模式的各个环节以及整体效果，从而为后续的教学改进提供有力的依据。问卷共包含10个项目，每个项目均针对教学模式的不同方面进行了具体的设问，并采用了李克特9级量表的形式进行评分，以便更精确地量化学生的态度和看法。通过对学生答卷的统计分析，我们得出以下结论。首先，从整体来看，学生对该教学模式的接受度呈现出较为积极的态势。各项的均值基本位于7～8.5的区间内，这表明学生普遍对教学模式持积极态度。换言之，该教学模式在很大程度上得到了学生的认可和接受，表明该教学模式的有效性。

表4-8 教学模式接受度评价问卷结果

项目	内容	均值	标准差
1	教学模式的整体接受度较好	7.33	0.7037
2	教学模式能有效提高口译技能水平	7.60	0.9612
3	课前自学环节非常重要，是口译技能提升的基础	5.73	1.3558
4	课堂学习强化了对口译技能的理解	8.07	0.9904
5	课后实践学习环节是口译技能学习的关键环节	8.47	1.0328
6	教学模式增强了我学习的主动性和积极性	7.20	1.0823
7	教学模式更强调口译技能学习的实践性	8.20	0.9411
8	教学模式有助于培养自我监控、自我调整的意识和能力	7.00	1.3345
9	教学模式促进了自我反思能力的培养	7.27	1.1127
10	教学模式创造了接近真实的口译情境，职业感更强	7.60	0.2475

进一步分析各个项目的得分情况，我们发现第4、5、7项的均值高于8分，这一结果值得关注。第4项"课堂学习强化了对口译技能的理解"和第5项"课后实践学习环节是口译技能学习的关键环节"的高得分表明，学生普遍认为课后实践学习和课堂学习是教学模式中的亮点。通过营造真实的口译情境，并采用互动协商的学习方式，这两个环节显著提升了学生的口译技能水平。这与我们最初的教学设计初衷不谋而合，也进一步验证了实践性教学

在口译技能培养中的重要地位。同时，第7项"教学模式更强调口译技能学习的实践性"的高得分也再次强调了实践性教学在该模式中的核心地位。学生普遍认为，与传统的以理论教学为主的教学模式相比，该模式更加注重实践操作和技能训练，这无疑更符合口译学习的实际需求。另外，从问卷结果中我们还可以看出，学生普遍认为该教学模式对提升学习的主动性、培养元认知知识和反思能力有较大的帮助。例如，第6项"教学模式增强了我学习的主动性和积极性"、第8项"教学模式有助于培养自我监控、自我调整的意识和能力"以及第9项"教学模式促进了自我反思能力的培养"的得分均位于7～8分之间，显示出学生在这些方面也给予了教学模式较高的评价。然而，我们也注意到，在所有的项目中，第3项"课前自学环节非常重要，是口译技能提升的基础"的评价均值相对较低，仅为5.73分，属于无倾向不稳定区间。这一结果提示我们，学生对课前自学环节的学习效果并不满意。结合之前多元线性回归分析的结果，我们可以推断，课前自学环节可能存在一定的问题或不足，导致其在提升学生口译技能方面的作用未能充分发挥出来。因此，在未来的教学工作中，我们需要针对这一环节进行深入的反思和改进，以期进一步提升教学模式的整体效果。

（4）教学模式接受度评价问卷指标两两相关分析

为深入探究该教学模式中各项目间的内在联系与影响机制，本书以表4-8所列的各项教学要素为独立变量，进行了系统而全面的两两项目间的相关系数计算。在统计学领域，相关系数 r 被视为衡量变量间线性关系强度和方向的重要指标，当 r 值大于0.6时，通常意味着变量间存在显著的强相关性。通过详细剖析表4-9所展示的问卷项目两两相关分析结果，我们可以清晰地观察到多个项目之间存在的强相关关系。

从表4-9的数据可以看出，项目1（教学模式的整体接受度较好）与项目2（教学模式能有效提高口译技能水平）、项目4（课堂学习强化了对口译技能的理解）、项目5（课后实践学习环节是口译技能学习的关键环节）以及项目7（教学模式更强调口译技能学习的实践性）之间的显著相关性表明，学生对教学模式的全面接受与其在口译技能学习、实践操作及能力提升方面的深切体会紧密相连。这一发现不仅表明教学目标的实现是衡量教学模式成功与否的关键准则,更凸显了在教学模式的构建过程中,提升教学效果和实现培养目标的核心重要性。

表4-9 问卷项目两两相关分析结果

项目	1	2	3	4	5	6	7	8	9	10
1	1	0.865	0.348	0.615	0.683	0.286	0.706	0.204	0.187	0.535
2		1	0.264	0.662	0.741	0.198	0.774	0.303	0.251	0.485
3			1	0.184	0.140	0.576	0.082	0.254	0.368	0.076
4				1	0.175	0.437	0.278	0.171	0.132	0.273
5					1	0.638	0.842	0.557	0.628	0.779
6						1	0.382	0.189	0.208	0.847
7							1	0.428	0.397	0.771
8								1	0.867	0.316
9									1	0.260
10										1

再者,项目2与项目4、5、7之间的强相关性揭示了互动协作学习和真实情境下的实践操作在推动学生口译技能水平提升中的关键作用。这种综合学习方式不仅有助于学生更深入地理解口译技能的精髓,更能通过实际操作锻炼其应用能力,从而实现知识的有效转化和运用。然而,值得注意的是,项目3(课前自学环节非常重要,是口译技能提升的基础)与其他项目之间并未展现出显著的强相关性。这一发现反映出在当前的教学模式下,课前自学环节可能并未充分发挥其应有的效用。口译技能作为一种高度依赖实践和练习的能力体系,其提升更多地依赖于实际的口译操作和训练,而非单纯的理论学习或预习。因此,尽管课前自学环节能够促进学生对基础知识的理解和记忆,但在将知识转化为实际技能方面可能存在较大的局限性,这也是该环节与其他教学环节之间缺乏显著互动的重要原因。

另一方面,项目5与项目6(教学模式增强了我学习的主动性和积极性)、项目7、项目9(教学模式促进了自我反思能力的培养)以及项目10(教学模式创造了接近真实的口译情境,职业感更强)之间的强相关性则进一步凸显了课后实践学习环节在口译教学中的重要地位。通过营造逼真的口译职业环境,该环节不仅强化了技能训练的实践性,更通过激发学生的创造力和职业感,提升了其口译技能的产出质量和效率。这种仿真的口译实践训练不仅能够有效提升学生的口译实战能力,更能激发其学习的主动性和热情。在这一过程中,学生逐渐形成了"学习—实践—反思—调整"的良性循环,从而真正成为知识的主动构建者和技能的实践者。此外,项目6、7与项目10之间的紧密相关性进一步阐释了在口译教学中营造真实情境、突出口译职业特征的重要性。这种教学方式不仅有助于学生更主动地构建自己的译员身份、提升专业能力和职业素养,更能有效提高学生的学习兴趣和投入度,从而实现学习效果的最大化。同时,项目8(教学模式有助于培养自我监控、自我调整的意识和能力)与项目9之间的强相关性则揭示了自我反思能力与元认知知识形成之间的紧密联系。在口译技能的学习过程中,程序性知识向元认知知识的转化是一个关键环节,而培养学生的反思能力则是实现这一转化的重要途径。只有当学生学会有效反思时,他们才能从元认知的高度对所学的知识和技能进行有意识的监控和策略优化,进而提高学习效率并实现技能的持续提升。

  本书通过数据分析和逻辑推理表明,基于MobiMooc的口译翻转课堂教学模式在融合信息技术、网络教学、自主学习、真实学习情境以及实践学习等多元教育要素方面取得了显著成效。该模式依据布鲁姆教育目标分类理论、技能学习理论和建构主义学习理论,对知识学习进行"翻转"设计,以更好地顺应学生的认知习得规律。通过构建真实且富有挑战性的学习情境并确立学生在知识构建中的主体地位,该模式成功激发并培养了学生的主动性、积极性和反思能力,在突出技能学习实践性的同时实现了教学效果的整体提升。因此,该教学模式能够从多个层面有效提升MTI学生的口译技能水平,并得到学生的广泛认可和积极接受。

  我国专业口译人才的培养已经历了四十余年的漫长历程,众多专家学者以"筚路蓝缕,以启山林"的坚韧精神,不断摸索与前行,无私奉献为我国专业口译人才的培养开辟了一条既符合我国国情又具有独特特色的道路。他们的努力与付出,为我国口译事业的蓬勃发展奠定了坚实的基础,所取得的卓越成就也赢得了社会各界的广泛赞誉。特别是MTI学位的设立,是具有里程碑意义的重要举措,极大地推动了我国职业译员培养的进程。但不可否认,传统的MTI教学理念滞后及师资力量薄弱这两个问题相互交织、相互影响,严重制约了 MTI 翻译教学模式的创新与发展,使其难以满足当前专业化口译人才培养的迫切需求。为了有效应对上述挑战,我们迫切需要加强口译教学模式的实践研究,积极探索符合时代发展需求的新型教学模式。在此背景下,我们在布鲁姆教育目标分类理论、技能习得理论和建构主义学习理论的指导下,紧密结合信息化教育技术的最新发展成果,创新性地采用了翻转学习理念,构建了一种以口译实践学习为核心的翻转课堂教学模式。该模式充分融合了传统口译教学与现代信息技术的优势,通过重塑教学流程、优化教学资源配置、强化师生互动与合作等方式,有效提升了口译教学的效果和质量。通过实施这一新型教学模式,我们取得了较为显著的教学成果。

任何研究都难以避免存在不足之处,我们的研究也不例外。具体而言,在课前自学环节的设置方面,我们仍需进一步完善和优化。针对学生在课前自学过程中出现的问题和困难,我们需要深入探讨其产生的根源,并有针对性地制定有效的改进措施,以提升学生的自学效果和积极性。此外,基于 MobiMooc 的教学模式要求学生在移动的网络学习环境中进行学习。这一变革性的学习方式使得学生的学习呈现出碎片化、联结化、异步化等新型特点。为了适应这种新型学习方式并促进师生双方的有效适应与互动,我们需要对现有的教学模式进行进一步的改进和优化。这无疑是我们下一步研究的重点和难点所在。值得强调的是,本书所构建的教学模式在实现翻转学习的同时,也对教师和学生的角色定位进行了重新的塑造与调整。在这种新型教学模式下,学生成为学习的主体和中心,而教师则扮演着引导者和促进者的角色。为了充分激发学生的学习主体地位和学习的主动性、积极性,我们需要进一步探索和实践有效的激励机制和教学方法。同时,为了确保教师在新模式下的主导地位和"脚手架"作用得到有效发挥,我们也需要为教师提供必要的培训和支持,帮助他们更好地适应和胜任新型教学模式下的教学工作。最后需要指出的是,由于研究条件和研究时间的限制,我们所考察的被试数量相对较少,因此在结果的代表性和普遍性方面可能存在一定的局限性。这也意味着我们所构建的基于 MobiMooc 的口译翻转课堂教学模式在广泛推广与应用之前,仍需要经过更大范围的实践检验和不断完善。尽管如此,该教学模式已初步展现出其相较于传统口译教学模式的明显优势和巨大潜力。我们期待通过本研究的探讨与分享，引发更多学者和教育工作者对这一领域的关注与深入研究，共同推动我国专业口译人才培养事业的持续发展与进步。

然而，我们必须承认，翻转课堂并非万能的灵药，其自身所固有的一些制约因素和潜在问题，使得 MTI 翻译教学在具体实践中遭遇了不少困难和挑战。这些困难和挑战可能源于学生的自主学习能力、教师的课堂管理能力，以及教学资源的配置等多个方面。在本章第四节，我们将对翻转课堂在 MTI 翻译教学实践中所遇到的这些困难和挑战进行深入细致的探讨。通过具体的分析，我们希望能够揭示出翻转课堂在实际应用中可能遇到的问题，并针对这些问题提出切实可行的解决方案。我们的目的并非要质疑或否定翻转课堂的价值，相反，我们希望通过这样的探讨，能够提醒那些身处 MTI 翻译教学一线的教师们，在利用翻转课堂所带来的优势的同时，也不要忽视了其可能存在的不足和局限。为此，我们将结合理论和实践，探讨如何逐步改进和完善翻转课堂的要素设置，包括课前材料的准备、课堂活动的组织、课后反馈的收集等各个环节，以期能够提升翻转课堂在 MTI 翻译教学中应用的可行性和效率。我们相信，只有不断地反思和改进，翻转课堂这一教学模式才能在 MTI 翻译教学中发挥出其最大的潜力，为学生的翻译能力提升和教师的专业发展贡献更多的力量。

第四节 MTI 延展式翻转课堂教学模式面临的挑战及其对策

MTI 学位自正式设立以来，已经历了十余载的发展历程，截至 2024 年 2 月的统计数据显示，全国范围内 MTI 培养单位的数量已激增至 318 所。这一显著的增长趋势不仅反映出我国对于高级翻译专业人才需求的急剧上升，更彰显了该领域教育事业的蓬勃生机与活力。然而，办学规模的快速发展也带来了一些不容忽视的问题：各 MTI 培养院校在人才培养质量方面存在明显的差异。近年来，这种培养质量的不均衡现象已经引发了相关部门及社会各界的广泛关注。特别是经过一系列学位授权点的专项评估后，至少有11所高校相继因未达到规定的办学标准而被责令限期整改，甚至有个别高校的学位授权点被直接撤销。这些严肃的处理措施无疑为MTI教育领域敲响了警钟，提醒我们当前所面临的形势极为严峻，亟待采取有效措施予以应对。

通过深入剖析MTI教育现状，我们发现问题的症结主要集中在教学环节。具体而言，教学资源分配的不均衡、教学内容与市场需求及行业发展的脱节、教学管理缺乏科学性和规范性，以及教学模式的僵化和缺乏创新等问题均有所体现。这些深层次的问题不仅严重制约了MTI教育的健康发展，更使得其难以满足MTI培养大纲所明确规定的各项人才培养指标，从而对整体的人才培养质量产生了不良影响。针对上述存在的问题，众多学者和专家经过深入研究后指出，提升MTI教学质量的关键在于实现教学资源的优化配置、推动教学方法与手段的创新与改进，以及全面提升教学管理水平。为实现这些目标，各培养单位不仅需要进一步加大资金投入，改善教学硬件设施，积极引进和培养优秀教师资源，更需要从软件建设方面着手，如更新和完善课程设置以更好地对接市场需求，引入更多实践教学环节以提升学生的实际操作能力和职业素养，以及建立和完善科学、系统的教学质量监控与评估体系等。可见，MTI教育在经历了快速发展的同时，也暴露出诸多亟待解决的问题和挑战。为确保MTI教育的健康、可持续发展，并为我国培养出更多具备国际竞争力的高素质翻译人才，我们必须坚持改革创新的精神，不断探索和实践新的教育理念和方法，努力推动MTI教育事业迈上新的台阶。

兴起于2007年美国中学的翻转课堂教学模式，近年来，以其创新的教学理念和实践方式，逐渐激发了国内教育工作者的研究热情。该模式的核心思想在于重新调整课堂内外的时间分配，将原本在课堂上进行的讲授内容移至课外，由学生通过在线视频等多媒体资源进行自主学习；而课堂时间则更多地被用于学生之间的讨论、教师的个性化辅导以及深度问题的探究，从而实现对知识的更深层次的理解和内化。这种创新性的教学模式不仅有助于提升学生的自主学习能力，还能够有效促进师生互动和生生合作，为培养创新型人才提供了新的思路。

在翻转课堂教学模式的影响下，国内部分学者开始尝试将其引入MTI

教学中，以探索其在教学实践中的适用性和有效性。例如，张苇和陶友兰（2017）在小规模限制性在线学习（SPOC）的环境下，通过融合翻转课堂的要素，对传统翻译课程的教学流程进行了重新设计并进行了深入的培养效果分析。结果发现，这种新型教学模式提高了学生的学习积极性和课堂参与度，教学效果也比较令人满意。董洪学、初胜华等（2017、2018）也在其 MTI 教学实践中融入了翻转课堂的理念，通过实证研究验证了该模式对于提升学生口译和笔译能力的积极作用。此外，俞敬松和陈泽松（2014）在翻译技术课程中提出了一种"教学视频—课堂互动—项目协作"的递进式翻转课堂教学模式。该模式以教学视频为起点，引导学生进行自主学习；进而通过课堂互动环节加深学生对知识的理解和应用；最后通过项目协作的方式培养学生的实践能力和团队协作精神。这种递进式的教学模式不仅有助于提高学生的翻译技能，还能够有效提升学生的综合素养和创新能力。

可以看出，翻转课堂在 MTI 教学中的应用具有显著的优势和潜力。它不仅能够解决 MTI 教育中存在的一些现实问题，如学生学习动力不足、课堂互动不足等，还能够有效提升 MTI 教学的质量和效果。然而，尽管翻转课堂与 MTI 教学的结合展现出了广阔的发展前景，但在实际操作中仍然面临着诸多挑战和困难。例如，如何确保学生课外自主学习的有效性、如何设计高质量的课堂教学活动以充分激发学生的学习兴趣和潜能，以及如何开发与整合适合翻转课堂模式的教学资源等。这些问题的解决需要教育工作者们进行深入的探索和实践，以不断完善和优化翻转课堂在 MTI 教学中的应用策略。因此，未来在 MTI 教育领域，我们需要进一步关注翻转课堂教学模式的发展动态和实践成果，积极探索其与 MTI 教学的深度融合路径。同时，也需要加强对学生自主学习能力、教师教学理念转变以及教学资源开发等方面的研究和实践工作，以期为 MTI 教育的持续发展和质量提升提供有力的支持和保障。本节基于对 MTI 延展式翻转课堂教学模式实践应用考察，梳理了翻转课堂在 MTI 教学中应用的现实挑战，并尝试提出应对策略，以期不断解决翻转课堂无法完全在 MTI 翻译教学中落地的问题。

一、MTI 延展式翻转课堂教学模式面临的挑战

在当今教育改革的大潮中,翻转课堂作为一种创新的教学模式,正逐步受到广泛的关注与实践。然而,其成功实施并非一蹴而就,而是面临着多方面的挑战与考验。特别是在我国特有的教育背景下,学生的自主学习能力、课前学习材料的有效性、个性化学习的深度实现,以及评价方式的革新,都是翻转课堂模式推广与应用中必须跨越的障碍。翻转课堂 MTI 教学模式的实施,需要教师、学生以及教育技术人员之间的紧密合作与共同努力,从多个维度入手进行全面而深入的改革和创新。只有这样,我们才能在我国的教育环境中实现翻转课堂模式的最佳应用效果,真正落实以学生为中心、促进学生个性化发展的教育理念。

(一)课前学习的挑战

在翻转课堂的教学模式中,课前学习的质量和效果非常重要,因为它们直接关系学生在后续课堂活动中对知识的深度理解与实践应用。然而,要想实现有效的课前学习,却并非一件简单的事情。这主要源于两个核心条件:一方面,学生需要具备一定的自主学习能力,并能够展现出积极参与的态度;另一方面,教师需提供具有针对性与引导性的先学材料。考虑到我国特有的教育背景,学生普遍习惯于在教师的直接监督、考试的外部压力,以及毕业要求的明确导向下进行学习。这种模式削弱了学生的自主学习能力,往往依赖外部驱动而非内部动机来推动学习进程(周炎根、桑青松,2007;郭燕、周江林,2007)。值得注意的是,这种情况并不随着学生进入更高阶段的学习而自然改善,即使在研究生层次,类似的问题依然存在(郭燕、秦晓晴,2010)。

翻转课堂模式的成功,很大程度上取决于学生能否在课前阶段进行有效的自主学习。然而,当教师不再像传统课堂中那样直接参与课前学习环节时,包括 MTI 学生在内的大部分学习者,由于缺乏必要的自主学习能力,可能难以保证以与课堂学习相同的专注度和质量来观看教学视频,并按照预设的学习目标进行深入的思考与分析。这种情境下,知识从教师到学生的有效传递

就变得尤为困难。更为棘手的是，相关研究表明，翻转课堂模式本身在提升学生自主学习能力方面并未显示出显著效果（周晓玲、刘燕梅，2016）。这就构成了一个悖论：翻转课堂的有效实施需要学生具备较强的自主学习能力作为支撑，但这一模式却并未能有效提升学生的这一关键能力。这种矛盾无疑对翻转课堂的教学效果构成了潜在的负面影响。

在我国的教育环境中，学生的工具性学习动机占据主导地位，即他们更倾向于为了通过考试或达成具体的学业目标而学习。在自主学习能力普遍不足的背景下，如果教师未能采取有效措施来加强对学生课前学习过程的监督与指导，那么翻转课堂模式想要取得实质性的进步就显得尤为困难。除了学生自主学习能力的问题外，翻转课堂课前学习材料的有效性也是一个需要重点关注的方面。目前，翻转课堂所使用的先学材料以教学微视频为主。然而，这些视频在内容呈现上往往仍然沿用了传统课堂的讲授方式，缺乏足够的交互性和对不同学习需求的适应性（梁乐明等，2013；焦宝聪等，2015）。这些问题从一定程度上反映了当前翻转课堂教学视频在整体教学设计和系统规划方面存在的不足。

总之，翻转课堂 MTI 教学模式所面临的首要挑战，在于如何在有限的时间内同时解决课前学习材料在系统性、趣味性以及学习自主性等多个维度上的问题，并建立起一套行之有效的督学机制。这一目标的实现，需要教师、学生以及教育技术人员之间的紧密合作与共同努力，以期能够在我国的教育环境中实现翻转课堂模式的最佳应用效果。

（二）个性化学习的挑战

翻转课堂的教学模式改变了传统课堂的教学顺序，在个性化学习方面也具有独特优势。在这种创新模式下，学习者被赋予了极大的自主权，可以根据自己的学习需求、偏好以及学习策略，灵活地选择最适合自己的学习条件要素。这些要素涵盖了学习时间、学习地点、学习进度等关键方面，从而确保每位学习者都能在最佳状态下实现知识吸收的最大化。这种个性化的学习方式带来了显著的学习效益。它使得每一个学生都能够在量身定制的学习环境中进行学习，这不仅提高了学习的效率，更在效果上达到了前所未有的水平。学生不再受制于统一的教学进度和方式，而是能够根据自己的实际情况进行调整，从而实现真正意义上的因材施教。

翻转课堂的核心在于课前自主学习的新理念。通过利用课前测试这一环节，教师能够准确地诊断出学生在学习中存在的问题，进而在课堂上针对这些问题展开有针对性的协作互动学习。这种教学方式有效地构建了自主学习的情境和氛围，极大地激发了学生的学习意愿。更为重要的是，它促使学生从传统的被动接受者角色转变为由本真问题驱动的主动学习者。这一转变对于培养学生的自主学习能力、批判性思维以及解决问题的能力具有深远的意义。

然而，我们也需要清醒地认识到，仅仅停留在自主选择学习时间、地点和进度等表面层次上的个性化，还远远不能达到真正的个性化学习境界。真正的个性化学习需要深入挖掘每个学生学习的本真问题，这些问题涉及他们真正渴望学习的知识、真正欠缺的技能以及真正需要的思维能力。只有精准地定位并解决这些问题，学生的学习才能实现质的飞跃，达到真正的个性化和深度化。

对于 MTI 教育而言，其培养目标聚焦于高层次、应用型、专业化的实践翻译人才。因此，在 MTI 学生的学习过程中，本真问题应主要围绕翻译实践能力、翻译职业素养以及翻译理论知识等核心领域展开。然而，当前 MTI 教学师资的现状却不容乐观。由于多数教师具备的是语言学背景，且缺乏职业翻译工作经历，导致他们在教学中过于侧重翻译理论的传授，而对于翻译实践能力和职业素养的培养则显得捉襟见肘。同时，这些教师在教学实践中也普遍缺乏捕捉和解决 MTI 学生学习本真问题的意识和能力，这无疑成为制约 MTI 教育质量提升的一大瓶颈。此外，尽管翻转课堂模式通过课前自学测试来探测学生的学习需求和薄弱环节，但我们必须正视的是，这些测试题目往往仅基于教材内容设计，缺乏必要的全面性和深入性。因此，通过对这些测试结果的分析，教师往往只能触及学生的共性学习问题，而无法深入洞悉每个学生的独特学习需求和深层次问题。这无疑限制了翻转课堂在推动个性化学习方面所能发挥的潜力。

尽管翻转课堂在个性化学习领域展现出了优势和潜力，但在实际应用过程中仍然面临着诸多亟待解决的问题。为了充分发挥翻转课堂的优势，并实现真正意义上的个性化学习，我们需要从加强师资培训、优化课前测试设计、提高教师捕捉和解决学生学习本真问题的能力等多个维度入手，进行全面而深入的改革和创新。只有这样，我们才能确保每位学习者都能在翻转课堂的教学模式下获得最大化的学习收益和成长。

（三）视频学习与"有意义的面对面的学习"间冲突的挑战

翻转课堂之所以成功，其中一个关键因素不容忽视，那便是其精心设计的课堂活动。这些活动，被 Milman（2012）描述为"有意义的面对面的学习活动"。相较于传统的课堂教学模式，翻转课堂展现出了显著的不同。它将知识传递的环节巧妙地前置到了课前阶段，从而为学生提供了一个全新的学习空间。在这个空间中，学生通过观看教学视频，进行自主且深入的学习。这样的设计，不仅使得课堂教学时间得到了更为高效的利用，更为重要的是，它为学生与教师之间的深度互动和实践活动的展开创造了有利条件。

然而，尽管翻转课堂模式在教育教学理念上展现出了创新性，但在实际的操作过程中，也难免暴露出一些问题。针对教学微视频这一核心环节的制作，梁乐明等（2013）以及焦宝聪等（2015）的研究指出，缺乏互动设计是一个不容忽视的普遍问题。在课前自主学习的过程中，学生往往无法感受到来自教师的真实且深入的人文关怀。这种情况使得"有意义的面对面的活动"这一理念在课前阶段实际上并未得到有效实现。建构主义学习理论一直以来都强调，与教师和同伴进行面对面的交流与互动是学习过程中不可或缺的重要组成部分。然而，翻转课堂课前自学的形式，却在一定程度上可能使学生陷入孤立无援的学习状态，难以真正融入一个真实且富有社会化特征的学习情境之中。这无疑对学生的知识内化与吸收过程构成了不小的障碍。

除此之外，缪静敏和汪琼（2015）的研究进一步为我们揭示了翻转课堂在实施过程中所面临的另一大难题。他们的研究数据显示，高达八成的教师在将课程内容转化为视频内容时，其转化率不足 50%，且大多数的情况都集中在 0～20% 的区间内。这一发现意味着，有大量的教学内容并未在教学视频中得到充分且有效的体现与传递。这种情况显然无法满足学生对知识内化、吸收和应用的基本需求，从而导致翻转课堂的实际效果大打折扣。

对于内容多样、知识丰富的 MTI 课程而言，这一问题显得尤为突出。MTI 课程不仅涵盖了大量的理论知识，更涉及众多的实践技能。这无疑对教师制作教学视频提出了前所未有的高要求。然而，由于视频时长的限制以及制作技术的挑战，教师们往往难以将一堂课的全部内容（诸如翻译理论的深入介绍、全面评析、实际应用示范以及实践操作指导等）都囊括进一个简短的教学视频之中。因此，学生在自学过程中所构建的知识框架以及对知识的理解往往只能停留在较为肤浅的表面层次。这种情况的持续存在可能会引发不良后果：一方面，为了尽可能覆盖更多的教学内容，部分教师可能会选择增加视频的长度或数量。然而，这样的做法无疑会加重学生在课前的学习负担。对于那些学习进度较慢的学生而言，他们可能需要花费更多的时间和精力去反复观看教学视频以掌握所学内容。这甚至可能导致部分学生因为不堪重负而选择放弃课前自学环节。另一方面，为了适应教学微视频的时长要求并降低制作难度，部分教师可能会选择削减部分教学内容。然而，这样的做法将导致学生无法全面、系统地掌握相关知识，从而影响其学习效果和长远发展。这无疑是对翻转课堂模式初衷的背离，也是我们在未来实践中需要深入思考和解决的问题。

（四）评价方式的挑战

从评价方式的角度来看，翻转课堂这一新兴教学模式确实对学生的学习评估策略提出了新的要求。具体而言，它强调采用形成性评价来全面、持续地跟踪和评估学生在知识掌握和能力发展方面的表现。这种评价方式与传统标准化测试评估存在显著差异，因而对众多习惯于传统评价范式的教师而言，无疑构成了一项重大的挑战。

传统的标准化测试，尽管在宏观层面上能够有效地量化学生的学习成果，但其核心关注点往往局限于学生对知识的认知和记忆层面。这种评价方式难以深入探究学生的学习过程、理解层次以及个体间的差异与变化。相比之下，翻转课堂模式更加注重学生学习的主动性和参与性，鼓励多样化的学习方式和深层次的知识技能融合。因此，单纯依赖传统的标准化测试显然无法充分、准确地反映学生在翻转课堂环境中的学习成效和学习发展情况。除此之外，翻转课堂实践效果评估的复杂性还进一步体现在对教师时间投入和技能需求的提高上。为了有效实施形成性评价，教师不仅需要投入更多的时间和精力来精心设计评价方案，还需在实际操作过程中不断调整和优化，同时持续提升自身的评价专业素养。这种时间投入的增加，很可能导致部分教师在面对翻转课堂改革时产生顾虑和退缩情绪。

有鉴于此，开发一套既契合翻转课堂特点又易于教师操作的测量工具和方法显得尤为重要。这样的评价体系应能科学、全面地评估翻转课堂的教学效果，为教师和学生提供及时、有效的反馈，从而促进教学质量的持续提升。这不仅关乎翻转课堂模式在教育实践中的广泛推广和应用效果，更在一定程度上决定了我们能否真正落实以学生为中心、促进学生个性化发展的教育理念。因此，我们需要不断探索、勇于创新，力求找到一种既能满足翻转课堂评价需求又能切实减轻教师工作负担的理想评价方式。

二、对策与建议

通过对翻转课堂教学模式在 MTI 翻译教学中的实践应用，我们发现翻转课堂教学在 MTI 翻译课堂中的应用面临着多重挑战，包括课前预习环节的质量管控、凸显个性化学习、调和视频学习与"有意义的面对面学习"之间的冲突以及构建多维度评价方式，等等。针对这些问题，本书尝试性地提出了一系列对策与建议，旨在全部或部分解决翻转课堂在 MTI 教学中存在的上述问题，希望能够提升学生的翻译学习质量和自主学习能力，同时促进 MTI 教师的教学改进与专业成长。这些策略的实施需要教师、学校和教育部门的共同努力，以确保学生在多元化、个性化的学习环境中获得全面发展。

（一）加强课前预习环节的质量管控

课前预习作为学习过程的首要阶段，其质量不仅直接关系学生课堂学习的成效，还深刻影响着他们长期的学业表现及终身学习的能力，尤其在 MTI 翻译课程中显得尤为关键。课前预习不仅构建了课堂讨论所需的基础知识框架，还间接塑造了课堂互动的深度与广度，进一步影响学生课后翻译实践的实际操作水平。本书在第五至第八章的研究中发现，MTI 学生在自主预习过程中普遍面临一系列挑战，诸如缺乏有效的学习策略、动力不足、缺乏自我监管能力等。鉴于此，本书提出以下策略，旨在系统性地提升课前预习的质量。

1. 实施系统的自主学习能力培养计划

自主学习能力的培养是复杂而系统的，需要科学的指导和持续的培训。建议在学期初或课程启动之前，为 MTI 学生量身定制一套自主学习培训计划，旨在全面提升他们的自我管理能力。培训内容应涵盖学习计划的有效制定、时间管理的科学方法以及如何利用多样化的学习资源等。具体而言，可以教授学生运用 SMART 原则（即目标需具体、可测量、可达成、具有相关性、设定明确时限）来设定学习目标，同时引入时间管理工具（如番茄工作法），以提升学习效率。此外，还应指导学生如何高效利用在线资源，如大型开放在线课程、学术数据库等，以丰富学习内容和拓宽知识视野。

2. 确立清晰的学习目标与即时反馈机制

明确的学习目标和即时的反馈是激励学生积极参与课前预习的两大核心要素。教师应于每节课前清晰地向学生阐述本节课的学习目标，为学生指明学习方向。同时，通过设计在线小测验、互动问答等即时反馈机制，帮助学生及时了解自己的学习进度和掌握程度。这种即时反馈不仅能够激励学生持续学习，还为教师提供了及时调整教学策略的依据，确保学习目标的顺利达成。

3. 激发内在学习动机

内在学习动机是维持学习持久性的关键。通过设计既具趣味性又具挑战性的学习任务，可以激发学生的学习兴趣，逐步引导他们从外在驱动（如分数、奖励）转向内在动机（如兴趣、成就感）。在翻译课程中，可以设计一些贴近生活的翻译任务，如旅游指南的翻译、电影字幕的制作等，使学生在完成任务的过程中体验到学习的乐趣和成就感，从而增强内在学习动机。

4. 优化先学材料的针对性与引导性

先学材料是课前预习的重要基石。教师应根据学生的学习需求和水平，设计分层次的学习材料，确保每个学生都能在适合自己的难度上进行学习。对于翻译初学者，可以提供基础翻译理论和技巧的讲解；而对于有一定基础的学生，则可以提供更高级的翻译案例分析和实践练习。此外，先学材料应具有明确的引导性，指导学生如何进行有效的预习和复习，以提高学习效率。

5. 融入互动教学设计元素

在传统的教学视频中融入互动环节，如问答、讨论、案例分析等，可以显著提升学生的参与度和互动性。这种互动不仅有助于学生更好地理解和掌握知识，还能激发他们的学习兴趣和积极性。在翻译课程中，可以在教学视频中嵌入翻译实例的讨论环节，鼓励学生提出自己的翻译方案，并进行同伴互评，以促进深度学习和批判性思维的发展。

6. 定期更新与评估学习材料

学习材料的有效性和适应性是确保其发挥作用的关键。教师应根据学生的学习反馈和成效，定期更新和优化学习材料。通过学生问卷、学习数据分析等方式，收集学生对学习材料的意见和建议，及时调整材料的内容和形式。同时，教师还应定期对学生的学习成效进行评估，以检验学习材料的有效性，并根据评估结果进行相应的调整，以确保学习材料始终与学生的学习需求保持同步。

7. 利用技术手段建立督学机制

随着信息技术的飞速发展，学习管理系统（LMS）等工具为教师的督学工作提供了极大的便利。教师可以利用LMS等工具，实时跟踪学生的学习进度和参与度，及时发现和解决学生在学习过程中遇到的问题。通过设置学习任务的截止时间、系统提醒学生按时完成等方式，确保学生按时完成预习任务。同时，教师还可以查看学生的学习记录，了解学生的学习情况和问题所在，以便提供有针对性的指导和帮助。

8. 建立学习小组与互助机制

学习小组和互助机制是提高学生课前预习质量和效果的有效途径。鼓励学生组成学习小组，通过同伴互助和相互监督，可以促进学生的学习积极性和责任感。在翻译课程中，可以要求学生以小组为单位进行翻译实践，每个小组成员负责不同的部分，最后进行小组内互评和讨论。这种小组学习方式不仅能够提高学生的翻译能力，还能培养他们的团队协作精神和沟通能力，为未来的职业生涯奠定坚实的基础。

课前预习质量与自主学习能力的培养是翻转课堂教学中的重要议题。通过实施系统的自主学习能力培养计划、确立清晰的学习目标与即时反馈机制、激发内在学习动机、优化先学材料的针对性与引导性、融合互动教学设计元素、定期更新与评估学习材料、利用技术手段建立督学机制以及建立学习小组与互助机制等策略，可以有效提升学生的课前预习质量和自主学习能力。这不仅有助于学生更好地掌握基础知识和提高课堂讨论的深度与广度，还能培养他们的终身学习能力和职业素养，为他们的全面发展奠定坚实的基础。因此，教师应积极探索和实践这些策略，以不断提升教学质量和学生的学习成效。

（二）实施灵活高效的个性化学习

个性化学习作为当前教育领域的一个明显趋势，其核心在于依据学生的个体差异和学习需求，提供量身定制的学习路径和资源。然而，在翻转课堂教学场景中，个性化学习的实施遭遇了多重挑战，包括教师翻转教学技能的欠缺、学生需求的多元化以及教学资源的有限性等。针对这些挑战，探索并实施有效的应对策略，以强化个性化学习在翻转课程中的应用，已成为教育改革的一项紧迫任务。

1. 强化师资队伍建设，提升个性化教学技能

教师在个性化学习过程中的作用至关重要，但当前许多教师在个性化教学策略的运用上显得力不从心。因此，加强教师培训，特别是针对捕捉和解决学生学习本质问题、设计个性化学习方案等关键能力的培训，成为推进个性化学习的首要步骤。培训内容应涵盖个性化教学理论、学生差异识别与分析以及个性化学习方案的设计与实施等，通过案例分析、实操演练等方式，切实提升教师的个性化教学能力。

2. 优化课前测试体系，确保测试的全面性和深度

课前测试是洞察学生学习需求和薄弱点的重要工具，但当前许多课前测试在题目设计和难度设置上存在不足。为了更准确地把握学生的学习状况，必须设计一套全面且深入的测试题目。这些题目应覆盖翻译理论、实践能力以及职业素养等多个维度，确保测试的全面性和深度。同时，根据学生的学

习水平和需求，设置不同难度的测试题目，以满足不同层次学生的学习需求。

3. 实施多元化测试策略，全面评估学生学习情况

鉴于单一测试方式无法全面准确地反映学生的学习情况，采用多元化测试策略成为优化课前测试的关键。结合在线测试、作业提交、小组讨论等多种评估方式，可以全方位地了解学生的学习需求和薄弱环节。例如，在线测试可用于评估学生的基础知识掌握情况；作业提交则能反映学生的实践能力和创新思维；而小组讨论则能揭示学生的团队协作和沟通能力。这种多元化的测试方式不仅提供了更准确的评估，还为学生提供了更多展示自我和学习的机会。

4. 建立学生学习档案，增强教师的问题识别与解决能力

为了更深入地了解学生的学习情况和问题所在，为每位学生建立学习档案显得至关重要。学习档案应详细记录学生的学习进度、成绩、反馈等信息，为教师提供全面的学生学习情况概览。通过定期审查和分析学习档案，教师可以及时发现学生在学习过程中遇到的问题和困难，并采取相应的解决措施，从而有效提升教学效果。

5. 实施定期学习诊断，制定针对性解决方案

学习诊断是深入挖掘学生学习本质问题的有效手段。通过数据分析、学生访谈等方法，教师可以深入了解学生的学习状况、学习风格和学习需求，进而制定个性化的解决方案。例如，对于基础薄弱的学生，教师可以提供额外的辅导和练习；对于实践能力不足的学生，则可以安排更多的实践机会和指导。这种个性化的学习诊断和解决方案能够帮助学生更好地适应学习节奏，提高学习效果。

个性化学习是提升MTI翻译课程教学质量和效果的重要途径。通过加强师资培训、优化课前测试设计、实施多元化测试策略、建立学生学习档案以及定期开展学习诊断等策略，可以显著增强个性化学习在MTI课程中的应用。这不仅有助于学生更牢固地掌握基础知识和提高实践能力，还能培养他们的职业素养和创新能力，为学生的个性化学习提供坚实的支持和保障。

（三）调和视频学习与"有意义的面对面学习"之间的冲突

随着信息技术的日新月异，视频学习在教育领域的应用日益广泛，其凭借高度的灵活性、丰富的资源以及便捷的获取方式，为学生提供了前所未有的学习便利。然而，这一新兴学习模式也引发了一系列问题，尤其是与"有意义的面对面学习"之间的潜在冲突。如何在这两者之间找到平衡点，已成为当前教育改革中亟待解决的重要议题，也是 MTI 教育改革面临的关键任务之一。

1. 增强教学视频的互动性和社会化属性

提升教学视频的吸引力，关键在于增强其互动性和社会化特征。通过在教学视频中巧妙地嵌入互动问答、讨论区等互动元素，可以激励学生在观看过程中积极参与互动和交流。这种互动机制不仅有助于学生更深入地理解和掌握知识，还能有效激发他们的学习兴趣和积极性。同时，引入社交功能，如建立学习社区、在线论坛等，可以为学生提供一个分享经验、交流心得的平台，从而增强学习的社会性和互动性，使视频学习更加贴近面对面学习的体验。

2. 设计融合性的协作学习任务

结合视频内容设计协作学习任务，是实现视频学习与面对面学习有机融合的有效途径。通过组织小组讨论、角色扮演等协作活动，可以引导学生在观看视频后进行深入的面对面学习和交流。例如，在 MTI 翻译课程中，可以要求学生以小组为单位进行翻译实践，每个小组成员负责不同的翻译部分，并在课堂上进行展示和讨论。这种协作学习任务不仅能够提升学生的翻译能力，还能培养他们的团队协作精神和沟通能力，使视频学习和面对面学习相互补充、相互促进。

3. 提升教学视频的内容转化率和制作技术

教学视频的质量和吸引力对其内容转化率具有重要影响。因此，提升教师的视频制作技能，采用先进的视频编辑和呈现技术，是提高视频质量和吸引力的关键。例如，使用高清摄像设备拍摄视频，以确保画面清晰、色彩鲜艳；采用动画和图表等辅助手段展示复杂内容，以降低学习难度；运用音效和背景音乐增强氛围,以提升学生的观看体验。这些技术手段的应用可以使视频更加生动、有趣,从而提高学生的观看兴趣和参与度,使视频学习更加高效。

4.精简视频内容,突出重点和难点

针对MTI课程的特点,精简视频内容成为提高内容转化率的关键。由于MTI课程通常涉及大量的专业知识和实践技能,如果视频内容过于冗长或复杂,容易使学生感到疲惫和失去兴趣。因此,教师应根据学生的学习能力和课程要求,对视频内容进行精简和优化。例如,将长视频拆分为多个短视频,以便学生分阶段学习;只讲解核心概念和关键技能,以突出重点和难点;提供实例和案例,以帮助学生更好地理解和应用所学知识。这种精简的视频内容可以使学生更加专注于学习,提高学习效率。

通过增强教学视频的互动性和社会化属性、设计融合性的协作学习任务、提升教学视频的内容转化率和制作技术以及精简视频内容等策略,可以有效地促进视频学习与面对面学习的深度融合,为学生的学习提供更加全面、高效的支持。

(四)探索和实践多维度评价方式

在教育实践的深入探索中,评价方式作为教学流程中的核心要素,对促进学生学习、精确评估教学效果以及科学指导教学改进发挥着举足轻重的作用。然而,随着教育理念的不断革新和教学模式的多元化演进,传统的评价方式正面临着一系列严峻的挑战。构建全面的形成性评价体系、着力提升教师的评价专业素养、积极研发简便易行的测量工具与方法等,已成为当前MTI教育改革进程中亟待解决的关键问题。

1.形成性评价体系的构建与深化

形成性评价注重学生学习过程,旨在全面促进学生发展,近年来在教育领域引起了广泛的关注与讨论。其核心理念在于,通过持续的观察、及时的反馈以及适时的调整,帮助学生迅速发现学习中的问题所在,明确改进的方向与目标,从而实现学习效果的显著提升。因此,构建并完善形成性评价体系,对于提升教学质量具有重要意义。

2.多元化评价方案的设计与实践

在设计形成性评价方案时,应充分尊重学生的个体差异与多元智能特点,巧妙结合在线测试、作业提交、课堂表现、小组讨论等多种评价方式，以全面、客观地评估学生的学习成效与综合发展。在线测试能够便捷地检测学生对知识点的掌握情况，作业提交则能真实反映学生的自主学习与问题解决能力，课堂表现与小组讨论则分别侧重于考查学生的参与度、互动能力以及团队协作与沟通能力。这些评价方式相互补充、相辅相成，共同构成了一个全方位、多层次的评价体系，为全面评价学生的学习情况提供了有力支持。

3. 完善即时反馈与持续跟踪机制

即时反馈是形成性评价不可或缺的重要组成部分。借助现代科技手段，如在线学习平台与智能教学系统，可以实时记录学生的学习数据，并迅速向学生反馈学习结果，从而帮助学生及时调整学习策略，提高学习效率。同时，通过持续跟踪学生的学习进度与表现，教师可以及时发现学生的学习困难与问题，提供个性化的指导与支持，为学生的学习进步提供有力保障。

4. 提升教师评价专业素养

教师在评价过程中的作用举足轻重，他们的评价理念、技能与态度直接影响着评价的质量与效果。因此，提升教师的评价专业素养成为当务之急。学校与教育部门应定期组织教师评价培训，内容涵盖评价理论、设计、实施以及结果解读等多个方面，旨在帮助教师树立正确的评价观念，掌握科学的评价方法，提高评价的准确性与有效性。此外，培训还应注重实践操作与案例分析，让教师在实践中不断锻炼与提升评价技能，为更好地开展评价工作奠定坚实基础。

5. 搭建教师评价交流平台

除了定期培训外，搭建教师评价交流平台也是提升教师评价专业素养的有效途径。通过平台，教师可以自由分享评价经验与资源，交流评价中的困惑与挑战，共同探讨解决方案。这种交流机制不仅促进了教师之间的相互学习与借鉴，还推动了评价技能的共同提升与进步，形成了良好的评价氛围与文化。

6. 研发简便易行测量工具与方法

评价工具的简便性与实用性是影响评价效果的重要因素。为了减轻教师的工作负担与压力，提高评价的可行性与可持续性，需要积极研发简便易行的测量工具与方法。随着信息技术的不断发展与进步，越来越多的先进评价工具与技术被应用到教育领域。如学习分析系统可以通过大数据分析技术，准确反映学生的学习情况与学习轨迹；智能评价软件则可以利用人工智能技术自动批改作业与试卷，提高评价的效率与准确性。这些先进工具与技术的应用不仅大大减轻了教师的工作负担与压力，还提高了评价的客观性与公正性。

7. 简化评价流程以减少时间投入

在开发评价工具与方法时，还应注重简化评价流程与时间投入。通过优化评价设计、减少不必要的评价环节与重复劳动等方式，使评价过程更加简洁高效。同时，还应注重评价工具的易用性与可操作性设计，确保教师能够轻松上手、快速掌握评价技能与方法。这样，教师就能将更多的时间与精力投入教学与学生辅导工作中去，从而提高教学的整体质量与水平。

面对评价方式的诸多挑战与困境，构建全面的形成性评价体系、着力提升教师的评价专业素养以及积极开发简便易行的测量工具与方法是行之有效的应对策略与措施。这些策略与措施的实施不仅有助于提高学生的学习效果与全面发展水平，还能促进教师的教学改进与专业成长。因此，学校与教育部门应高度重视评价方式的改革与创新工作，为教师的评价工作提供有力的支持与保障。同时，教师也应不断更新评价理念与方法，积极探索适合学生的评价方式与方法，为学生的全面发展贡献自己的力量与智慧。

展望未来，MTI延展式翻转课堂教学模式的成功实施需要教师、学生以及教育技术人员的紧密合作与共同努力。我们应继续深化对翻转课堂模式的研究与实践，不断探索其与MTI教学的深度融合路径。同时，也需要加强对学生自主学习能力、教师教学理念转变以及教学资源开发等方面的研究和实践工作，以期为MTI教育的持续发展和质量提升提供有力的支持和保障。通过不断的探索和创新，我们有信心将MTI延展式翻转课堂教学模式打造成为培养高素质翻译人才的有效途径，为我国翻译事业的繁荣发展贡献智慧和力量。下一章将从翻译工作坊教学理念入手，探究在"互联网+"技术帮助下其在MTI翻译教学中的实践应用情况。

第五章　基于云计算学习平台的 MTI 翻译工作坊教学模式研究

第一节　云计算学习平台下 MTI 翻译工作坊教学模式研究背景

随着全球一体化进程的持续深化与推进，我国与世界各国之间的交流与合作在经济、政治、文化等诸多领域均呈现出日益加强的趋势。这种全球化的背景对我国翻译人才，尤其是对高层次、应用型、专业化的翻译人才提出了前所未有的高需求。高等院校作为国家高层次人才培养的摇篮与基地，一直在翻译人才的培养过程中发挥着举足轻重的作用。

然而，值得注意的是，长期以来，我国高等教育体系中存在着一种普遍的误解，即许多教育者往往将外语专业与翻译专业等同视之，错误地认为掌握外语便足以胜任翻译工作。这种观念上的误解导致翻译专业人才培养的独特性及其对实践技能的要求未得到充分重视。实际上，翻译不仅仅是一种语言转换的行为，它更涉及文化、语境、专业知识等多方面的综合素养与实践能力。由于这种误解根深蒂固，我国高等教育在翻译专业人才的培养上长期沿用了外语人才的培养模式。在培养目标、课程设置、教学安排乃至学位论文写作等关键环节上，翻译专业教育并未形成与外语教育相区别的独特体系。特别是在教学过程中，学术训练的比重过大，对实践技能的培养则显得相对薄弱。这种以理论为主、实践为辅的教育模式导致许多毕业生在面对实际翻译工作时感到力不从心，难以胜任复杂多变的翻译任务。

为了从根本上改变这一现状，并切实满足国家对高层次、应用型、专业化翻译人才的需求，国务院学位委员会在2007年作出了具有里程碑意义的决策，即决定开设MTI学位。该MTI学位以培养具备高度专业素养和实践能力的翻译人才为核心目标，通过系统化的专业教育和实践培训，力求打造一支能够适应国家发展需要的高素质翻译人才队伍。MTI教育的推出迅速激发了全国高等院校的热情与响应。在短短十余年时间内，全国便有318所院校实施与推广，展现出蓬勃的发展势头和巨大的潜力。然而，正如任何新兴事物都会面临的问题一样，MTI教育在迅猛发展的同时也暴露出诸多亟待解决的问题。由于MTI教育的发展速度过快，许多院校在师资力量、教学设施以及教学管理等方面都未能及时跟上发展的步伐。这导致教育质量在不同院校间存在较大的差异，甚至出现了部分院校教育质量不达标的情况。这些问题的存在严重影响了MTI教育的整体声誉和持续发展动力，使其后续发展面临严峻的挑战。为了扭转这一不利局面并确保MTI教育的健康发展，国家教育部门及时作出了战略调整，将重点转移到解决现有问题和提升教育质量上来。通过加强师资培训、完善教学设施、优化教学管理等一系列举措的实施，期望能够推动MTI教育走上一条更加健康、稳定且可持续的发展道路，从而为我国翻译事业的繁荣与进步提供有力的人才支撑和保障。

第二节　云计算学习平台下 MTI 翻译工作坊教学模式构建背景

一、MTI 教育普遍存在的问题

柴明颎（2012）在其研究中，对 MTI 教育当前所面临的关键问题进行了详细的分析，这些问题不仅揭示了 MTI 教育的现状，也为其未来的发展方向提供了重要的理论支撑和实践指导。首先，柴明颎明确指出，MTI 教育在培养目标上存在显著的不明确性，这是一个亟待解决的问题。他详细阐述了许多高校在制定 MTI 培养目标时所面临的困惑和误区，即未能清晰地区分 MTI 与 MA 在培养目标上的本质差异。这种混淆不仅导致了教学计划的混乱和不连贯，还严重地影响了学生对自己专业定位和发展路径的准确认知。为了改善这一状况，高校需要明确界定 MTI 的培养目标，突出其独特性和专业性，从而帮助学生更好地规划自己的职业发展。其次，柴明颎进一步指出，MTI 教学深受传统外语教学方法和理念的束缚，这是一个不容忽视的问题。他批判了传统外语教学过于注重语言知识和语言技能训练的倾向，并指出这种教学模式在 MTI 课堂上的不适用性。MTI 教育作为培养高端翻译人才的重要途径，其教学重点应转向翻译实践、职业素养以及跨文化交际能力的培养。因此，高校需要勇于打破传统外语教学的桎梏，积极探索符合 MTI 教育特点的教学方法和理念。此外，柴明颎还强调了 MTI 师资中实践型人才严重匮乏的问题。他分析了当前高校 MTI 师资主要来源于外国语言文学学科的现状，并指出这些教师在翻译实践经验和职业素养方面的不足。这种现状严重制约了 MTI 教育的质量和效果，使得学生在接受教育过程中难以获得真正有价值的实践经验和职业指导。为了改变这一局面，高校需要积极拓展师资来源，吸引更多具有丰富翻译实践经验和职业素养的人才加入 MTI 教育事业。

在深入剖析了上述问题后，柴明颎从 MTI 教学实践的角度出发，进一步揭示了当前教学模式存在的诸多弊端。他指出，无论是理论－演绎型教学模式还是案例-归纳型教学模式,都普遍存在忽视学生主体能动性、缺乏翻译实践活动、忽视学生学习过程关注、缺乏协作学习机制以及教学信息化程度低等问题。这些问题严重影响了学生的学习体验和成果获得感,制约了MTI教育的进一步发展和提升。尽管实践型师资匮乏的问题仍然严峻,但柴明颎也看到了教育界对MTI培养目标重要性的广泛认同和关注,这一共识为MTI教育的未来改革和发展奠定了坚实的基础。各高校和教育机构需要以此为契机,深入推进MTI教育的系统性改革和创新发展。

针对上述问题和挑战,柴明颎提出了从根本上改革课堂教学模式的解决方案。他强调,明确培养目标、更新教学理念和方法、加强师资队伍建设、完善教学评价体系以及提高教学信息化水平等是推动MTI教育走出困境的关键措施。通过实施这些改革措施,有望推动MTI教育朝着更加专业化、实践化和高效化的方向发展,从而更好地满足和适应国家对高层次、应用型以及专业化翻译人才的迫切需求和期待。

二、政策导向

国务院学位委员会于2007年正式颁布的《翻译硕士专业学位设置方案》(以下简称《方案》),为MTI教育确立了明确的教学框架与发展方向。《方案》详尽地规定了MTI教育应采取的教学形式与手段,旨在全面提升学生的翻译实践与应用能力。《方案》明确强调,教学不应仅限于传统的讲授方式,而应结合更多元化的教学方法,如课程研讨、情景模拟以及实际操作训练等,以全方位地锻炼学生的实际操作与问题解决能力。同时,《方案》还着重指出应充分利用现代化教育技术手段和广泛的教学资源,这不仅能够激发学生的学习兴趣,还能有效增强他们的学习自主性以及师生互动,从而进一步巩固和加深教学实践的效果。这些规定体现了国家对MTI教育高标准发展的追求,并显示了对教育技术应用的深入认识和战略规划。

教育部在其发布的对《方案》的官方说明中,对教学方式进行了更为详尽的阐述。说明特别指出,翻译工作坊、专注于研读原版外国文学作品的文学工作坊、旨在锤炼语言翻译技巧的非文学工作坊,以及机辅翻译工具等多元化的教学手段，都应将增强学生口译与笔译的实践能力为主。这些教学方式的引入，增强了MTI教育的教学多样性，并强调了对学生实践技能培养的重要性。特别是《方案》及其说明中将翻译工作坊和机辅翻译工具强调为培养学生翻译实践能力的关键手段，这为MTI教育的发展指明了方向。

在推动教育信息化的进程中，教育部于2010年颁布的《教育信息化十年发展规划（2011—2020年）》（以下简称《规划》）同样起到了举足轻重的指导作用。《规划》明确倡导信息技术与高等教育的深度融合，旨在通过创新信息化的教学与学习方式，提升个性化与互动性的教学水平，同时推动各类学科工具和平台的广泛应用，以促进教育内容的实时更新和教学手法的现代化。这一具有前瞻性的发展规划不仅为高等教育在信息化方面的建设提供了宏观层面的指导，也为翻译工作坊与现代信息技术在MTI教育中的有机融合提供了坚实的政策后盾。

值得特别关注的是，云计算作为第三代互联网技术的杰出代表，正凭借其搭建的便捷性、低廉的成本、简单的维护、海量的资源存储以及强大的计算能力等显著优势，迅速在现代信息技术领域崭露头角，并受到了教育界的热烈追捧。结合当前教育发展的整体趋势以及云计算技术的独特特点来看，云计算辅助的教学模式有望成为未来教育创新发展的重要方向之一。随着这一教学模式的推广与应用，MTI教育有望迎来革命性进步，从而在教学质量与效率上实现显著提升，为社会培养出更多优秀的高素质翻译人才（杨滨，2009）。这一发展趋势不仅彰显了技术对教育的深刻影响，也预示着MTI教育在未来将迎来更加广阔的发展前景。

三、研究空白

与MTI相关的研究自2007年以来逐渐成为学术界的研究热点，其受关注程度持续上升。通过对十余年来该领域的研究成果进行系统性的梳理与分析，我们可以明确地看到，这些研究主要采用了宏观的视角，对MTI教育的必要性与可行性展开了全面且深入的探讨（仲伟合，2006；等）。这些研究不仅深入剖析了MTI教育的核心理念，还对其在实践中的应用价值进行了客观而全面的评估。在这一研究进程中，MTI教育所面临的多项核心议题，诸如师资力量的合理配置与优化、课程体系的科学设置与完善、教学目标与培养目标的明确设定与有效实现，以及实践基地的规范建设与发展等，均受到了学者们的高度关注（穆雷、王巍巍，2011；曹莉，2012；邵红杰，2012；丁素萍，2012；等）。这些研究成果为我们更深入地理解MTI教育提供了丰富的素材和实践指导，同时也为其未来的持续发展奠定了坚实的理论基础。

在教学层面的研究中，部分学者凭借其深厚的研究功底和前瞻性的研究视野，为该领域作出了显著贡献。例如，高方、许钧（2010）等学者针对MTI教材的编写问题进行了系统的研究，他们精准地指出了当前教材编写中存在的关键问题，并提出了一系列富有创新性和实用性的改进方案。这些方案对于提升教材的整体质量以及更好地满足MTI学生的实际需求具有重要的意义。与此同时，MTI论文写作模式的改革以及评价方式的创新也受到了学者们的广泛关注（穆雷，2011；穆雷、杨冬敏，2012；等）。这些研究致力于提升MTI学生的学术素养和实践能力，为推动MTI教育的内涵式发展注入了新的活力。然而，尽管关于MTI的研究已经取得了显著的成果，但在具体教学方法方面的探索仍然相对有限。目前，仅有少数学者如王华树（2014）、王爱琴（2011）、冯全功和苗菊（2009）、杨晓华（2012）等对MTI的项目式教学、实习式教学、案例教学和问题式教学方法等进行了初步的尝试和探索。尽管这些研究在数量上并不占优势，但它们的实践意义和探索价值不容忽视，为MTI教学的进一步改革与创新提供了有益的参考。

值得注意的是，随着科技的迅猛发展和不断进步，云计算等新技术在翻译领域的应用逐渐显露出巨大的潜力和优势。然而，通过以"云计算"和"翻译"为关键词在中国知网中文期刊数据库中进行检索，我们发现仅有陆艳（2013），曾立人、肖维青和闫栗丽（2012），王海丽（2016），曹达钦和戴钰涵（2021）等几位学者对这一领域进行了初步的探索性研究。更为遗憾的是，这些研究并未直接触及MTI教育领域，这表明在云计算技术与MTI教育相结合的研究方面仍存在广阔的研究空间和巨大的发展潜力。因此，未来的研究可以进一步聚焦于云计算等新技术在MTI教学中的应用与融合，以期推动MTI教育的持续创新与发展。

从研究的性质和方法层面来看，目前关于MTI的研究大多侧重于定性分析的方法，缺乏基于实证数据的量化研究支持。这种研究现状使得我们对MTI教育的理解更多地停留在理论探讨的层面，而缺乏对其实际效果和影响力的科学评估。同时，在研究的视角上，尽管宏观层面的分析为我们提供了全面的视野和整体性的认识，但微观层面的具体教学方法的探讨仍显得相对薄弱和不足。因此，未来的研究在继续深化宏观层面研究的基础上，应更加注重对微观层面教学方法的探索和实践研究。特别是将翻译工作坊、云计算技术等创新元素有机地融入MTI教学中，这将成为一个非常具研究价值和广阔前景的研究领域。通过深入挖掘这些新兴技术在提升MTI教学质量和效率方面的潜在作用和价值，我们将有望为培养更多具备高素质和专业能力的翻译人才提供更为坚实的理论支撑和实践保障。

四、理论基础

翻译工作坊这一创新型教学模式深植于建构主义理论的沃土之中。建构主义理论作为认知学理论的重要分支，对传统知识传递观念提出了挑战。该理论认为真理并非简单地由教师向学生传递，而是必须由学生自主地探索、获取并重建。在这种理论视野下，学习不再是学习者被动地接受知识和技能的灌输的过程，而是学习者在特定情境中，通过与周围环境的积极互动及与其他学习者的紧密协作，主动进行意义建构的动态过程。这一理论框架引发了教师角色的深刻转变，他们不再是知识的灌输者，而是转型为通过构建贴近实际的学习环境，引导学生通过协作与对话主动建构认知的促进者和引领者。这种转变的深远意义在于，它试图将传统的学习者被动学习模式转变为学习者主动学习模式，将机械式记忆转换为以探究为核心的理解方式，并将原本孤立的个体学习转变为富有成效和活力的合作学习。

翻译工作坊正是建构主义理论在教学实践领域中的体现和具体应用。它采用了多样化的活动形式，如小组讨论、个人独立翻译以及成果汇报等，旨在鼓励学习者在模拟真实的翻译环境中，通过亲身参与和实际操作来构建并不断提升自身的翻译能力和译者专业素养。在这种新颖的教学模式下，教师的身份得以重新定位,他们转变为学习活动的协调者、情境的创造者以及协作学习的有力推动者,而学习者则从传统的被动知识接受者角色中解放出来,变为主动的意义建构者和团队协作的积极参与者。这种以学习者为中心,高度强调学习的主动性与合作性的教学模式,被广泛视为建构主义理论指导下的理想教学实践范例。

与此同时,云计算技术在教学领域的广泛应用则得益于混合式学习理论的支撑。混合式学习理论由知名教育家何克抗(2004)率先提出,其核心理念在于将传统学习方式的优势与现代电子学习的优势相结合,旨在既保留教师在教学过程中的引导、启发和监控作用,又充分激发学生作为学习主体的主动性、积极性和创造性。这一理论倡导通过多种媒介和学习活动的有机融合,诸如在线学习与离线学习的整合、自主学习与协作学习的相互促进、结构化学习与非结构化学习的和谐共存,以及实践学习与理论学习的统一,来实现教学资源的优化配置和学习效果的提升。

云计算学习平台与翻译工作坊的有机结合显示出了显著的优势。首先,这种结合模式能够有效地弥补单一课堂教学模式的局限性,使教学活动和学习过程在时间和空间维度上得到前所未有的延伸,从而为学生提供更为灵活、便捷和多样化的学习路径选择。其次,云计算平台凭借其强大的技术支撑,能够实现师生之间以及学生与学生之间实时或异步的无障碍交流互动,极大地促进了协作学习的广泛开展和深入推进。最后,云计算学习平台还为学生打造了一个个性化发展的理想空间和环境,学生可以根据自己的独特需求和兴趣偏好自由选择学习资源和服务,进而实现自我学习管理的目标。这种结合方式不仅有助于学生系统地掌握翻译领域的基本知识和核心规律,还能够在培养他们分析问题、解决问题以及创新能力方面发挥举足轻重的作用。

第三节 云计算学习平台下MTI翻译工作坊教学模式的构建

翻译工作坊的历史根源可追溯至20世纪60年代的美国,它不仅是一种单纯的教学方法,还代表了一种以学生为中心、紧密围绕实践环节并以清晰明确的培养目标为指引的教学理念。李明和仲伟合(2010)对该模式给出了如下精准的描述:"翻译工作坊是从事翻译活动的个体集结的场所,在这里,他们针对特定的翻译任务展开广泛且深入的探讨,每个人各抒己见,经过不断的磋商与调整,最终形成一个得到所有参与者认可或接受的译文。"在这一独特的教育框架下,学生被组织成若干个翻译小组,置身于高度模拟的真实翻译环境中,他们通过小组内部的深入讨论,共同探索翻译的奥秘,并独立完成所分配的翻译任务。而教师则在这一进程中担任着引导者的关键角色,他们引导学生对不同小组的译文进行深入的对比与研究,通过集思广益,探寻出最佳的翻译解决方案。同时,针对学生在翻译实践中遇到的各种疑难问题,教师会组织全班学生进行集体的思考与讨论,充分协调各方的意见与建议,最终总结出解决这些问题的有效思路和方法。翻译工作坊教学模式的精髓在于,它坚持以实践为基石,通过研讨式的教学方式,鼓励学生在真实的翻译实践中学习并掌握翻译的技巧与艺术,在团队合作中不断提升自己的翻译能力,在深入的讨论中加深对翻译这一复杂活动的理解与认识。

与此同时,云计算作为当今时代一种前沿的网络服务计算模型,正在逐步重塑我们的信息处理方式与习惯。它拥有将分散于各种联网设备上的海量信息和处理器资源进行有效整合的能力,将这些资源迁移到一个统一、高效的"云"平台之上。用户只需通过简单的网络连接,便可在任何时间、任何地点,最大限度地利用这些丰富的资源。云计算的优势包括:首先,它为用户提供安全可靠的数据存储服务,减少了数据丢失、损坏或泄露的风险;其次,借助云计算,用户能够利用各种终端设备(如个人电脑、平板电脑、智能手机等)随时随地访问多样化的软硬件服务和平台服务,这极大地降低了对用户端设备的硬性要求;最后,云计算还实现了信息的充分共享与流通,使协作任务的完成变得前所未有的轻松与高效。在国内教育领域，上海师范大学的黎家厚教授是"云计算辅助教学"这一创新理念的先驱者。他积极倡导学校和教师应充分利用云计算所提供的强大服务，构建出个性化和信息化的教学环境，以此支持教师的教学创新和学生的学习探索，从而推动教学质量的全面提升。云计算技术为学生之间的协作学习、研讨学习提供了坚实的技术支撑与广阔的平台空间。借助云计算平台，学生能够轻松获取海量的学习资源和学习工具，这不仅有助于提升学生的合作能力和高级思维能力，还能显著提高他们的学习效率和学习成果。

在本书中，我们以建构主义理论和混合学习理论为理论基础，运用云计算技术，搭建起一个功能全面的 MTI 翻译学习平台。我们致力于构建一个以学生为中心、紧密围绕翻译过程、以协作学习为鲜明特色、充分利用计算机辅助翻译资源、以提高学生翻译能力和译者素养为培养目标的 MTI 翻译工作坊教学模式。通过云计算学习平台的功能，我们将协作学习、讨论学习和独立学习有机地融合在一起，实现了学习环境的个性化和学习活动的协作化。同时，我们还充分利用计算机辅助翻译工具，将其作为教学的支架，为学生营造出模拟真实的翻译情境，从而有效激发学生对翻译学习的热情和主动性。在这一创新的教学模式下，教师能够借助先进的技术手段，实时跟踪、详细记录和深入观察各小组的协作学习情况，并及时给予有针对性的指导和反馈，这为确保协作学习的有效性和高质量提供了坚实的保障。

一、云计算学习平台的构架

在国内公有云服务市场，百度开放云、阿里云及腾讯云等互联网企业所提供的公有云服务已经形成了相当大的规模，且技术成熟、资源丰富。然而，尽管这些公有云平台在通用计算领域具有显著的优势，但它们并未针对教育领域推出专门的定制化云教育解决方案。同时，这些公有云平台的源代码也未对外开放，使得教育机构无法根据自身特殊的教学需求对其进行灵活的修改、功能拓展或系统整合。这一现状对我们根据云计算学习平台的独特设计理念以及教育行业的特定要求进行个性化定制构成了实质性的障碍。因此，我们难以在公有云平台的基础上实现学习平台的个性化设置以及软件应用的集群化部署与高效管理。这无疑严重限制了云计算技术在教育领域中的深入应用，并制约了其潜在的发展空间。

　　针对上述问题，我们决定采用开源的 Hadoop 云计算系统作为构建私有云翻译学习平台的技术基础。Hadoop 作为一个分布式系统基础架构，具备可靠性、扩展性、处理效率、容错能力以及低成本优势，因而非常适合用于构建大规模的数据处理和分析平台。我们将充分利用学校现有的网络计算资源，并结合 MTI 教学需求，量身定制一个专门的私有云翻译学习平台。在具体实施方面，我们计划将学校语言实验室中配备的高性能计算机和先进的网络设备作为物理基础设施，在此基础上创建虚拟机以实现云计算平台的集群化配置与高效管理。为了满足翻译学习平台在数据处理和存储方面的需求，我们根据实际使用情况定制合适的虚拟机资源，包括处理器类型与数量、内存容量以及存储空间等。同时，我们还将部署虚拟机镜像存储解决方案，以确保虚拟机能够快速启动并稳定运行，同时保障数据的安全性。此外，为了实现对数据的集中化管理和全面监控，我们还要建立一套完善的数据库系统。这套数据库系统具备高性能、高可用性以及易扩展性等特点，以提供稳定可靠的数据服务，满足学习平台在数据处理和分析方面的需求。

　　在构建私有云翻译学习平台的过程中，我们综合运用多种关键技术，包括多用户协同网络应用开发技术、音视频会议系统技术、网络即时通信技术、博客（Blog）技术以及维基（Wiki）技术等。具体而言，我们将利用基于 XMPP 协议的 Hemlock 工具包来实现用户间的实时通信功能，从而保障学习者之间能够进行即时沟通和交流，提升学习互动性和效率。同时，我们还为学习平台提供了丰富的语料数据库资源，以支持翻译学习的实践活动和深入研究。为了进一步增强私有云翻译学习平台的交互性和实用性，我们将借助 OpenMeetings 视频会议系统开发包来搭建具备高清视频和音频通讯功能的在线会议系统。这使教师和学生能够跨越地域限制进行远程教学和实时互动交流，从而提升教学效果和学习体验。此外，我们还利用 Roller Weblogger 搭建功能完善的留言板和博客系统，为学生提供一个分享学习经验、交流思想观点的互动平台。同时，为了促进团队协作和知识共享，我们将利用 Wiki 技术实现协作式文档的在线编辑和管理功能。这将使多个用户能够同时参与文档的编辑和修订工作，提高团队协作效率并促进知识的积累与传承。最后，为了实现翻译记忆库和术语库的多人同步更新与管理功能，我们将利用 Dropbox 等云存储服务来确保数据的实时同步和共享，从而提高翻译工作的效率和准确性并保障术语的一致性。

这一私有云翻译学习平台的成功建立将推动教学的变革与创新。教师和学生能够通过连接互联网的终端设备（如个人电脑、平板电脑、PDA 或智能手机等）随时随地访问该学习平台，并进行自主学习与协作学习活动。这种基于互联网的创新学习方式将打破传统教学活动中时间和空间的限制，使教学活动不再局限于固定的教室和特定的时间段，能够根据学习者的需求和进度进行灵活安排。这不仅极大地提升了教学活动的灵活性和多样性，还通过高效便捷的学习途径，使得知识获取和技能提升变得更加容易实现。该学习平台不仅提供了丰富的学习资源，如教学视频、电子教材、在线题库等，还通过一系列先进的功能和工具，如在线讨论区、实时协作编辑、虚拟实验室等，极大地增强了师生之间的交流与互动。这些功能不仅有助于教师及时了解学生的学习进度和困难，提供个性化的指导和支持，还能促进学生之间的合作与交流，培养他们的团队协作能力和沟通能力。通过平台上的实时互动和协作学习，学生不仅能够更好地理解和掌握所学知识，还能在实践中锻炼和提升他们的实际应用能力和创新思维。此外，该学习平台还通过数据分析技术，对学生的学习行为和学习成果进行实时跟踪和评估，为教师提供科学的反馈和依据，帮助他们及时调整教学策略和方法，从而进一步提升教学效果和学习质量。这种以数据驱动的个性化教学，不仅有助于实现因材施教，还能激发学生的学习兴趣和积极性，培养他们的自主学习能力和终身学习习惯。学习平台的整体架构如图 5-1 所示，该图详细展示了平台中各个组件之间的逻辑关系和数据流向，为平台的稳定运行和高效管理提供了保障。

该学习平台经过规划与设计，构建了五个紧密相连且各司其职的核心功能区，旨在全方位覆盖翻译教学的各个环节，并确保其高效实施。这些功能区分别为学习平台管理区、课程信息发布区、协作互动区、翻译作品提交与反馈区以及翻译辅助工具区，每个功能区都承担特定的功能，共同支持翻译教学的实施。学习平台管理区作为整个系统的中枢，负责平台的日常运营与管理，确保平台的稳定运行与用户的顺畅体验。课程信息发布区则承担着传递教学信息的重要任务，为学习者提供清晰的学习路径和丰富的学习材料，帮助他们全面了解课程内容与要求。协作互动区是平台中促进师生、生生之间交流与合作的关键区域，旨在增强学习者的参与感和归属感，促进知识的共享与思维的碰撞，为翻译学习提供了有力支持。翻译作品提交与反馈区是检验学习成果、促进技能提升的重要环节，学习者可以在此提交自己的翻译作品，并接收来自教师或同伴的详细反馈与建议，这种即时且具体的反馈机制有助于学习者及时发现并纠正错误，不断提高翻译质量与水平。翻译辅助工具区则汇聚了多种实用的翻译工具与资源，为学习者提供了便捷高效的辅助支持，这些工具不仅能够帮助学习者快速解决翻译过程中的疑难问题，还能提升他们的翻译效率与准确性。综上所述，这五个核心功能区相互关联、相互支撑，共同构成了该学习平台的核心框架，为翻译教学的全面覆盖和高效实施提供了有力保障。

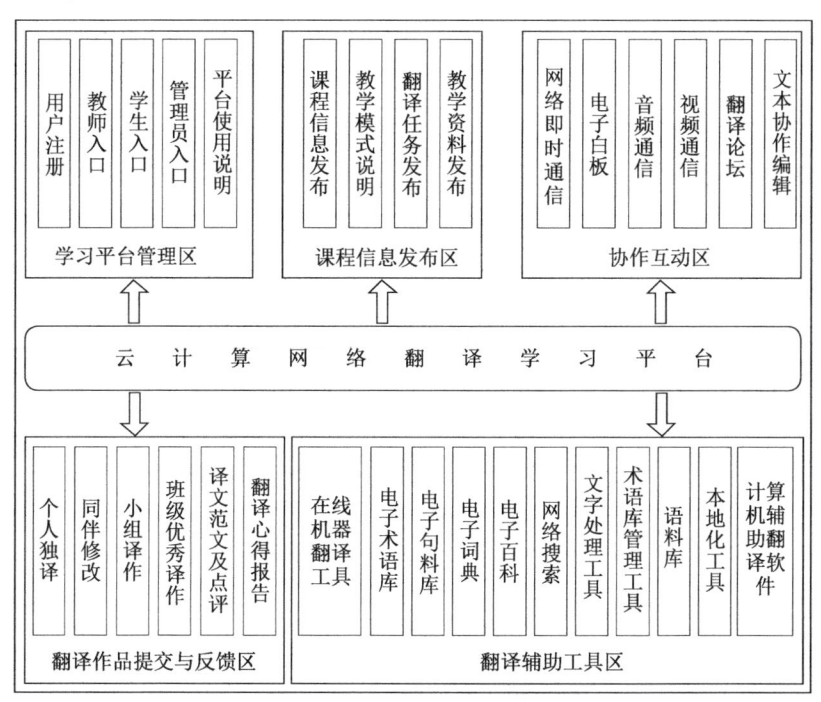

图 5-1　云计算网络翻译学习平台架构

在平台管理区，教师和学生必须注册个人账户以访问平台和服务。成功注册后，用户即可通过个性化访问通道无缝接入学习平台的软件服务层。与此同时，平台维护团队肩负着保障学习平台稳定运行的使命，他们深入平台的服务层与基础设施层，确保系统能够持续高效运行，并及时进行必要的维护工作。课程信息发布区在教师与学生之间搭建起了一座信息传递的桥梁，在此区域，任课教师可及时发布与翻译课程相关的各类信息，包括翻译任务、所需材料以及课程更新等，这些信息不仅为学生指明了学习方向，更为他们的自主学习和深入讨论提供了宝贵的资源。同时，为了帮助学生更好地适应教学模式，该区还从多个维度对教学模式进行详尽的阐述，包括其理论基础、目标倾向、实现条件、操作程序以及效果评价等，这种全方位的解释有助于减少学生因不熟悉教学流程而产生的困惑和抵触，进而提升教学效果。

协作互动区则为学生与教师之间，以及学生与学生之间的协作与互动提供了强有力的支持。在此场景中，网络即时通信工具扮演着至关重要的角色，它支持语音与文字的即时传输，同时集成了离线消息推送、历史消息检索及留言板等多样化功能。进一步而言，电子白板的协同绘图功能为师生们构建了一个云端协作与交流的互动空间，使他们能够在此环境中协同编辑文档、分享见解，并展开深入的学术探讨。用户列表功能则使教师能够实时追踪学生的学习进度，全面把握学习过程。音视频通信功能的加入，进一步丰富了互动形式，使教师和学生能够在线召开翻译推进会，进行更为直观和深入的交流。同时，翻译论坛也为师生提供了一个聚焦翻译学习话题的讨论空间。值得一提的是，借助 XWiki 工具包实现的 Wiki 协作翻译文本系统，为多人在线协作编辑提供了可能，这对于学习小组共同商讨和完善译文具有极大的帮助。

翻译作品提交与反馈区强调了对学生翻译实践过程的重视与关注。学生可以在这个区域展示自己的翻译作品，接受教师和同伴的反馈与建议。这种过程性的展示方式不仅增强了学生的参与感和成就感，更能促使他们在不断的实践中提升翻译技能。同时，该区域还集中展示了班级中的优秀翻译作品、译文范文以及教师的点评意见和学生的翻译反思报告等，这些成果不仅是对学生努力的肯定，也为他们提供了相互学习和借鉴的机会。为了满足学生在翻译过程中的多样化需求，该教学平台还巧妙地集成了多种广泛应用的翻译辅助工具软件，如 Trados、Wordfast、雅信 CAT 等，这些工具的加入，使学生在进行翻译实践时能够得到更为全面和专业的支持。同时，平台还提供了丰富的术语库、句料库、电子词典以及网络搜索和语料库等资源，供学生在翻译过程中随时查阅和参考，从而大大提高他们的翻译效率和准确性。

另外，该学习平台在设计上充分考虑了各区功能的集成性和便捷性。用户只需进行一次登录操作，便可轻松访问和使用各个功能区的服务。这种设计不仅提升了用户体验的流畅度，更使学习平台成为学生进行翻译学习的得力助手，为他们的学习之旅提供了全方位的支持与保障。

二、教学模式运行说明

课上互动学习与课下协作学习共同构成了这一创新教学模式的核心架构，其目标是通过每周一次、每次两个学时的教学安排，覆盖一个长达 18 周的教学周期，以系统性和持续性的方式全面提升学生的翻译技能。在这一总体布局的指导下，第一周为课程培训周，其核心目的在于使学生能够全面且深入地了解课程的结构布局、熟练掌握学习平台的操作方式，并对整体教学模式有一个清晰的认识，从而为后续的学习活动打下坚实的基础。而最后一周则作为课程总结周，专注于回顾整个学习过程中的关键知识点和难点，通过巩固和深化学生的翻译能力，确保学习成果能够得到有效内化和长期保留。

在实际授课的 16 周内，课程被划分为一系列每两周一个的翻译工作坊学习单元。这样的设计不仅符合学习规律，而且通过密集且系统的训练，逐步且稳步提升学生的翻译实践能力。在第一堂课上，教师不仅传授了学习平台的操作技能，还详细阐述了教学模式的每一步流程，确保每位学生都能毫无障碍地进行后续的学习活动，为整个学期的学习奠定良好的开端。随后，根据学生的个性化特征和学习成效，教师进行了科学的异质分组，每组大约由 4 名学生组成，并设立了组长角色，负责组内的协调与任务分配。组长职责的轮流承担机制，不仅促进了团队内的平等交流与沟通，还显著增强了学生之间的合作与互助精神。

以一个具体的学习单元为例，教学活动在多媒体教室展开。教师以深入浅出的方式，详细讲解了特定文本类型的翻译理论、策略选择及实践技巧。在讲解过程中，教师特别强调了文本类型的独特属性、语言特征、行文风格、句子构造以及所属领域的特点，使学生能够全面而系统地把握翻译材料的分析维度，深刻理解文本类型的本质特征，明确翻译理论与策略的选择依据，并准确识别翻译过程中需关注的关键问题和难点。同时，通过分析经典的译文实例，教师进一步加深了学生对翻译流程的理解与掌握，使学生能够更好地将理论知识应用于实际翻译实践中。

课后（即当天），教师会将翻译任务与材料上传至学习平台。这些任务形式多样，涵盖了文本、视频、音频、图片等多种媒介形式，以满足学生不同的学习需求和兴趣偏好。翻译文字量控制在500字左右，以便于学生进行高效且有针对性的练习。针对每项任务，教师都会提出明确的翻译要求和目标，并设计一系列具有启发性的问题，激励学生主动思考、积极讨论，并基于问题导向构建自己的翻译知识体系。

在随后的一周里，学生需要充分利用学习平台进行自主学习和协作交流。从课后第一天起，学生登录平台获取任务，并由组长组织召开线上翻译任务推进会。通过先进的音视频通信系统，学生们能够共同分析材料、明确工作方向、识别并讨论难题、制定解决方案、规划项目进度，并合理分配任务。这样的安排不仅提高了学生的自主学习能力和团队协作能力，还为他们提供了宝贵的实践机会。在接下来的两天里，学生根据个人时间安排，在学习平台的辅助下，结合教师提供的丰富资料和学习资源，自主学习并完成初步翻译。他们充分利用计算机辅助翻译工具和网络资源，将译文上传至个人区域进行展示和交流。同时，学生还将遇到的问题与疑惑提交至翻译论坛，与同学们进行深入的交流与互助。这一环节不仅极大地增强了学习的互动性和趣味性，也成为课程评价的重要组成部分，为教师提供了宝贵的教学反馈，让教师能实时了解学生学习情况。在课后第三天，学生们进行译文的相互评价工作，他们细致地从语法准确性、句法结构、词汇选用、文风特色以及逻辑连贯性等多个维度提出具体的改进建议，并通过即时通信工具或留言板渠道迅速地将这些反馈传达给原作者。这样的评价方式不仅有助于学生发现并纠正自己的错误和不足，还能够促进他们之间的互相学习和借鉴。在第四、五天，学生根据同伴的意见和建议修订译文，并再次上传至平台进行展示和交流。组长则负责整理论坛讨论内容，形成问题清单，为下次课堂讨论做好准备。在此过程中，学生们共同维护术语库，实时更新专业术语和翻译记忆库，并利用协作文档编辑功能共同建设翻译百科知识库。这样的协作学习方式不仅提高了学生的翻译效率和准确性，还充分展现了云时代协作学习的独特优势和魅力。

第二次课堂授课在语言实验室进行，前 50 分钟主要用于小组活动。这些活动包括：(1) 对组长译文的深入评价与集体修改，学生们利用电子白板实现同步编辑和实时交流，大大提高了修改效率和准确性。(2) 探讨在独译与同伴修改中遇到的问题及翻译策略的选择，以拓宽学生的翻译思维和视野。这样的课堂互动不仅有助于学生深入理解和掌握翻译技巧和策略，还能够促进他们之间的互相启发和借鉴。随后的 30 分钟，各组组长向全班展示翻译成果，接受同学们的质询与讨论。这样的展示和讨论环节不仅锻炼了学生的表达能力，增强了学生的自信心，还有助于营造班级内部的互相学习和竞争氛围。教师则负责协调讨论过程，并记录学生们对重点翻译问题的认识和分歧，为后续的教学提供有针对性的指导和建议。在最后的 20 分钟里，教师针对问题清单及课堂讨论中的重点问题进行详细讲解和总结，以深化学生的理解和记忆。

课后一周内，教师会依据全国翻译专业资格（水平）考试（CATTI）的标准，对学生的译文进行细致且全面的批改和评价。教师会提供具体的分数、详细的修改建议以及针对性的指导意见，以帮助学生更好地了解自己的翻译水平和存在的问题。同时，教师还会选出优秀译文进行展示和赏析，以激发学生的学习积极性和创造性。此外，教师还会上传参考译文及赏析材料，引导学生预习下一单元的内容，为后续的学习做好充分的准备。学生则需要撰写翻译心得报告，反思自己在翻译过程中采取的策略、受到的理论指导、成果的满意度以及存在的问题等，并将报告提交至平台进行交流和分享。这份翻译心得报告不仅是课程评价的重要参考依据，也是教师了解学生学习状况、调整教学策略的重要信息来源。

基于云计算学习平台的 MTI 翻译工作坊教学模式通过巧妙地将课上互动学习与课下协作翻译相结合，不仅成功构建了一个知识共建共享与实践学习并重的机制，还实现了教师在课上答疑解惑与课下有效监管的无缝衔接。这种教学模式确保了单元课程之间的逻辑连贯性与教学高效性，为全面提升学生的翻译教学质量提供了坚实的保障，深刻体现了对学生全面发展的高度重视。课上互动学习环节鼓励学生积极参与讨论，通过教师引导与同伴交流，深化对翻译理论与方法的理解；而课下协作翻译则为学生提供了将所学知识应用于实践的机会，通过团队合作，共同面对并解决翻译过程中的实际问题。这种理论与实践相结合的教学方式，不仅有助于学生巩固所学知识，还能在实践中锻炼和提升他们的翻译技能。同时，该教学模式还特别注重培养学生的自主学习能力和团队协作能力。通过设定明确的学习目标与任务，鼓励学生主动探索、独立思考，培养他们的自主学习习惯；通过小组合作、共同完成任务的方式，能够有效提升学生的团队协作精神和沟通能力，为他们未来的翻译职业生涯奠定坚实的基础。MTI 翻译工作坊教学模式以其独特的教学理念和实践方式，为提升学生的翻译教学质量和综合能力提供了有力的支持，对于培养具有国际视野和跨文化交际能力的高素质翻译人才具有重要意义。

第四节 云计算学习平台下 MTI 翻译工作坊教学模式实验及结果分析

一、实验目的

本书构建的 MTI 翻译工作坊教学模式的核心理念与根本目标聚焦于打破传统 MTI 教育中过度依赖理论讲授的局限性，旨在通过引入一系列具有创新性的教学理念与方法，激发学生的内在动力，促使他们更加主动地参与到翻译实践活动中来。此教学模式不仅强调理论知识的学习，还重视通过协作学习与实践操作相结合的方式，促进学生翻译技能的全面提升与译者综合素养的深化，目标是使学生能够适应并面对未来职业翻译领域的变革与挑战。

为实现上述目标，课题组经过周密规划，设计并实施了一项以翻译工作坊为核心的教学实验。实验对象选定为某高校一年级 MTI 学生，共计 15 名。大一学生正处于专业学习的奠基阶段，他们对新事物的接受能力强，对新教学模式的适应性高，且通过在他们中间开展实验，能够为后续年级的教学改革提供宝贵的先行经验与参考依据。在实验的具体实施过程中，课题组充分利用了翻译工作坊这一灵活多变的教学平台，通过模拟真实的翻译工作场景，设置涵盖多种文体、领域与难度的翻译任务，鼓励学生组成小组进行合作学习。

二、实验步骤

在实验筹备初期，首要任务是对学生群体进行翻译能力的前测。此次前测的主要目的是全方位、深入地掌握学生在实验启动前的翻译水平基准，为后续的实验效果评估提供准确的对比依据。实验圆满结束后，为了全面而客观地评估所实施教学模式的实际成效，我们不仅再次对学生进行了翻译能力的后测，还设计并分发了一份调查问卷。这些系统的评估措施确保了实验数据的全面性、准确性和可靠性

在翻译能力的前测与后测中，我们特别选用了 CATTI 二级的真题试卷。CATTI 作为国内翻译领域的权威资格考试，其试卷在信度与效度上均经过了严格的把控，能够真实、准确地反映出学生的翻译能力水平。通过采用这一标准化的试卷进行前、后测，我们确保了测试条件的一致性，从而能够更为准确地衡量学生在实验期间翻译能力的变化幅度。测试的具体内容主要聚焦于翻译策略与技巧的运用、译文的忠实度、语言的通顺性、语法的准确性以及标点符号的规范使用等多个关键方面。这些评价维度不仅涵盖了翻译能力的核心要素，而且能够全面、综合地反映出学生的翻译水平。为了确保评价标准的统一性，我们制定了详尽的评分细则，并严格把控阅卷过程的一致性和公正性，从而保障了评分结果的客观性和准确性。在各项得分的计算上，

我们采用了科学的加权公式，具体为：总分＝忠实度×0.3+通顺性×0.2+语法准确性×0.2+标点符号规范使用×0.1+翻译策略与技巧运用×0.2。这一公式旨在合理平衡不同评价维度的权重，确保总评分数的合理性和准确性，从而更为全面地反映学生的翻译能力水平。阅卷工作由两名经验丰富的CATTI二级笔译阅卷师共同完成，他们凭借深厚的专业素养和严谨的工作态度，确保了阅卷工作的高质量和准确性。

为探究学生翻译能力的变化并验证教学模式的有效性，我们使用SPSS统计软件进行了前测与后测成绩的相关性分析。通过这一科学的分析，我们能够直观地观察到学生在实验期间翻译能力的提升情况，从而有力地验证了教学模式的实际效果。除此之外，我们还根据实验需求自行编制了一份调查问卷。该问卷旨在全面了解学生对云计算学习平台下翻译工作坊教学模式的评价和看法。问卷内容涵盖了学生对教学模式的满意度、参与度、收获感以及改进建议等多个方面，通过收集学生的真实反馈，我们能够更为全面地了解教学模式的实际效果，并为后续的教学改革提供有益的参考和借鉴。

三、实验结果与分析

（一）前测、后测成绩配对样本 t 检验

在将前测成绩与后测成绩进行正态分布检验的过程中，我们观察到，尽管样本数量相对有限，数据仍然呈现正态分布，后续统计分析具备数据基础。为了更深入地探究教学实验对学生翻译能力的具体影响，我们选择了配对样本 t 检验作为研究方法。通过这一方法，我们对学生参与实验前后的翻译能力变化进行了梳理与分析。具体的检验结果如表5-1所示，该表格不仅详细列出了前测成绩均值与后测成绩均值，还清晰展示了均值差及差异系数等核心指标，为我们的分析提供了有力的数据支持。

表 5-1 前测、后测成绩配对样本 t 检验结果

	前测成绩均值	后测成绩均值	均值差	差异系数
总分	70.28	79.89	9.61	0.000**
翻译策略与技巧	58.67	74.83	16.16	0.000**
忠实	74.00	84.83	10.83	0.000**
通顺	75.23	84.53	9.30	0.000**
语法	66.07	72.23	6.16	0.004**
标点	80.90	81.23	0.33	0.834

注:* 表示差异在 0.05 置信水平上显著(双尾),** 表示差异在 0.01 置信水平上显著(双尾)。

在表 5-1 所呈现的数据中,学生的前测与后测总分均值分别处于 70～80 分数区间的两端。这一区间通常被视为较好的成绩范围,说明学生整体的翻译能力已经达到了一个相对不错的水平。而更为引人注目的是,总分前测与后测的差异系数达到了 0.000 的显著水平,这一结果证明了该教学模式在提升学生整体翻译水平方面具有极为显著的效果。

从微观层面进行剖析,我们发现翻译策略与技巧、忠实、通顺、语法这四个关键方面的前测与后测差异系数也均达到了 0.000 的显著水平,这表明这些方面在实验后均实现了显著提升。其中,翻译策略与技巧的提升幅度尤为突出,均值差高达 16.16。然而,前测均值仅为 58.67,这一结果不禁令人深感忧虑。该研究深刻指出,传统翻译教学普遍存在的一个显著问题是过分侧重于理论知识的讲授,而将翻译策略与技巧的传授简化为理论层面的阐述,导致学生缺乏将所学策略与技巧应用于实践的机会。事实上,翻译策略与技巧本质上属于实践范畴,学生只有在真实的翻译情境中,通过深入分析翻译文本的特点,确定并灵活应用相应的翻译策略和技巧,同时不断加以检验和反思,才能真正掌握并熟练运用它们。

翻译工作坊教学模式则巧妙地营造了这样一种真实的翻译情境,它让学生以译者的身份面对翻译任务,从而增强了他们的翻译使命感。在这一模式下,学生通过讨论和辨析,可以深化对翻译策略和技巧的理解与掌握,明确它们的使用情境及能够解决的问题类型,进而将所学知识应用于翻译实践中。此外,该模式还强调以协作学习为核心的互动学习方式,为学生提供一个知

识共建共享的平台。在这个平台上，学生可以通过吸收、同化或顺应同伴的认知，不断拓宽自己的知识视野，最终将这些知识内化为自己的认知结构。协作学习不仅能够提升学生合作翻译的能力，还能帮助他们更好地把握翻译专业经验和行业经验，这与现代翻译行业的操作规范相契合，有利于全面培养学生的译者素质。

在翻译教学成效的评估中，学生在忠实和通顺两个关键维度上的成绩提升尤为显著，具体表现为从原先的 74.00 分和 75.23 分分别跃升至 84.83 分和 84.53 分，均值差达到了 10.83 分和 9.30 分。这一数据佐证了所构建的教学模式在增强学生源语言文本理解能力和译入语表达能力方面所发挥的核心作用。这一成效的取得，在很大程度上归功于讨论式协作学习模式以及教学平台所提供的丰富资源支持。

在讨论式协作学习的过程中，学生得以构建译者和读者的双重身份，通过双重视角对文本及其意义建构进行审视。这种独特的视角转换促使学生能够发现自身在翻译过程中难以察觉的细节、错误和偏差。通过深入的讨论和辨析，学生致力于准确、到位地理解原文的意义表达，这是确保译文忠实于原文的基石。然而，我们也应清醒地认识到，在语言的转码过程中，仅仅准确理解源语言信息并不足以保证译入语文字的准确、到位表达。译者的译入语水平在很大程度上影响着译入语对原文信息和意境的准确传达。为此，该教学模式巧妙地整合了云计算学习平台中的多种多媒体辅助翻译技术，为学生提供了全方位的语言支架支持。具体而言，网络引擎搜索和网络资源帮助学生快速获取与翻译内容相关的专业知识，从而更准确地理解翻译材料；语料库则为学生提供了特定文本类型的写作规范、文字使用特点以及意义表达规则等信息，有助于他们更深入地理解文本；而计算机辅助翻译软件则通过自动生成并储存记忆库中的文本内容，提高了翻译效率并保证了译文的一致性。综上所述，该教学模式通过讨论式协作学习和丰富的资源支持，不仅增强了学生的源语言文本理解能力，还通过提供全方位的语言支架辅助学生准确使用译入语进行表达，从而全面提升了翻译文本的"信"（忠实于原文）和"达"（通顺表达）水平。

语法前测和后测的显著系数为 0.004，在 0.01 的置信水平上存在显著差异，这一数据说明该教学模式在提升学生语法水平方面的有效性。尽管翻译工作坊并未将语法学习设定为核心内容，也未专门为此设立针对性的学习活动，但学生在进行独立翻译、参与讨论与协作的过程中，为了更精确地理解原文及流畅地表达译文，都不得不深入剖析两种语言的语法结构。在这一过程中，讨论环节起到了至关重要的作用，它不仅帮助学生纠正了对语法现象及理论的误解，还使他们能够更加熟练地掌握语法的使用规则及其背后的深层意义表达机制。出于对原文精确理解和译文准确表达的强烈需求，学生在遇到困惑时，会主动在课余时间深入学习语法知识，这种内在的学习动力促使学生从被动学习向主动学习转变。因此，学生在语法方面取得的显著进步实则是顺理成章的结果。

然而，与语法水平的显著提升形成对比的是，标点符号的使用水平并未呈现出同样的趋势。标点显著系数为 0.834，远大于 0.05 的显著性水平，表明在这一方面前、后测的差异并不明显。在前测与后测的对比中，我们发现标点符号使用水平的均值差仅为 0.33，这一细微的差距从统计学角度来看并不具备显著性，进一步证实了该教学模式在提升学生标点符号使用能力方面的作用相对有限。这一现象可能源于翻译实践过程中学生的主要关注点和精力分配。在翻译活动中，学生往往将大部分精力集中于原文的深入理解、译文的精准表达、翻译策略的有效选择以及翻译技巧的灵活应用上。相对而言，标点符号作为辅助文字信息传达的工具，其重要性在翻译实践中可能被相对淡化。在我国的教育体系中，标点符号的使用虽然作为语言规范的一部分，但长期以来可能并未得到足够的重视和系统的训练。这种教育背景的缺失可能在一定程度上影响了学生在翻译过程中对标点符号使用的敏感度和准确性。因此，尽管该教学模式在提升学生整体翻译能力方面取得了显著成效，但在标点符号使用这一具体细节上，其改进效果并不显著。

为了全面提升学生的翻译能力，未来的教学实践中或许需要更加关注标点符号的正确使用，通过专门的训练和指导，增强学生对标点符号重要性的认识，并提升他们在翻译实践中对标点符号的准确运用能力。这样，不仅有助于提升翻译文本的整体质量，还能进一步培养学生的语言规范意识和严谨的翻译态度。标点符号作为语言规范的重要组成部分，其学习通常在小学阶段就已完成,因此学生在使用标点符号时往往已形成了相对固定的习惯。这种长期形成的习惯可能导致一些细微的使用错误难以被学生自身察觉,进而难以得到及时的纠正与提升。标点符号在翻译文本中虽不占据主导地位,但其准确使用对于确保文本的通顺性和专业性至关重要。因此,即使学生在整体翻译能力上取得了显著提升,标点符号使用方面的细微错误仍可能对翻译质量产生一定影响。

值得注意的是,尽管该教学模式在提升学生标点符号使用水平方面的作用相对有限,但其在其他方面的成效却是显而易见的。通过该教学模式的实施,学生在原文理解、译文表达、翻译策略选择以及翻译技巧应用等方面均取得了显著进步。这些能力的提升不仅有助于学生在翻译实践中更加准确地传达原文信息,还增强了他们的翻译效率和专业素养。

(二)调查问卷结果分析

为了更全面地评估该教学模式的效果,我们在教学实验结束后对学生进行了问卷调查。问卷内容主要围绕学生对该课程的教学模式运行、平台架构等方面的接受程度展开。问卷题目分为结构型和半结构型两种类型,旨在确保收集到的信息全面且深入,以便对教学模式进行更准确的评估。结构型问题全部采用正向提问方式,并参考了李克特 9 级量表进行设计。根据量表的设计原则,9 分代表极为赞同,5 分代表不置可否,1 分代表极为不赞同。学生选择的答案对应分数若在 5～9 分区间内,即表示学生对调查项目持积极认可态度;若答案对应分数在 1～5 分区间内,则说明学生对调查项目持消极否定态度。这种设计方式有助于我们更直观地了解学生对教学模式的接受度和满意度。半结构型问题则为开放性问题,不设定预期答案,旨在了解学生对该教学模式各方面的意见和建议。这种问题类型能够鼓励学生自由表达自己的想法和感受,为我们提供宝贵的反馈信息,以便对学习平台及教学活动进行及时的调整和改进。

调查问卷的回收率达到了 100%,且全部有效。将问卷主要问题的结果整理后(见表 5-2),发现学生对该教学模式的整体接受度为 7.20 分,表明学生的认可度较高。从分项来看,该教学模式的实践性非常强,得分为 8.20 分,这表明学生普遍认为该教学模式注重实践，有助于他们在实际操作中提高翻译能力。提高学生翻译能力方面的得分为 7.07 分，说明学生普遍认为在该教学模式下自己的翻译水平有了较大的提高，这与前测和后测的数据分析结果是一致的。然而，同伴批改译文的得分仅为 5.27 分，虽属于正向区间，但积极意义不大。这一结果反映了同伴在批改译文方面的能力还有待提高，他们由于自身翻译知识储备、翻译素质、翻译技能等方面还远未成熟，加之缺乏必要的教学方法和技巧，因此还无法有效地帮助同伴修改译文。这一点也与克拉申的"$i+1$"输入假设理论相吻合，即学生需要接触略高于他们现有水平的输入材料，才能有效地促进语言学习。除了标点符号使用水平外，其余各方面的得分均稳定在 6～8 分。这一区间对应着"好"和"较好"的评价标准，表明该教学模式在多个维度上均取得了令人满意的成效。深入分析学生对开放性问题的回答，可以进一步揭示该教学模式的积极影响。

表 5-2　调查问卷结果

问题	统计结果 / 人									均值 / 分
	9分	8分	7分	6分	5分	4分	3分	2分	1分	
1. 你对云计算学习平台上翻译工作坊教学模式整体评价如何？	2	6	3	2	1	1	0	0	0	7.20
2. 该课程对你的翻译水平提升作用有多大？	2	3	5	4	1	0	0	0	0	7.07
3. 云计算技术应用于翻译教学的必要性如何？	3	3	7	1	1	0	0	0	0	7.40
4. 该教学模式对翻译实践的重视凸显程度如何？	5	8	2	0	0	0	0	0	0	8.20
5. 与传统的翻译教学相比，你是否更愿意参加该教学模式的学习？	1	6	3	3	1	1	0	0	0	7.00
6. 计算机辅助翻译软件对翻译的帮助作用如何？	2	4	5	3	1	0	0	0	0	7.27
7. 网络语料库和网络资源是否有利于翻译实践？	0	1	4	6	3	1	0	0	0	6.07
8. 你对翻译的兴趣和热情是否得到了较大的激发？	3	2	5	3	1	0	0	0	0	7.27
9. 你认为课堂讨论对于掌握翻译知识、提高翻译能力的促进作用如何？	3	4	4	2	2	0	0	0	0	6.67
10. 小组协作学习对于解决翻译实践中的问题帮助作用如何？	2	3	4	4	1	1	0	0	0	6.87
11. 同伴批改译文对你的帮助作用如何？	0	1	3	3	3	2	3	0	0	5.27
12. 翻译心得报告对促进翻译反思的作用如何？	1	4	5	4	0	1	0	0	0	6.93

大部分学生认为，该教学模式下所构建的云计算学习平台能够将多元化的网络资源、专业语料库、高效搜索引擎、先进的计算机辅助翻译软件以及即时交流工具等有机整合于一体，形成一个功能强大且资源丰富的学习环境。这种整合不仅为学生提供了广泛而深入的学习材料，还极大地便利了他们在学习过程中的信息交流与合作。具体而言，学生可以通过网络资源快速获取与翻译任务相关的背景知识和专业领域信息，利用语料库掌握特定文本类型的写作规范和表达习惯，借助搜索引擎查找专业术语和准确翻译，通过计算机辅助翻译软件提高翻译效率并保证译文一致性，同时利用即时交流工具与教师和同学进行实时沟通与协作。这种高度整合的学习平台不仅丰富了学生的学习资源，还促进了他们之间的有效互动与合作，从而在很大程度上提升了学生的翻译学习效果和满意度。学生普遍认为，这种教学模式不仅有助于他们掌握翻译技能，还能培养他们的自主学习能力、团队协作精神和跨文化交际能力，为未来的翻译职业生涯奠定坚实的基础。该教学模式通过多维度的辅助手段，成功实现了独立翻译与协作翻译的有效结合，不仅锻炼了学生独立承担翻译任务的能力，还使他们能够更好地适应当前翻译行业中团队翻译的工作需求。在这种教学模式下，学生不仅能够在独立完成翻译任务的过程中提升个人的翻译技能和专业知识，还能在团队协作中学会如何与他人有效沟通、分工合作，共同解决翻译过程中遇到的难题。这种综合能力的培养，对于提高学生的译者综合素质具有显著作用。此外，学生普遍反映，教学工作坊的设置使得翻译学习更加侧重于实践环节，让理论学习在适度的位置上发挥了其应有的作用。这种以实践为导向的教学理念，不仅增强了学生将理论知识应用于实际翻译情境的能力，还激发了他们对翻译实践的兴趣和热情。通过参与教学工作坊中的各类实践活动，学生能够在模拟或真实的翻译项目中积累经验、提升技能，为将来步入职场打下坚实的基础。综上所述，该教学模式通过多维度的辅助手段、独立翻译与协作翻译的结合以及实践导向的教学理念，全面提升了学生的译者综合素质和翻译实践能力，使他们能够更好地适应翻译行业的发展需求，为未来的职业生涯奠定坚实的基础。这一改变不仅打破了翻译课堂枯燥无趣的局面，还使学生能够亲身体验翻译理论的实践过程以及翻译策略和技巧的具体应用，从而更好地契合了 MTI 学生的培养目标和就业取向。

云计算学习平台下翻译工作坊教学模式的实践成果，已表明其对于MTI学生实践翻译能力的全方位提升具有明显作用。特别是在翻译策略与技巧的灵活运用、确保译文既忠实于原文又通顺流畅以及语法知识的深入理解和准确运用等方面，该教学模式的优越性得到了充分体现。这一教学模式不仅为学生提供了一个接近实战的翻译环境，使他们在实践中不断锤炼和成长，而且通过一系列的实际操作活动，加深了他们对翻译理论的领悟，促进了理论与实践的深度融合，进而全面提升了学生的综合翻译素养。该教学模式的成功实践，不仅有力地证明了其在MTI教学中的可行性和不可或缺性，而且为当前MTI教学中普遍存在的实践环节薄弱问题提供了切实可行的解决方案。云计算学习平台的引入，使得学生能够在虚拟但高度模拟真实情境的环境中进行翻译实践，他们可以随时与同伴和教师进行在线交流与合作，这种即时的互动不仅极大地提升了他们的翻译技能，还锻炼了他们的团队协作和沟通能力，为他们的未来职业发展奠定了坚实的基础。

然而，任何新兴事物都有其不完善之处，该教学模式在学生的实际运用中也暴露出了一些需要改进的缺点。例如，同伴批改译文的环节，虽然旨在促进学生的相互学习和帮助，但由于同伴之间的翻译水平参差不齐，且批改经验相对匮乏，导致这一环节的帮助作用相对有限。此外，教师在该教学模式中的角色定位也有待进一步明晰和优化，以提高教学的针对性和实效性。同时，云计算学习平台对师生的计算机操作能力和网络知识水平提出了较高的要求，这在一定程度上限制了该教学模式的普及和应用范围。尽管如此，该教学模式所展现出的活力和潜力仍然令人振奋。未来的研究应聚焦于如何构建更加有效的学生翻译互助机制，明确和优化教师在教学模式中的角色定位，提高教学的灵活性和适应性，以及探索如何更好地整合网络资源和计算机辅助翻译软件，以实现协同操作。通过持续不断的改进和完善，我们可以使这一教学模式更加贴合MTI教学的实际需求，为我国经济社会发展培养出更多具备扎实语言基础、熟练翻译技能、良好团队协作能力和创新能力的专业化、高层次翻译人才。这些人才将成为我国在国际舞台上交流与合作的重要桥梁和纽带，为我国的对外开放和国际化进程贡献智慧和力量。

在下一章，我们将探讨 MTI 学生在翻译课程教学中的核心地位以及他们的主体参与作用。这一研究视角的转换，源于对当前翻译教育实践现状的深刻反思与批判，旨在从更广阔的视角、更深层次地理解 MTI 学生在翻译学习过程中的真实体验、内在需求以及面临的挑战。我们期望通过这一细致入微的研究，揭示出学生如何积极利用翻译课程中的各类教学活动，主动构建并完善自身的翻译知识体系，同时不断提升翻译实践能力，为未来的职业生涯做好充分准备。

第六章　MTI 翻译同伴反馈教学模式实证研究

第一节　MTI 翻译同伴反馈教学模式研究背景

同伴反馈，作为过程写作教学论的核心组成部分，从最初作为形成性评价方式的单一应用，逐渐演化成一种综合性学习机制。同伴反馈为学生搭建了一个"彼此分享思考、品鉴作品和争取共识的群体活动"的广阔舞台（张福慧等，2015），学生通过相互评价、指导、启发以及问题的共同探讨，实现了在社会互动、语言运用、认知发展以及情感交流等多个层面对彼此学习成就的深远影响（Cao 等，2019）。尽管相关理论研究已经充分肯定了同伴反馈的积极作用和价值，但在实际的高校外语教学中，同伴反馈的广泛应用仍然面临着诸多挑战和障碍（李清华、孔文，2015）。

近年来，国内部分学者（如王树槐，2009；李小撒、柯平，2013a）开始倡导在翻译教学中实施同伴反馈，以期提升翻译教学质量和学生的学习效果。然而，遗憾的是，相关研究文献仍然相对匮乏，无法充分展现同伴反馈在翻译教学中的全面作用（Min，2006；Li、Ke，2022）。现有的研究主要集中在两个方面：一是深入探究同伴反馈的效能；二是对比分析同伴反馈与其他反馈方式的效果。在同伴反馈效能研究方面，Wang 和 Han（2013）、Flanagan 和 Heine（2015）、邓燕和陆梅（2017）以及 Heine（2019）等学者通过精心设计的基于网络的翻译同伴反馈教学实验，有力地证实了同伴反馈在提高学生翻译能力和改善译文质量方面的显著作用。同时，更多学者（赵海娟，2020；Lin 等，2021；李小撒、柯平，2013b/2021；Li、Ke，2022）则将研究目光聚焦于线下同伴反馈，通过实证研究揭示了其对提升翻译教学效率的积极影响。这些研究大多基于同伴反馈的采纳率以及译文的改善情况，得出了同伴反馈能够提高翻译教学效率和效果的明确结论，从而证明了同伴反馈在翻译教学中应用的可行性和有效性。在同伴反馈对比研究方面，Lee（2018）、王利娜和吴勇毅（2021）等学者通过细致的对比分析，揭示了同伴反馈和教师反馈在反馈话语和教学效果方面的异同，发现两者在翻译教学中均能产生积极效果，且两者之间并无显著差异。范劲松和季佩英（2017）则进一步对同伴互评、学生自评和教师评价的评分标准进行了深入的对比分析，发现这三者之间存在一定的交互性和互补性。这些研究均认为，同伴反馈可以作为一种有效且独特的教学手段，广泛应用于翻译实践课程中。然而，值得注意的是，也有学者（如白丽茹，2013）对同伴反馈在具体教学实践中的可行性和有效性提出了质疑。这表明，学术界关于同伴反馈对翻译教学的有效性尚存在争议和分歧，因此有必要进行更为深入和细致的实证研究以验证其实际效果。

　　目前，我国翻译同伴反馈研究仍面临诸多挑战和不足。首先，在研究对象方面，现有研究较为单一，以本科英语学习者为主，而以 MTI 研究生为对象的研究则几乎空白。这导致我们无法全面了解同伴反馈在不同层次和类型学生中的适用性和效果。其次，在研究内容方面，现有研究缺乏对同伴反馈影响因素的深入考察和分析，无法揭示其背后的深层次机制和原理。此外，由于缺少历时性研究和教学实证研究，无法全面评估同伴反馈在长期使用和具体教学环境中的效果和影响。但最根本的问题在于研究设计的不严谨性，可能导致研究结论失真。多数研究存在虚拟预设的问题，即同时将同伴反馈和教师反馈设置为反馈环节，却预设在同伴反馈后进行的修改仅源于同伴反馈而与教师反馈无关（许悦婷、刘骏，2010）。这种不真实的虚拟预设严重削弱了研究的严谨性和科学性，导致自变量控制不严，从而使研究结果失真和片面。另外，多数研究仅将实际反馈数量作为对比基数，而忽略了应反馈数量这一重要指标，这可能导致同伴反馈的作用被片面夸大或忽视。

为解决上述问题，本书将采取更为严谨和科学的研究设计。首先，我们将教师反馈从教学环节中排除，以确保同伴反馈的独立性和准确性。这样可以更清晰地揭示同伴反馈在翻译教学中的独特作用和效果。其次，在传统考察指标的基础上，我们将增加同伴反馈贡献率等新的考察指标，以更全面地评估同伴反馈在MTI翻译教学中的作用和影响。通过这些改进措施，我们期望能够更准确地揭示同伴反馈在MTI翻译教学中的可行性和有效性，为翻译教学提供有益的参考和借鉴。同时，我们也希望本书能够推动翻译同伴反馈研究的深入发展，为培养更多高素质、高能力的翻译人才贡献力量。

第二节　MTI翻译同伴反馈教学流程构建

活动理论，根植于文化历史心理学派理论，揭示了个体心智发展与社会实践活动之间的紧密联系与相互作用。它强调，人的心智成长并非孤立进行，而是必须深深植根于广泛的社会实践活动之中，通过社会文化的宏观调节、人际间微观的互动调节以及个体内部的自我调节，逐步塑造并发展出独立的社会生产能力。这一理论为我们理解人类认知与学习过程提供了独特的视角。

翻译学习与实践活动，作为学科实践的语言学习模式之一，与活动理论对人类学习与发展深层次机制联系紧密。活动理论着重阐述了个体行为与其所处的社会历史文化背景的紧密关联性（Wertsch，1998）。该理论的核心观点指出，人的高级心智发展根植于特定历史文化背景下的社会实践，并在此过程中受到外部中介工具的影响、调节和塑造（Lantolf，2000）。具体而言，技术工具是连接个体活动与外部世界的桥梁，而心理工具在个体心智与行为发展的调控中扮演着核心角色（Vygotsky，1986）。个体与这些中介工具的交互作用，逐渐实现心智的发展。这种交互作用可以通过实习、指导性参与和参与性学习等多种形式实现，这些形式强调了个体在社会实践中的积极参与，以及获取和内化团体内部的中介资源对认知发展的重要性（Kozulin，2018）。个体的发展轨迹与成效，在很大程度上取决于其与外部中介作用的互动深度及强度。高质量的互动通常具备"主体间性"特点，即不同主体在特定实践活动中能够共享目标与意义资源（De Guerrero、Villamil，2000）。个体的认知发展过程实质是一个自我调控能力不断增强，将外部物理调节机制逐渐内化为心理调节机制的过程（Wertsch et al.，1996）。值得注意的是，内化不仅涉及心理层面，还涵盖个体在实践中的程序性知识，并反映了实践自动化的程度。在多数情况下，内化并非自发产生，而是主体与有效外部环境机制交互的结果，这是一个需要持续投入与努力的过程（Kozulin，2018）。在此过程中，个体的主观能动性，即其在社会文化中介作用下的行动能力，对知识的内化过程具有关键性影响（Ahearn，2001）。Kalaja 等（2015）的研究表明，个体的主观能动性不仅是一种心理认知特征，还构成了一种社会文化概念，体现了个体在具体社会文化背景下行为发生与变化的可能性。因此，个体主观能动性的发挥在很大程度上取决于其在所处社会文化环境中的实践活动，以及其在实践中对外部调节机制的感知与有效利用（Wertsch，1998）。然而，这种调节机制并非自然发生，个体学习目标与其对外部中介作用的获取与内化程度之间可能产生矛盾与张力。这些矛盾的产生、发展与解决过程，能够促使个体有意识地调节与规范自身的学习行为，并在这一过程中不断发掘自身潜力，产生新的学习需求与目标（Engeström，1987）。这种学习方式构成了活动理论视角下的扩展性学习过程，即个体或团体在特定社会历史文化环境下，通过克服挑战、应对困难，不断探索与构建新的学习目标与活动方式的过程（Engeström，1987）。在此情境下，个体的主观能动性逐渐展现出扩展性特征，即其在应对与解决矛盾的过程中，能够不断突破现有的活动方式，反思自身行为模式，并积极探索与生成新的活动方式（Sannino 等，2016）。这种学习方式对个体学习与团体实践方式的创新具有深远的启示作用。

  活动理论从主客观二元互动的视角，探究了人的学习发生机制。该理论认为，发展是主体与客体相互作用的结果，这一过程受到外部中介作用的调节，并受到具体社会历史文化环境的制约（Arievitch，2008）。活动理论的提出，打破了传统心理学中主观与客观、认知与实践的二元对立（Lantolf，

2014）。该理论强调，对个体发展的描述不能脱离其所处的社会文化环境及个体在该社会系统中的地位与功能。个体发展是社会发展的一部分，社会文化环境的变迁对个体认知、心智发展具有重要的调节作用（Engeström，1987）。因此，个体发展具有可干预性，通过高效的教学干预可以为个体发展创造有利的社会环境，提供丰富的认知资源，为其真实、有意义的社会实践奠定坚实基础。语言作为连接个体认知发展与社会实践的重要纽带，在此过程中发挥着至关重要的调节作用（Vygotsky，1978）。Gee（2015）认为，语言是社会活动在符号系统中的体现，代表了一种社会力量，是连接认知与实践的桥梁。语言学习过程本身就是个体社会化的过程，个体通过语言学习与外界进行交流与互动，从而实现心智的不断发展（Vygotsky，1986）。也就是说，个体发展离不开团体实践的支持与推动，团体实践也并非个体实践的简单总和，而是不同个体间认知、实践方式相互调节、碰撞与融合的结果（Engeström，1987）。活动理论认为，"活动"主要由主体、客体、中介工具、规则、共同体、劳动分工以及成果等七个关键要素构成（Engeström，2001）。主体，作为活动的直接参与者，通过其积极的行动和深入的认知，全身心地投入到活动中去；客体，则是主体努力追求的心智发展目标，它像一盏明灯，指引着活动的方向和目的；中介工具，在活动过程中扮演着"支架"的角色，为活动的顺利开展提供必要的支持和辅助；规则，则是一套行为准则，它约束并指导着活动的顺利进行，确保活动不偏离既定的轨道；共同体，为活动提供了必要的人际支持，它像一座桥梁，连接着活动的各个参与者，促进了成员间的互动与合作；劳动分工，明确了活动中各个成员的具体职责和任务，使得活动能够有条不紊地进行；成果，作为活动最终的具体产出，既是活动目标的直接体现，也是衡量活动效果的重要标准。在逻辑层面上，主体置身于一个由规则和共同体共同构成的社会文化环境之中，他们通过精细的劳动分工，巧妙地借助中介工具对客体进行作用，并最终产出预期的成果。这一过程不仅生动地体现了活动理论的核心思想，也为我们设计有效的学习活动提供了有力的理论支撑和实践指导。这些要素之间相互联系、相互制约，它们之间的矛盾与张力共同构成了发展的动力来源。活动理论进一步指出，发展是一个非线性、曲折前进的过程，是个体学习、团体实践与具体社会历史文化背景不断交融、互动的结果（Engeström，1987）。发展的实现方式是实践，个体通过积极参与团体实践，共同推动团体活动方式的创新，并在此过程中不断自身活动方式发展的可能性（Arievitch，2008）。

基于活动理论，本书设计了一个闭环的翻译同伴反馈教学流程（见图6-1）。在这个流程中，我们明确地将主体界定为MTI学生，他们作为翻译活动的直接参与者，致力于提升自身的翻译能力。客体，则是他们的翻译能力，这是他们努力追求的心智发展目标，也是他们翻译实践的核心。而成果，则体现为最终的译文，它是翻译活动的直接产出，也是衡量翻译能力提升的重要指标。在劳动分工方面，我们设置了译者/反馈提供者和修订者/反馈接受者两个角色，以确保翻译活动的顺利进行和反馈的有效实施。这种分工不仅提高了翻译活动的效率，也促进了学生之间的相互学习和合作。中介工具在这个流程中发挥着举足轻重的作用，包括多种有形和无形的支架：学科理论（如语言学和翻译学理论等）为翻译活动提供了坚实的理论基础，使学生能够更好地理解和运用翻译技巧；文化制品（如文献资料、教学资料、工具书、数据库等）为翻译实践提供了丰富的资源和参考，使学生能够更加准确地把握原文的意义和风格；人际支撑（如同伴、教师等）为翻译活动提供了必要的人际互动和合作机会，使学生能够在交流中不断提高自己的翻译水平；而活动（如课堂教学、反馈、练习、讨论等）则是翻译能力得以提升的具体途径和方式，它们为学生的翻译实践提供了广阔的平台和丰富的机会。规则在这个流程中同样扮演着不可或缺的角色，它们包括反馈规则（如反馈流程、标准和规范等）、会话协商规则和学习活动规则等，这些规则确保了翻译活动的有序进行和反馈的有效实施。它们像一把尺子，衡量着学生的翻译质量和反馈效果，也指引着学生不断向更高的目标迈进。共同体则是按照成绩异质原则构建的动态同伴反馈小组（2人一组），这种小组的构成方式有助于促进成员间的互动与合作，提高翻译活动的效率和效果。在共同体中，学生们可以相互交流、相互学习，共同解决翻译中遇到的问题和困难。这种合作学习的方式不仅提高了学生的翻译能力，也培养了他们的团队协作精神和沟通能力。

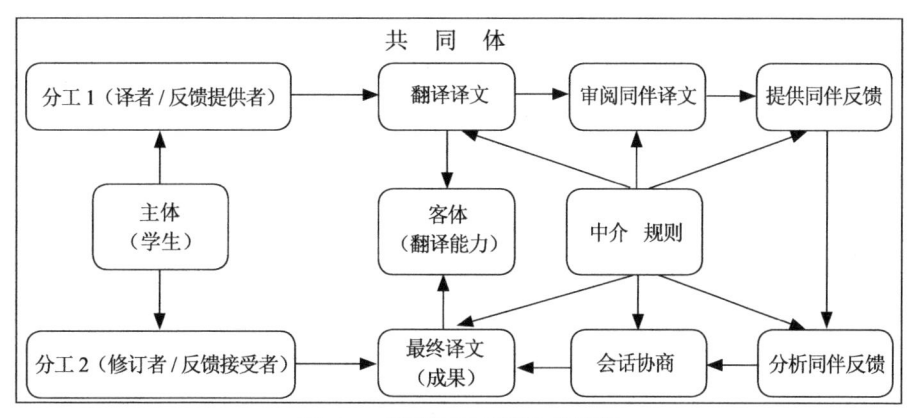

图 6-1　翻译同伴反馈教学流程

在活动理论指导下，本书设计的闭环的翻译同伴反馈教学流程中，学生可以在教师和同伴的帮助下，在规则的制约下，充分利用中介工具，开展劳动分工合作，最终产出高质量的译文，实现翻译能力的显著提升。该设计反映了活动理论的核心原则，同时为翻译教学引入了新的视角和策略。它为我们提供了一种有效的翻译教学模式，也为学生的翻译能力提升提供了有力的支持和保障。

第三节　MTI 翻译同伴反馈教学实验设计

一、研究问题

在 MTI 教育领域，探索高效且有效的教学方法一直是教育者关注的焦点。同伴反馈作为一种新兴的教学策略，在提升 MTI 学生翻译能力方面展现出巨大潜力。然而，关于同伴反馈作为唯一反馈变量在 MTI 翻译教学中的具体效果及效率，以及在实际应用过程中可能遭遇的挑战，目前尚缺乏深入系统的研究。鉴于此，本书拟对以下两个问题进行综合探讨。

研究问题一：同伴反馈作为唯一的反馈变量，在 MTI 翻译教学中的效果及效率如何？本书旨在深入挖掘同伴反馈在提升 MTI 学生翻译能力方面的潜力，特别是关注其在语言准确性、流畅性、文化适应性等核心翻译技能上的影响。通过对比同伴反馈与其他常见反馈方式（如教师直接反馈、自动化翻译工具反馈等），本书旨在揭示同伴反馈在促进学生翻译学习效率、激发学习动力以及培养批判性思维等方面的独特优势与可能存在的局限性。此外，本书还将通过细致的对比分析，为 MTI 翻译教学提供关于如何最有效地利用同伴反馈策略的科学依据。

研究问题二：同伴反馈应用于 MTI 翻译教学可能存在哪些困难？鉴于 MTI 学生群体背景的多样性、翻译任务本身的复杂多变以及同伴反馈机制的内在特性，本书将系统地探究在实际教学环境中实施同伴反馈可能遭遇的挑战。这些挑战包括但不限于学生间反馈能力的显著差异、反馈质量的波动不定、反馈接受者可能存在的心理抵触情绪，以及如何有效地将同伴反馈融入个人学习策略之中。通过深入剖析这些潜在障碍，本书旨在为教育者提供一套切实可行的策略建议，以期优化同伴反馈在 MTI 翻译教学中的应用，进而提升教学质量和学生的学习成效。

二、研究对象

本书以北方某工科大学 2021 级"汉英翻译理论与实践"课程的一年级 MTI 学生（英语笔译方向）为研究对象，样本总数为 34 人，包括 27 名女性和 7 名男性学生。这一研究群体的选择基于他们在实验开始前均未接受过正式的同伴反馈训练，从而确保了研究起始条件的相对一致性。这一设计有助于后续更准确地分析同伴反馈介入后对学生翻译能力提升的效果变化。

三、教学实验

该课程总时长为 32 学时，实验设计经过周密规划，旨在最大限度地发挥同伴反馈的积极作用。课程的前两个课时专门用于反馈培训，内容涵盖同伴反馈的基本流程、关键方法及规范要求的详细讲解。教师通过实例演示反馈过程，并引导学生参与模拟实践，确保每位学生都能熟练掌握反馈技能。随后，课程安排了五轮同伴反馈活动，每轮活动持续六课时（即三周）。具体实施步骤如下：第一周，学生需独立完成课后翻译任务，并将译文电子版提交给教师，教师仅进行审阅而不直接给出评价，以便了解学生的学习进度和难点所在；第二周，教师将审阅后的译文电子版按组分发，学生应在课余时间对同伴的译文提供详尽的反馈，并将包含反馈意见的译文电子版提交给教师，由教师监督反馈的执行情况；第三周，教师将带有反馈意见的译文打印稿在课堂上分发给学生本人，学生需围绕反馈内容进行小组讨论，课后根据反馈意见对译文进行修订，并将最终稿提交给教师，教师审阅终稿并对普遍存在的问题进行讲评，以促进学生的整体进步。

四、研究工具

为了全面评估同伴反馈在MTI翻译教学中的效果及其存在的问题，本书主要使用了以下两种研究工具：（1）同伴反馈材料收集，特别是针对第四轮的反馈材料进行了重点收集和分析。因为在这一阶段，学生已经较为熟练地掌握了反馈技巧，其反馈内容因此更具代表性和分析价值。这些材料被用于深入分析反馈的质量、有效性以及存在的问题，为改进同伴反馈机制提供实证依据。（2）问卷调查。该调查在课程考核结束后进行，旨在全面了解学生对翻译同伴反馈的整体态度、满意度、改进建议以及在实际操作中遇到的具体问题。收集这些宝贵的实证数据和主观反馈，可以更全面地理解同伴反馈在MTI翻译教学中真实的应用情况，并为未来的改进提供科学依据。

第四节 MTI翻译同伴反馈教学实验数据分析

先前的同伴反馈研究在评估其效果时，主要聚焦于反馈数量、正确反馈率及反馈采纳率等传统评价指标。尽管这些指标能在一定程度上显示同伴反馈的应用情况和准确性,但它们未能涵盖反馈过程中的所有关键要素,例如反馈效率。因此,这些指标在精确评估同伴反馈的效果和效率方面存在局限性。有鉴于此,本书致力于构建一个更为全面且细致的评价体系,通过纳入新的评价指标,更精确地衡量同伴反馈在翻译教学领域的实际效用。在深入剖析同伴反馈效果的评价过程中,本书认为,被反馈的信息是一个不可或缺的考量维度。这一维度的纳入,使我们能够更深入地分析同伴反馈在辨识与解决翻译难题方面的能力,同时,也能更准确地评估其在提升学生翻译技能方面的实际贡献。基于这一核心理念,本书提出了以下四个新的评价指标:正确反馈率作为衡量同伴反馈准确性的关键指标,通过精确计算正确反馈数量与实际反馈数量的比例,直观地反映了学生在提供反馈时的判断力与翻译水准。这一指标对于评价同伴反馈的质量具有举足轻重的意义。反馈覆盖率则着重反映同伴反馈在识别翻译问题方面的全面性。通过对比实际反馈数量与应反馈数量的差异,我们可以清晰地发现同伴反馈在哪些环节存在遗漏或不足,以及翻译能力和翻译评价能力是否符合培养要求。有效反馈率在评估同伴反馈解决实际问题的有效性方面发挥着重要作用。该指标通过计算正确反馈数量与应反馈数量的比例,不仅考虑了反馈的准确性,还充分结合了反馈的针对性,从而能够更全面地展现同伴反馈在提升学生翻译能力方面的实际成效。反馈贡献率则旨在衡量同伴反馈在促进学生翻译技能提升方面的实际贡献。通过对比反馈采纳数量与应反馈数量,我们可以更准确地把握同伴反馈在翻译教学中的实际效果,以及学生在接受反馈后所取得的进步。

　　本书提出的四个评价指标(正确反馈率、反馈覆盖率、有效反馈率和反馈贡献率)共同构成了一个全面的、精确的同伴反馈效果评价体系。这一体系的建立,不仅为我们更深入地了解同伴反馈在翻译教学中的实际作用提供了有力支持,还为后续的教学改进与策略研究奠定了坚实基础。通过这一体系,我们可以更全面地评估同伴反馈效果,从而不断优化教学策略和教学方法,提升学生翻译能力发展效率。

一、同伴反馈分析

本书旨在通过多维度、系统性的分析，全面且准确地评估同伴反馈在翻译教学中的效果及其潜在价值。为此，我们设计了研究框架，综合考量了应反馈数量、实际反馈数量、正确反馈数量、反馈类型以及反馈采纳情况等多个关键要素，这些要素共同构成了评估同伴反馈效果的基础。在此基础上，我们进一步计算出反馈覆盖率、正确反馈率、有效反馈率和反馈贡献率等核心指标，以全面揭示同伴反馈在翻译教学中的实际作用。

（1）在统计应反馈信息阶段，研究者依照学术规范，参照参考译文，对学生译文初稿进行了详尽的审阅。我们逐一标注出所有应反馈的点位，这些点位涵盖了译文中可能存在的各种问题，如语言错误、表达不清、逻辑混乱等。同时，我们还详细记录了这些问题的数量和类型，以便后续进行更深入的分析。这一步骤对于确保后续分析的准确性至关重要，它使我们能够精确识别译文中存在的问题，为后续反馈的提供和评估打下坚实的基础。

（2）在实际反馈信息统计过程中，我们制定了完整的反馈点关键要素，即问题识别、错误类型判断、修改建议以及修改依据。这四个要素相互关联，共同构成了同伴反馈的核心内容。其中，问题识别和修改建议是同伴反馈的核心，两者缺一不可。问题识别是反馈的起点，它要求反馈者能够准确识别出译文中存在的问题；而修改建议则是反馈的落脚点，它要求反馈者能够提出具体、可行的修改方案。对于那些建议连续删除的句子，我们根据其错误类型的数量和修改依据的充分性来确定反馈数量，以确保统计结果的准确性和全面性。

（3）在正确反馈信息统计阶段，我们主要依据问题识别和修改建议的准确性来判定反馈的正确性。我们设定了严格的判定标准，以确保反馈的正确性得到准确评估。如果问题识别和修改建议均准确无误，我们则将其视为正确反馈；如果问题识别处本无错误，但修改建议能够显著提升译文质量，我们同样将其视为正确反馈；如果问题识别正确而修改建议有误，我们则将其归为部分正确反馈；如果两者均存在错误，我们则将其视为错误反馈。为了便于后续分析，本书将部分正确反馈与全部正确反馈统一归类为正确反馈，因为部分正确反馈同样具有被采纳并引发译文修改的价值。

（4）在反馈类型统计方面，我们借鉴并调整了邓燕和陆梅（2017）对同伴反馈类型的界定，并制定了相应的类型及代码表（见表6-1）。该表详细列出了各种反馈类型及其对应的代码，以便我们进行细致的分类和编码。通过这一步骤，我们能够更清晰地了解同伴反馈中各类问题的分布情况，这有助于我们后续进行更深入的分析和改进工作。同时，对反馈类型的细致划分也有助于我们更准确地评估同伴反馈的针对性和有效性。

（5）在反馈采纳情况统计方面，为了准确评估同伴反馈的采纳情况，我们采用了三角验证的方法。这一方法要求我们将同伴反馈文本、译文初稿和终稿进行全面比对，以确定哪些反馈被采纳、哪些被拒绝以及是否存在错误采纳的情况。结果发现，同伴反馈的采纳形式主要有四种：全部采纳、部分采纳、拒绝采纳以及错误采纳。这一分析结果有助于我们更深入地了解学生在接受反馈后的实际修改行为，以及同伴反馈在实际教学中的应用效果。同时，它也为后续的翻译教学改进提供了有益的参考。

表6-1 同伴反馈类型及代码

反馈类型	具体内容		代码	反馈类型	具体内容	代码
语法问题	形态错误	性、数、格错误	1-1	技术问题	拼写错误	3-1
		时态错误	1-2		标点错误	3-2
		语态错误	1-3		大小写错误	3-3
		语气错误	1-4		格式/版式错误	3-4
		词语搭配错误	1-5	语义问题	原文理解不准确/错误	4-1
	一致错误	主谓一致错误	1-6		译文表达不准确/错误	4-2
		指代一致错误	1-7		过量翻译	4-3
	句法错误	句子不完整	1-8		翻译不足	4-4
		句子成分消极冗余	1-9	语篇问题	连词错误表达逻辑关系	5-1
	虚词错误	冠词/介词使用错误	1-10		连词不当/缺失	5-2
语用问题	词/短语使用错误或不当		2-1		……	
	文本/语言风格不对等		2-2			
	语言消极冗余（不含连词）		2-3			

基于以上详尽的统计信息，我们进一步计算了各项评价指标。反馈覆盖率以"实际反馈数量/应反馈数量"计算得出，它反映了反馈者对问题翻译的识别和修改能力；正确反馈率以"正确反馈数量/实际反馈数量"计算得出，

它用于衡量反馈的质量水平；有效反馈率以"正确反馈数量/应反馈数量"计算得出，它评估了反馈的效率，即反馈者在有限的时间内能够提供的正确反馈的数量；反馈贡献率以"反馈采纳数量/应反馈数量"计算得出，衡量同伴反馈在辅助翻译教学中的实际贡献，即反馈被采纳并对译文质量产生积极影响的程度。这些指标的综合应用，不仅全面考查了同伴反馈的质量和效率，还深入评估了其辅助翻译教学的整体有效性和可行性。本书的结果为后续的翻译教学改进提供了数据支持和理论依据，同时也为同伴反馈在翻译教学中的应用和推广提供了参考。

二、问卷分析

问卷的设计旨在全面且深入地探究学生对翻译同伴反馈机制的认知、评价及实际操作中遇到的问题。问卷内容主要由以下两大核心板块构成。

（1）李克特7级量表部分，聚焦于两个核心议题：其一，深入探究学生对翻译同伴反馈作用及其价值的个人认知（涉及问卷的第1至第8题）；其二，评估学生对反馈者所展现出的反馈能力的看法（涉及问卷的第9至第15题）。为了准确捕捉受访者的态度倾向，每个题目均设计了7个选项，分别对应从"非常不赞同"到"非常赞同"的7个不同级别，具体为"非常不赞同""比较不赞同""倾向不赞同""不置可否""倾向赞同""比较赞同""非常赞同"。值得注意的是，在处理第15题这一反向陈述题时，我们采取了反向计分的方法，以确保数据处理的准确性与逻辑一致性。量表在正式使用前经过了严格的效度和信度检验。检验结果显示，其KMO值达到0.677，样本数据适合进行因子分析；同时，Bartlett's Spherical Test的显著性水平为0.023，远低于0.05的常规临界值，说明各变量间存在着显著的相关性，为后续的统计分析提供了坚实的基础；此外，Cronbach's α 系数为0.752，进一步验证了量表内部的一致性，确保了其信度的可靠性。因此，该量表的效度和信度满足本书需求。

（2）开放式访谈部分，这一板块的设计更加注重对学生个体经验和主观感受的深度挖掘与理解。本书设计了5个开放性问题，以全面、多角度了解学生在实际参与翻译同伴反馈中遇到的问题和挑战。这种开放式的设计鼓励学生表达自己的独特观点和真实感受，从而为我们提供了更为丰富、详尽且具体的信息资源。对这些回答进行整理和分析，使我们能深入理解翻译同伴反馈在实际教学中的优势和不足，为教学方法改进和策略优化提供支持和指导。

第五节　MTI 翻译同伴反馈教学实验结果与讨论

一、同伴反馈分析

表 6-2 展示了同伴反馈的多维度信息，列出了应反馈、实际反馈及正确反馈的各类型与具体数量，还通过反馈覆盖率、正确反馈率和有效反馈率等一系列核心数据，为我们深入剖析同伴反馈的效能与质量奠定了坚实的基础。

表 6-2　同伴反馈数据

反馈类别	应反馈数量（占比）	实际反馈数量（占比）	正确反馈数量	正确反馈率	反馈覆盖率	有效反馈率
语义	456（34.0%）	384（35.4%）	311	80.9%	84.2%	68.2%
语用	301（22.5%）	227（20.9%）	190	83.7%	75.4%	63.1%
语法	379（28.3%）	332（30.6%）	317	95.5%	87.6%	83.6%
语篇	107（8.0%）	63（5.8%）	54	85.7%	58.9%	50.5%
技术	97（7.2%）	79（7.3%）	76	96.2%	81.4%	78.3%
共计	1340	1085	948	87.4%	80.9%	70.7%

具体而言，表 6-2 统计了 5 种反馈类别，即语义、语用、语法、语篇以及技术，并针对这五大类别，分别统计了应反馈数量与实际反馈数量的绝对值及其所占的比例。从数据中，我们可以清晰地看到，语义问题在数量上占据了主导地位，紧随其后的是语法和语用问题，而语篇和技术问题则相对较少。这一结果表明，在翻译过程中，被试在语法和语用方面面临挑战，语义能力不足问题更为突出，影响了他们对原文的准确理解和表达。

此外，计算得出的反馈覆盖率、正确反馈率和有效反馈率等指标，为评估同伴反馈的准确性和效率提供了支持。总体而言，80.9%的反馈覆盖率表明被试在识别翻译错误或不当之处方面表现出较高的识别能力。特别是语法和语义方面的反馈覆盖率较高，证明了这两个领域是被试在反馈过程中关注的重点。同时，技术反馈率也相对较高，这主要是因为技术问题作为翻译中的表层问题，相对容易被发现和纠正。然而，技术反馈的覆盖率并非最高，为81.4%，这可能意味着被试在反馈过程中态度不够严谨，存在遗漏或忽视某些技术问题的倾向。在语用反馈方面，其覆盖率处于可接受的水平，但语篇反馈覆盖率则明显偏低，仅为58.9%。这一结果深刻地反映了被试在语篇能力和意识方面的不足，特别是在处理替代、重复和省略等衔接手段时，他们往往难以准确识别出其中存在的冗余、不足或使用错误等问题。

正确反馈率，作为衡量反馈质量的重要指标，总体达到了87.4%。特别是技术反馈和语法反馈的正确率尤为突出，这充分显示了被试在这两个领域较为出色的反馈能力。同时，语义、语用和语篇的反馈正确率也均保持在较高水平，这进一步证明了同伴反馈的质量整体上能够满足同伴反馈教学的要求，对于提升学生的翻译能力具有积极的促进作用。与Min（2006）的研究结论相比，我们发现被试的反馈焦点已经开始向高阶的语义问题迁移。这一变化表明，随着学习的不断深入，学生逐渐意识到语义理解在翻译过程中的重要性，并开始在同伴反馈中更多地关注这一领域。这一发现对于我们深入理解学生的翻译学习过程以及优化同伴反馈策略具有重要的启示意义。

最后，有效反馈率为70.7%，虽然这一结果可以接受，但仍有较大的提升空间。特别是技术和语法反馈的效率相对较高，而语义和语用反馈的效率则处于一般水平。语篇反馈的效率最低，仅为50.5%。这一发现说明，高阶翻译问题的反馈效率明显低于低阶翻译问题，从而在一定程度上降低了同伴反馈的整体效率。因此，在未来的同伴反馈教学中，我们应更加注重提高反馈的效率和针对性，特别是要加强对语篇等高阶翻译问题的反馈训练，以全面提升学生的翻译能力和同伴反馈的效能。同时，我们还应引导学生树立严谨的反馈态度，确保在反馈过程中不遗漏任何关键问题，从而进一步提升同伴反馈的整体质量。

二、同伴反馈转化分析

同伴反馈采纳情况的描述性分析结果表明，全部采纳的比例最高，为62.0%，表明被试通常对同伴的反馈持信任态度。值得注意的是，技术反馈的全部采纳率达到了100%，这主要是因为技术问题属于翻译中的表层问题，其标准明确且易于识别，因此被试在面对这类反馈时更容易作出全部采纳的决定（见表6-3）。

表6-3 同伴反馈采纳情况一览表

采纳类型	全部采纳数量（占比）	部分采纳数量（占比）	拒绝采纳数量（占比）	错误采纳数量（占比）	有效采纳率	反馈贡献率
语义	176（45.8%）	66（17.2%）	121（31.5%）	21（5.5%）	63.0%	53.1%
语法	269（81.0%）	37（11.1%）	21（6.3%）	5（1.5%）	92.1%	80.7%
语用	107（47.1%）	52（22.9%）	36（15.9%）	32（14.1%）	70.0%	52.3%
语篇	42（66.7%）	0（0）	12（19.0%）	9（14.3%）	66.7%	39.3%
技术	79（100.0%）	0（0）	0（0）	0（0）	100.0%	81.4%
总体	673（62.0%）	155（14.3%）	190（17.5%）	67（6.2%）	76.3%	61.8%

在语法方面，全部反馈采纳率同样较高，表明被试对同伴在语法问题上的反馈能力有较高信任度。然而，随着反馈问题的复杂性增加，语篇、语用和语义反馈的采纳率逐渐降低，表明被试对同伴在处理复杂问题上的反馈能力的信任度逐渐减弱。尽管如此，整体采纳情况仍呈现出正面倾向，表明被试在大多数情况下还是愿意接纳同伴的反馈意见。

部分采纳反映了被试在反馈过程中的主动性和自主性，表明被试在作出选择前进行了考虑。然而，数据显示部分采纳的整体占比非常低，仅为14.3%。除了语用反馈的部分采纳率达到22.9%外，语义和语法反馈的部分采纳率均低于20%，而语篇反馈的部分采纳率甚至为0。这一结果可能意味着被试在采纳反馈时缺乏足够的主动思辨投入，他们更倾向于全盘接受或完全拒绝同伴的反馈意见，而不是在思考后作出部分采纳的决定。

有效采纳率（即全部采纳率与部分采纳率之和）是衡量反馈效率的重要指标。被试的整体反馈效率较高，达到了76.3%。然而，对高阶的语篇和语义反馈的采纳率相比偏低，这可能是因为处理高阶问题反馈的要求更高，需要被试具备更强的分析和判断能力（Nelson、Schunn，2009）。错误采纳发生在被试未充分认知思辨和查询求证即接受反馈意见，通常被认为是无效学习。被试的整体错误采纳率为 6.2%，这表明在被试的反馈学习过程中，存在一定程度的认知投入和行为投入不足的问题。拒绝采纳率则反映了被试对同伴反馈的不信任程度。整体来看，拒绝采纳率较低，但相比之下，语义和语篇反馈的拒绝采纳率高于均值。这一结果说明被试对技术、语法等低、中阶反馈的信任度较强，而对语义、语用和语篇等高阶问题反馈则持有一定的怀疑态度。为全面评估同伴反馈在 MTI 翻译教学中的有效性，本书采用了反馈贡献率作为评价指标。结果表明，总体反馈贡献率为 61.8%，相对较低。技术和语法反馈的贡献率在 80% 以上，这主要是因为语法反馈既是被试反馈的关注重点，也是其翻译能力中发展相对成熟的子能力（董洪学等，2022）。相比之下，语用、语义反馈的贡献率略高于 50%，而语篇反馈的贡献率仅为 39.3%。这些数据表明，同伴反馈在改善译文的语义、语用和语篇方面作用有限。总体反馈贡献率不高意味着翻译同伴反馈的实际有效性还不足以完全替代教师反馈。特别是同伴反馈主要对低阶的语法和技术问题有效，而对高阶翻译问题的改善作用有限。这一结果并未完全支持李小撒和柯平（2013b）的观点，该观点认为同伴反馈显著提升译文质量。这可能是由本书的研究增加了反馈贡献率作为评价标准所导致的。然而，反馈贡献率关注了应改而未改的翻译问题，因此它能够更加全面地考查翻译同伴互评的有效性。

三、问卷结果分析

问卷设计旨在探究学生对同伴反馈在翻译学习中的作用及价值的认知（见表 6-4）。对统计数据的均值分析显示，被试群体对同伴反馈的价值与作用持谨慎认可态度，平均得分为 4.99。然而标准差 0.7886 显示被试群体对同伴反馈的认知存在差异，反映了对同伴反馈信赖度与有效性的保留与不确定性。这一观察结果与 McConlogue（2015）及 Panadero 等人（2016）先前的研究发现不谋而合，均共同指向了学生在接纳同伴反馈过程中可能会遭遇的信任障碍。

表6-4 对同伴反馈作用和价值的认识情况

序号	题项	平均值	标准差
1	能够有效改善我的译文质量	4.43	0.5348
2	能够锻炼我的反思能力	4.69	0.8257
3	能够减少我对教师反馈的依赖	2.81	0.3863
4	能够强化我对翻译理论的理解	4.97	0.7875
5	能够增强我的译者主体性意识	5.78	0.9473
6	能够提高我的翻译校改能力	5.85	0.8381
7	能够强化我的译文质量监控意识	6.27	0.4124
8	翻译同伴反馈具有可行性	5.13	1.5764
	总体	4.99	0.7886

深入分析问卷指标显示，被试普遍认可同伴反馈的积极作用。他们普遍认为，同伴反馈不仅有助于深化对翻译理论的理解与实际应用，而且还能够显著增强译者的主体性意识，提升翻译校改的技能，强化对译文质量的监控意识。这些项目的平均得分均超过了4.9分的不确定区间，显示了被试对同伴反馈在这些方面的认可。此外，对于同伴反馈在锻炼反思能力方面的潜在贡献，被试也展现出了倾向性的认同，其平均得分达到了4.69。然而，在被试的反馈中，我们也捕捉到了一些显著的意见分歧。尽管从总体上看，被试认为翻译同伴反馈具有一定的可行性（平均分为5.13），但该项目的高标准差值1.5764却意味着，学生对于在实际翻译教学场景中实施同伴反馈的可行性和预期效果存在着较大的看法差异。也就是说，尽管被试对同伴反馈在改善译文质量和提升反思能力方面的作用持倾向性认可态度，但标准差的存在仍然揭示了他们在这些认知上的不一致性。特别值得注意的是，被试对于"同伴反馈能够减少我对教师反馈的依赖"这一观点表现出了明确的拒绝态度，其平均分仅为2.81，且标准差相对较低（0.3863），这表明被试在这一问题上的看法相当一致。这一发现不仅为O'Donovan（2017）的研究结论提供了实证支持，即学生在翻译学习过程中仍然高度依赖于教师的反馈，同时也凸显了当前同伴反馈机制在教学实践中的局限性，即它尚不能有效地降低学生对教师反馈的依赖程度，从而在一定程度上制约了其作为促进学生自主学习工具的效能。问卷结果揭示了学生对同伴反馈价值和作用认知的复杂性和多维性。这些宝贵的反馈与启示，无疑将为后续的翻译教学实践提供重要的参考

与指导。

表 6-5 为我们揭示了被试对于自己和同伴在翻译能力、外语能力以及翻译理论这三个翻译学习核心领域的反馈信心水平。从总体均值 4.72 可以看出，被试群体在整体上对自己的及同伴的反馈能力持有一种基本认可的态度。然而，标准差 1.0156 的显著存在，则清晰地指出了被试在这一问题上的信心差异，表明并非所有被试都拥有同等程度的自信。这种差异性的存在，提示我们需要进一步探究影响被试反馈信心的各种因素。特别值得注意的是，被试在翻译理论水平上的自信心显得尤为不足。无论是自评（均值 4.53）还是对他人的评价（均值 4.72），都明显低于总体均值，这充分反映了被试群体对于翻译理论知识的掌握程度及其在反馈实践中的应用能力存在一定的自我怀疑。这种自我怀疑可能会影响到他们在同伴反馈过程中的表现和效果。

表 6-5 对同伴反馈提供者反馈能力的认识

题号	题项	平均值	标准差
9	我的翻译能力能够使我胜任为同学提供反馈	5.09	1.4695
10	我的外语能力能够使我胜任为同学提供反馈	5.26	1.1976
11	我的翻译理论知识能够使我胜任为同学提供反馈	4.53	0.5482
12	同伴的翻译能力能够为我提供有质量的反馈	5.23	1.2373
13	同伴的外语能力能够为我提供有质量的反馈	5.48	1.3081
14	同伴的翻译理论知识能够为我提供有质量的反馈	4.72	0.9702
15	作为反馈者，我会感到有压力和不适应（反向计分）	4.37	0.8032
	总体	4.72	1.0156

深入各个具体题项时，我们发现被试对于自己的翻译能力（均值 5.09）和外语能力（均值 5.26）在提供反馈上的信心相对较高。然而，这两个题项的标准差较大，说明在被试群体内部，对于这两项能力的信心水平存在较大的波动。而对于翻译理论知识的掌握，无论是自评还是他评，都显示出较低的信心水平，且标准差较小，这表明被试群体在此方面的自信缺失是一种普遍现象。此外，第 15 题的反向计分结果（均值 4.37）进一步证实了被试在扮演反馈者角色时会感受到压力与不适应。这很可能源于他们对自己反馈能力的信心不足，以及长期以来作为被评价者所形成的被动、消极心态。这种心

态可能会影响到他们在同伴反馈中的积极性和参与度。

访谈环节提供了对同伴反馈在实际操作中遇到的困境与挑战的进一步了解。首先，反馈受益的不均衡性是一个突出问题，成绩一般的学生往往能从同伴反馈中获得更多的帮助，而成绩优秀的学生则对来自成绩一般学生的反馈质量表示不满。这与表 6-5 中第 12～14 项的高标准差一致，反映了反馈效果在个体间的差异。其次，同伴反馈的高时间和精力成本对已负担繁重课业的学生构成额外挑战。因此，学生在时间和精力上的投入不足，也成为制约同伴反馈效果的一个重要因素。此外，被试在反馈者和被反馈者角色间转换的不适应以及自我效能感的缺失，限制了同伴反馈的效果。最后，人际关系的考量影响了反馈的公正性和全面性，学生在提供反馈时可能因维护人际关系而保留，影响同伴反馈的准确性和有效性。

综上所述，尽管同伴反馈在 MTI 翻译教学中具有一定的可行性，但其作为独立反馈手段时效率偏低，且存在诸多不足。因此，本书支持周季鸣和束定芳（2019）及 Sadler（2010）的观点，即同伴反馈应与教师反馈结合，教师反馈为主，同伴反馈为辅。同时，我们也需要优化同伴反馈的教学设计，通过提升学生的自我效能感、能动性和积极性，来提高反馈的整体效率。此外，本书也支持宋铁花（2011）、魏梅（2015）、金晓宏（2016）等学者的观点，即学生更倾向于信任和依赖教师反馈。但同时，我们也应认识到同伴反馈作为教师评价补充的潜在价值，这与李小撒和柯平（2013b）、杨丽娟等（2013）的研究发现是一致的。在未来的教学实践中，我们应积极探索将同伴反馈与教师反馈相结合的有效途径，以充分发挥两者在翻译教学中的互补优势。

本书系统地探讨了同伴反馈在 MTI 翻译教学实践中的具体应用，旨在全面评估这一教学模式的可行性和实际教学效果。尽管研究结果显示，同伴反馈在某些关键方面，如反馈的效率和准确性上，尚存在不足和挑战，但我们依然坚信，通过优化教学设计、严格把控反馈质量，以及采取有效措施增强学生的参与热情和积极性，同伴反馈仍有可能成为教师反馈的一个重要且有益的补充。这不仅能够为翻译教学引入新的教学视角，还可能带来创新的教学方法，从而进一步提升 MTI 翻译教学的整体质量。为了更科学、更全面地衡量同伴反馈的实际效果，本书特别引入了反馈覆盖率和反馈贡献率等核心评价指标。这些指标的引入，使我们能够更精确地量化同伴反馈在教学过程中的实际效率，同时也为我们提供了一种客观、可靠的评价同伴反馈教学效果的标准。通过对这些指标的深入测量和细致分析，我们可以更深入地了解同伴反馈在翻译教学中的具体作用和价值，从而为后续的教学改进提供有力的数据支持。

然而，本书的横截面设计可能限制了对过程性影响变量的深入分析。因此，我们无法全面、动态地描绘出同伴反馈及其各种影响因素之间的复杂互动机制，也无法深入探讨同伴反馈在翻译教学过程中的动态变化和发展趋势。这是本书的局限性所在，也是未来相关研究需要重点关注和突破的方向。针对上述局限性，未来的研究应当更加聚焦于多因素影响下翻译同伴反馈教学模式的构建和实证研究。具体来说，我们需要通过更长时间的跟踪调查来深入了解同伴反馈在教学过程中的长期效果；通过更深入的访谈和观察来揭示学生和教师在同伴反馈中的真实体验和感受；通过更精细的数据分析来全面剖析同伴反馈在翻译教学中的作用机制和影响因素。同时，我们还需要积极探索如何将同伴反馈与教师反馈有机地结合起来，以构建一种既高效又全面的翻译教学模式，从而最大限度地发挥同伴反馈在翻译教学中的潜力和价值。本书为同伴反馈在 MTI 翻译教学中的应用提供了有益的参考和启示。尽管目前还存在一些挑战和局限性，但同伴反馈无疑具有巨大的潜力和价值。

当前，MTI 教育领域的研究已在教学内容优化、教学方法革新及学生能力培养等方面取得了丰富成果。这些研究不仅深化了我们对 MTI 翻译教学规律的认识，也为提升 MTI 翻译教学质量奠定了坚实基础。然而，与对学生和教学内容的广泛关注相比，对 MTI 翻译教师的研究相对较少。具体而言，对外语教师和行业教师在 MTI 教学实践中的具体表现、所面临的挑战，以及他们专业发展路径的深度探索，均存在明显的不足。这种研究上的不均衡，不仅限制了我们对 MTI 翻译教师教学行为和效果的全面理解，也在一定程度上阻碍了其教学效率和效果的提升。长远来看，这将对 MTI 人才培养的整体质量和水平产生不利影响。对此，本书第七章将聚焦 MTI 教师的专业发展现状、存在的问题以及专业发展路径的研究。我们将通过细致的分析，揭示 MTI 翻译教师在教学实践中遇到的具体问题，例如如何创新教学方法以适应不断变化的翻译市场需求,如何有效整合教学资源以提升学生翻译能力,以及如何在培养学生跨文化交际能力等方面发挥更大作用。同时,我们也将深入探讨 MTI 翻译教师在专业发展道路上所面临的挑战,如职业晋升的瓶颈、学术研究的困境以及国际交流的障碍,旨在为他们提供更加明确、可行的职业发展路径。此外,还将从 MTI 翻译教师的视角出发,探寻 MTI 人才培养的创新之路。我们将深入挖掘 MTI 翻译教师在人才培养过程中的角色定位和作用,分析他们如何通过与行业、企业等外部机构的紧密合作,为学生搭建更广阔的实践平台,从而提升学生的翻译技能和综合素质,为提升 MTI 翻译教师的教学效率和效果,推动 MTI 人才培养的创新和发展提供有益的参考和启示。本书认为,只有充分重视并深入研究 MTI 翻译教师这一关键群体,才能为 MTI 教育的持续繁荣和发展奠定坚实基础。

第七章　基于非正式网络学习共同体的MTI教师教学能力发展实证研究

第一节　MTI教师教学能力发展研究背景

我国高校外语教学领域在近年来呈现出明显的翻译学转向，这一转变的标志性事件是MTI的正式设立。这一重要举措不仅彰显了翻译学作为独立学科的地位，也标志着它从外国语言文学的附属中逐步脱离出来，发展成为一门拥有独特理论体系和实践要求的学科。自MTI教育实施以来，经过十多年的快速发展与不断探索，其在培养高层次、应用型翻译人才方面取得了显著成就，为国家和社会输送了大量优秀的翻译人才，这些人才在跨文化交流、国际合作等领域发挥了重要作用。然而，在MTI教育快速发展的过程中，也暴露出一系列亟待解决的问题。其中，翻译师资的严重不足尤为突出（鲍川运，2009）。这一问题已经成为制约MTI教育持续健康发展、实现其培养目标的主要瓶颈，严重影响了翻译教学的质量和效果（谢天振，2011；张瑞娥、陈德用，2012；王刚毅，2018；文军，2018）。究其原因，MTI师资问题的根源在于，翻译学科基础及其特有规律在一段时间内尚未得到学术界、教育界的充分认识和尊重，导致MTI教育在发展过程中出现了大跨跃式的现象

（吕冰，2018a）。这种快速发展使得学术型师资和应用型师资在配置上出现了不合理的情况，两者未能形成有效的互补与协同，从而影响了翻译教学的整体效果。当前，我国 MTI 师资队伍的构成主要以原本从事外语教学的教师转任而来为主（何刚强，2007；谢天振，2011），这部分教师虽然具备丰富的教学经验和先进的教学方法，但由于缺乏实际的翻译实务经验，往往难以给学生提供专业化和职业化的翻译指导（吕冰，2018）。而以实务翻译经验丰富的职业翻译人员作为补充的译员教师，虽然他们的教学内容更贴近翻译实践的实际需求，但大多未接受过专门的师范教育，缺乏必要的教育教学理论知识和教学方法技能，在教学过程中难以形成统一的教学标准和规范（鲍川运，2009）。因此，无论是外语教师还是译员教师，目前基本上尚不完全具备 MTI 翻译教学所要求的翻译教学能力（吕冰，2018a）。这种能力的不足不仅影响了翻译教学的质量，也制约了 MTI 教育目标的实现。此外，外语教师和译员教师分属不同的行业体系，彼此之间难以产生有效的社会性互动，导致了外语教师的翻译理论话语和教育教学话语与译员教师的翻译实践话语之间存在隔阂与脱节。这种隔阂使得外语教师往往"不懂"翻译业务的具体要求和流程，而译员教师则"不懂"如何有效地进行翻译教学，"教学"与"翻译"的割裂成为制约 MTI 教学效果提高的重要原因（覃俐俐、王克非，2018；Gile，2011；郑杨，2019）。

  翻译教师发展对翻译教学和翻译人才培养起着决定性的作用（庄智象，2007a）。要解决 MTI 的师资问题，首先，要将外语教师和译员教师同时纳入视野，充分认识他们在 MTI 翻译教学方面的优势和不足。其次，要整合两类教师的优势资源，通过建立双方翻译理论话语和翻译实践话语的社会性互动机制，促进彼此之间的相互理解和合作。最后，需构建一支既懂翻译、又会翻译、还能教翻译的"复合型、实践型翻译师资队伍"（柴明颎，2010；吕冰，2018b）。这样的师资队伍能够更好地满足 MTI 教育的需求，推动翻译学科的持续发展，为国家和社会培养更多优秀的翻译人才，为我国的国际化进程和跨文化交流作出更大的贡献。然而，我国翻译学研究长期偏重翻译文本与策略，相对忽视翻译教师的角色与地位（Kelly，2008；覃俐俐，2013；吕冰，2018a）。这种倾向导致翻译师资研究几乎被忽视，成为翻译学研究中的一块空白地带（郑晔、穆雷，2007）。这种研究取向的局限性在于，它无法为解决当前 MTI 师资面临的困境提供有效的理论支持和实践指导，进而加剧了由此引发的一系列问题，如教学质量不高、学生实践能力欠缺等。尽管存在上述困境，仍有部分学者对 MTI 师资问题进行了有益的探讨。他们主要围绕以下三个关键议题展开研究。

（1）关于"谁来教翻译"的问题，Gile（2010）、鲍川运（2009）、谢天振（2011）、覃俐俐（2013）、仲伟合（2014）和柴明颎（2017）等学者深入分析了 MTI 翻译教师的师资构成及特征。他们发现，在 MTI 师资队伍中，外语教师占据绝大多数比例（尤其在理工科院校中这一比例更高），而译员教师则相对较少。这种师资构成的不均衡导致了 MTI 教学过于偏重理论学习而忽视实践技能的培养，"重学轻术"问题尤为突出。为了改善这一状况，学者们强调，外语教师和译员教师应在翻译教学实践中发挥各自的优势，相互补充，共同构建既具备扎实理论基础又具备丰富实践经验的实践型师资队伍（许钧，2012；龙吉星、刘瑾，2018；杨晓荣，2018）。

（2）关于"具备什么资质的教师可以教翻译"的问题，学者们普遍认为，MTI 师资应具备多方面的能力和素质，包括较强的翻译实践能力、丰富的翻译实务经验、鲜明的专业特色、深厚的教学功底、较强的翻译研究能力以及跨文化沟通能力等（丁素萍，2012；郑朝红、郑悦，2014；朱波，2016；平洪，2016）。这些能力和素质的综合提升是保障翻译教学质量和效果的关键所在。

（3）关于"怎样发展翻译教师资质"的问题，学者们提出了不同的观点和建议。鲍川运（2007）提出了以过程为基础、可操作性强的翻译师资培训理念，为翻译教师的专业发展指明了方向。韩子满（2007）则建议翻译教师应积极参与职业翻译业务，通过实践锻炼提升自身的翻译能力。罗慧芳和鲍川运（2018）、王刚毅（2018）进一步指出，应充分利用互联网技术的优势，开辟多种渠道，提升翻译师资培训的网络化水平，以适应信息化时代对翻译教育的新要求。

然而，这些研究大多从宏观的理论视角出发，探讨翻译师资发展的策略、方法和原则，缺乏从微观视角聚焦翻译教师教学能力发展的实践研究。当前 MTI 翻译教师研究仍处于发现问题和分析问题的初级阶段，解决问题的研究相对较少。该领域研究呈现出以下特点：第一，MTI翻译教师作为翻译教育的关键要素，尚未获得独立的研究地位（覃俐俐，2013）。同时，研究也未将外语类院校和理工科院校的MTI教师进行明确的分类和比较，导致研究的代表性和针对性有待进一步加强。第二，由于未能深入探讨翻译教学能力的发展手段和策略，MTI翻译教师研究缺乏实际的指导意义和实践价值，因此未能有效进入教师发展阶段（黎妍，2015）。第三，在研究对象上，多数研究仅关注了外语教师这一群体，而忽略了译员教师的存在和贡献。这种研究对象的单一性导致了研究内容的不全面和不深入。第四，在研究方法上，以经验性总结为主，理论思辨研究次之，实证研究则极为匮乏（吕冰，2018a）。这种研究方法的局限性和不足限制了研究结果的普适性和推广价值。

针对上述问题，郭来福（2019）认为，探索MTI翻译教师教学能力的发展途径是翻译教学研究的紧迫任务。为了填补这一研究空白，本书将理工科院校MTI教师（包括外语教师和译员教师）作为研究对象，采用实证研究方法深入探讨其翻译教学能力的"实然状态"，即当前实际的翻译教学能力水平。同时，本书还将探讨如何利用教师网络学习共同体中"翻译"与"教学"的社会性互动机制，促进翻译教学能力向"应然状态"发展，即达到理想的教学能力水平。通过这一研究，我们期望能够为MTI翻译教师的专业发展提供有效的理论支持和实践指导，进而推动翻译教学质量的全面提升和翻译行业的持续发展。

第二节　非正式教师网络学习共同体

"共同体"这一核心概念，最初源自德国哲学家和社会学家斐南迪·滕尼斯的《共同体与社会——纯粹的社会学概念》（1999）。在该书中，滕尼斯阐述了共同体的内涵，即它代表着"任何基于协作关系的有机组织形式，这种组织形式尤为强调人与人之间那种紧密无间的联系，以及成员对共同体所怀有的深厚归属感、高度认同感和共同的精神意识"。滕尼斯（1999）认为，这一概念基于人类情绪和感情,由不同人群基于情感联系形成社会组合。他对此进行了细致的分类,将共同体划分为血缘共同体、地缘共同体及精神共同体三种形态。血缘共同体,正如其名,是基于成员间共有的或相近的血缘关系而构建的一种行为上的统一整体。随着共同体成员在地理上的流动与分布,这种血缘联系逐渐演变并分支出地缘共同体。地缘共同体,则是由居住在相同区域、在日常生活中各个方面相互共享的人们所构成,他们在深度的生活交融中形成了趋同的价值观和行为模式,使得他们能够对外界采取一致的社会行动。进而,地缘共同体在共同追求和意向的推动下,经由纯粹的相互作用与支配,可以逐渐进化为精神共同体。精神共同体被视为共同体结合中的高级形式,展现了人与人之间的深刻联系。Thomas Bender(1982)将共同体理解为特定社会空间或网络中的有限人群,通过共有理解与义务感相连,这种联系依赖于情感与情绪,而非个人利益。Geoffrey Caine 等(2010)以及邹佳青(2003)等学者则着重指出,在任何共同体中,成员间的关系以及这些关系的构建方式都是至关重要的因素。他们强调,共同体的本质在于长期共同生活中所形成的紧密无间的强关系,这种强关系体现在共同体成员之间持续而密切的交流,以及在多种场合下所展现出的相互深度融入的状态。即使存在天生的血缘联系,如果缺乏这种强关系,那么该组织也不能被视为一个真正的共同体。总的来说,共同体的核心特性在于其成员在紧密的交往与互动中所构建起的强关系网络体系。从微观的角度来看,它表现为个体与个体之间所构建的强关系初级群体;从中观的角度来看,它则体现为个体与组织之间所构建的强关系次级群体;而从宏观的角度来看,它则构成了组织与组织之间强关系网络体系的基础。

上述理论观点为后续社会学研究提供了基础。随着时代的变迁和学科的交融,"共同体"的概念逐渐演化出诸如学习共同体、网络学习共同体以及教师网络学习共同体等一系列新兴的研究领域。Etienne Wenger 等(2002)深入阐述了学习共同体的构成,认为它是一个由具备共同经历、积极参与学习活动、保持规律互动并分享专业知识的成员所形成的社会性框架。在此框架内,成员间展现出相互尊重、友好互动及高度信任的特点,且他们的共同体认同感与这些人际纽带紧密相连,共同塑造了一种强化归属感的环境。因此,学习共同体与外部世界之间并非必然存在清晰的社会分界线,其核心在于建立与社会的联系,即通过学习共同体内部的参与,为学习者提供社会认可的角色或实际的任务,进而提升他们的社会参与程度。Thomas J. Sergiovanni(1994)则着重指出,在学习共同体中,社会关系构成了其核心的构成要素。这些社会关系是通过多方面的因素,如承诺、理念、价值观、情感及信念等,逐步构建起学校共同体中教师之间的紧密联系。李洪修等(2015)将学习共同体看作是在共同愿景的驱动下,成员在平等地位上通过相互沟通交流、资源共享而形成的关系网络。他们特别突出了构建共享教学愿景、平等互信的交往模式及多元化沟通网络等关键要素的重要性,旨在建立成员间牢固的关系,以推动学习共同体的深化与发展。潘洪建(2013)分析了学习共同体的多样性,指出其存在于不同的类型、层次和范围之中,既涵盖小组层面,也扩展至班级、年级,甚至学校、学区层面,同时还包括虚拟的网络学习共同体。然而,他对于这些被广泛称为"学习共同体"的实体是否都真正符合这一概念表示了怀疑,因为"学习共同体"的定义在学术界一直缺乏明确的界定。同样,赵健(2005)在《学习共同体——关于学习的社会文化分析》一书中也提到,在知识时代,我们虽然对学习共同体寄予厚望,期望它能为知识创新和人的发展开辟新的领域,并尝试在相关领域构建这种理想的社会组织,但却难以找到一个恰当的操作框架来指导实践。这反映出,以往对"共同体"概念的理解大多停留在表面现象的描述上,而未能深入探究其本质属性。

本尼迪克特·安德森(2016)界定了"共同体"概念的两种形态:实体共同体与虚拟共同体。实体共同体,作为相对较小规模的社群形态,主要由那些实际存在且能进行长期面对面交流的人群构成。这些共同体的形成,往往植根于地理邻近性、血缘关系、共同的文化背景或职业联系等因素,成员之间通过频繁的互动与深入的沟通,逐步建立起牢固的情感纽带和身份认同。相比之下,虚拟共同体则呈现出一种截然不同的形态。它依托于书籍、广播、电视乃至互联网等统一媒介,以集体共同想象为联结点,汇聚了规模更为庞大的个体群体。此类共同体的显著特征在于其超越了地理和时间的局限,使得身处不同地域、不同时间点的个体能够跨越界限,共同参与并塑造特定的文化、思想或价值体系。尽管成员间可能素未谋面,但通过媒介的桥梁作用,他们能够形成强烈的归属感与认同感，进而在精神层面实现紧密的联结与互动。安德森的这一理论划分，不仅深刻揭示了"共同体"概念的内在多样性和复杂性，而且为我们提供了一个重要的理论框架，用以深入剖析不同类型共同体的形成机理、运行机制以及它们在社会中所扮演的功能角色。近年来，学习共同体已成为教师学习研究的核心议题。本书在深入剖析武俊学和李向英（2006）、薛焕玉（2007）、任学印等（2010）对学习共同体及网络学习共同体的定义后，尝试性地对教师网络学习共同体进行了定义：基于先进的网络技术和广阔的网络空间而构建起来的教学共同体，它以促进教师知识和能力的全面发展为共同愿景，由教师及其助学者（包括行业专家、资深教师、专业辅导者等）共同组成的一个社会性互动学习团体。在这个团体中，成员们既可以在网络虚拟空间中自由交流，也可以结合面对面的现实空间进行深度互动，通过平等对话、意义协商、分享交流、任务分担等多种形式，共同进行知识的管理和学习。这种互动不仅有助于成员间形成相互影响、相互信赖、相互促进的和谐人际关系，还能显著促进成员个体的知识构建和能力提升。然而，传统的教师网络学习共同体往往存在诸多弊端。这些共同体多由主管部门通过行政命令建立，常忽略教师专业发展的个体差异和动机差异，采用的管理方式较为僵硬。这种组织方式导致教师的参与度、交互性及认同感普遍较低（Kear，2010），从而严重影响了教师专业发展效果。事实上，学习本身具有"自组织"的属性，它并不是一个"被组织"的过程。如果没有强烈的学习意愿和内在动力，即便是再强大的行政命令也无法真正激发学习的热情和活力。相比之下，非正式教师网络学习共同体则以其独特的"自组织"优势赢得了教师和专家学者的广泛赞誉。这种共同体通常发生在非正式的学习时间和场所，通过非教学性质的社会交往来传递和渗透知识。它是由教师自我发起、自我调控、自我负责的一种新型网络学习形式（余胜泉、毛芳，2005）。在这种共同体中，教师们可以更加自由地交流思想、分享经验，从而实现知识的共享和智慧的碰撞。

学习，本质上是学习者基于学习共同体与学习环境进行交互的过程（齐丹，2004）。对于MTI教师而言，他们的专业发展同样也是一种重要的学习过程。徐锦芬等（2014）曾明确指出："未来研究应深入探讨教师在虚拟共同体上的合作与互动对其专业发展的深远影响。"因此,本书致力于构建一种非正式 MTI 翻译教师网络学习共同体,将外语教师和译员教师同时纳入研究范畴。通过深入剖析在这个共同体中,教师们如何通过社会性互动来有效提升翻译教学能力,以构建其翻译教学能力发展的轨迹特征,从而为 MTI 教师的专业发展提供新的思路和方法论指导。

第三节　MTI 教师教学能力发展研究理论框架

一、认知技能习得理论

认知技能习得理论由心理学家 Anderson 于 1982 年提出。该理论不仅剖析了知识的分类体系,而且详尽地阐释了知识如何经过一系列转化过程,最终演变为技能的内在机制。Anderson 明确指出,知识可以分为陈述性知识和程序性知识。陈述性知识作为我们认知世界的基石,主要涉及"是什么"的概念性静态知识。这类知识构成了我们对事物的基本理解和认知框架,但它本身并不直接参与问题解决的实际过程。相反,程序性知识则是一种关于"怎么做"的动态性认知技能,它直接作用于问题解决的过程之中,是我们在实际操作中不可或缺的关键要素。然而,程序性知识并非与生俱来的,而是需要学习者通过特定的学习过程,将陈述性知识逐步转化为程序性知识。Anderson 将此转化过程分为三个阶段:陈述性阶段、知识编译阶段和程序性阶段。在陈述性阶段,学习者首先接触并理解知识的说明性信息,即陈述性知识。他们通过这一过程来了解学习对象的属性特征,并激活知识编译的程序,为后续的转化过程奠定基础。随后,学习者进入知识编译阶段。在这一阶段,他们通过不断的规则练习,逐步构建出解决问题的各种变式。这些变式体现了条件与行动之间的紧密关系,即当满足某种前提条件时,会自动触发某种行动,从而产生相应的结果。在这一阶段中,合成和程序化两种机制发挥着至关重要的作用。合成机制通过优化组合多个产生式，形成效率更高的产生式系列，从而提高了问题解决的效率。而程序化机制则将陈述性知识自动融入产生式系列之中，建立了一套无须再提取特定领域的陈述性知识即可直接引发"行动"的产生式系统。这一机制使得变式具备了自动化性能，使得学习者在面对问题时能够更加迅速、准确地作出反应。然而，知识编译机制会产生多种效率不同的产生式系统，因此在程序性阶段，我们需要进一步调谐产生式系统和问题类型的最佳匹配。为了实现这一目标，我们可以采用宽化、窄化和强化等手段。宽化是根据已有产生式的共同特征，推理出更为通用的产生式规则，从而扩大产生式的适用范围。而窄化则是对通用的产生式规则增加约束条件，使其更加适用于特定的问题范围，从而提高产生式的精确性。然而，这两种机制在方向上相反，可能会产生过度宽化和无用窄化的产生式。为了解决这一问题，强化机制应运而生。它以练习为手段，通过不断的实践来消除过度宽化和无用窄化的产生式，同时增强正确产生式的强度。这样一来，不仅可以减少解决问题所需的时间，还可以提高产生式的适用性和有效性。在陈述性知识转化为程序性知识的过程中，练习起到了举足轻重的作用。翻译教学能力作为一种对认知和思维活动有较高要求的智慧型实践能力（郭来福，2019），其本质同样是一种认知技能。因此，翻译教学能力的发展也应当遵循认知技能习得理论所揭示的规律。通过不断的练习和实践，教师可以逐步将陈述性知识转化为程序性知识，从而提升自己的翻译教学能力并达到更高的教学水平。这一过程有助于教师掌握核心技能，提高教学效率和质量，为学生全面发展提供基础。

二、EMT 翻译教师能力框架（2013）

EMT（european master's in translation）翻译教师能力框架（2013）是当前对翻译硕士教师教学能力的权威和全面描述的文件，不仅在欧洲翻译硕士专业建设与评估中扮演着官方指导性文件的角色，而且其影响力已经跨越地域界限，在全球范围内获得了广泛的认可与高度的评价。该框架详细描述了合格翻译硕士教师应具备的五项核心能力，即职场翻译能力、人际关系能力、组织教学能力、实施教学能力和评估教学能力，为翻译教师的专业成长、职业发展以及教学实践提供了清晰而明确的指引方向。具体来说，职场翻译能力作为译者核心技能的重要组成部分，不仅涵盖了提供翻译服务的基本能力，还包括对技术工具的熟练掌握与运用。对于翻译硕士教师而言，他们不仅需要具备深厚的语言功底和精湛的翻译技巧，以应对复杂多变的翻译任务，还需要紧跟时代步伐，熟练掌握各种先进的翻译技术工具，以提高翻译效率和准确性，从而在职场中展现出卓越的翻译能力。实施教学能力和组织教学能力则构成了教学能力的两大支柱。实施教学能力要求教师根据教学大纲和学生实际需求制订科学合理的教学计划，并灵活运用多种教学方法和手段，以确保知识和技能的有效传授。而组织教学能力则侧重于教师在课堂教学中的组织与管理，包括维护良好的课堂纪律、安排学生活动以及合理调配教学资源等，以营造一个高效、有序的教学环境。人际关系能力和评估教学能力则是翻译能力和教学能力中多个子能力的有机融合。人际关系能力要求教师具备出色的沟通协调能力和团队合作精神，能够与学生、同事以及业界专家建立紧密的联系。而评估教学能力则要求教师能够准确把握学生的学习进度和成果，通过提供有针对性的反馈和指导，帮助学生不断突破自我，实现翻译水平的持续提升。因此，翻译硕士教师的翻译教学能力本质上是一个综合性的能力体系，它既包含了教学能力，也融入了翻译能力。这与 EMT 翻译教师能力框架（2013）对翻译教学能力的界定相符，均强调了其复合性和综合性。

在本书中，EMT 翻译教师能力框架（2013）不仅明确了共同体学习和活动的内容范围，而且为我们提供了评估翻译教师教学能力的具体标准。同时，认知技能习得理论作为本书的重要理论支撑，为共同体的活动方式和流程提供了科学的框架和指导。通过将这两个理论框架的有机结合，我们可以更加全面、系统地探讨 MTI 教师教学能力的培养和提升路径，为翻译教育的持续发展和创新贡献力量。

第四节 非正式 MTI 翻译教师网络学习共同体的构建

本书中非正式 MTI 翻译教师网络学习共同体（以下简称"教师共同体"）的构建植根于非正式网络学习共同体的核心理念、认知技能习得理论指导以及 EMT 翻译教师能力框架（2013）的明确导向。教师共同体的构建过程紧密围绕六大核心要素展开，即共同体成员、共同愿景、网络学习环境、学习活动、学习资源以及机制保障。

一、教师共同体框架构建

教师共同体成员包括理工科院校 MTI 翻译知识与技能类课程的笔译教师。这一特定群体内部包含着两种不同类型的教师：一是外语教师，他们原本从事语言文化课教学，虽非翻译专业出身，但在教学理论上有着深厚的积累；二是译员教师，他们拥有职业翻译背景，并在校外兼任教学工作，实践经验丰富。将这两类教师纳入同一共同体进行研究是合理且必要的。一方面，外语教师与译员教师在能力与专长上展现出强烈的互补性，前者擅长教学理论，后者精通翻译实践，这种"异质"特性有助于激发信息流的活力，促进翻译教学能力的相互提升；另一方面，忽视译员教师的能力发展可能导致 MTI 翻译教师研究的不全面性。因此，将两者并重是本书的重要出发点。教师共同体，作为一个小型自组织，由 5 名北方某重点理工科院校 MTI 笔译专业的教师组成，包括 3 名外语教师（教龄 5～10 年）和 2 名译员教师（教龄 4～7 年）。这些成员在研究领域、学历、职称和专长方面的差异性和互补性避免了"同质"化问题，是本书的创新点。在共同愿景的设定上，教师共同体明确将提升翻译教学能力作为核心目标。针对外语教师虽教学能力出众但翻译实践经验相对不足的问题，我们认识到增强其翻译能力是实现共同愿景的关键所在；而对于译员教师，尽管他们熟悉翻译行业的实际操作，但在教学能力与意识上仍有待提高。因此，提升其教学能力同样至关重要。外语教师与译员教师各自的发展目标相互依存、相辅相成，他们需要在共同体机制内通过互教互学的方式携手迈向共同愿景的实现。网络学习环境的构建对于共同体成员的社会性互动与学习资源的集散至关重要。本书遵循简单、高效、实用的原则，挑选了腾讯课堂、腾讯会议、QQ、腾讯文档等工具，成功打造了一个既能实现资源高效存储与传播，又能支持成员间多维度社会性互动的网络学习环境。这一环境的建立，为教师共同体成员提供了便捷、高效的学习与交流平台。学习资源方面，共享是共同体的核心价值。教师共同体要求每位成员积极创建并分享翻译及教学资源，以供其他成员学习借鉴；同时，我们鼓励成员对共享资源进行编辑、补充与完善，以期最大限度地丰富与优化资源内容，为知识的创新与发展提供坚实的保障。这种共享机制不仅促进了资源的有效利用，还激发了成员间的合作与创新精神。最后，机制保障方面，制度是共同体运作的基础。教师共同体从资源管理、人员管理以及活动管理三大维度出发，制定了详尽的行为准则与活动规范。这些制度明确界定了成员的职责、权利与利益，旨在构建一个互尊、互敬、平等、开放的人际关系氛围。通过这些机制的建立与完善，我们确保了共同体活动的顺利推进与持续发展，为成员提供了稳定、有序的学习环境。

二、教师共同体活动构建

教师共同体活动构建了一个综合性的学习体系，该体系由个体学习、共同体交互学习以及教学实践学习这三个既顺序递进又循环往复的O2O学习流程组成，具体流程见图7-1。

（1）个体学习：作为整个学习流程的起点，个体学习阶段对于外语教师和译员教师而言，是一个自我提升和知识储备的关键时期。外语教师通过深入自学翻译业务文件资料，不仅熟悉了翻译业务的流程、标准及范式，还积累了大量的实践案例，为后续的翻译教学提供了丰富的素材和依据。译员教师则专注于翻译教学文件和教学学术文献的学习，通过系统掌握MTI翻译教学的相关规范、标准及先进理念，为自身的教学实践奠定了坚实的理论基础。在自学过程中，教师们会遇到各种疑问和困惑，可以通过网络平台进行及时的交流讨论，以排除疑惑、深化理解。这一阶段的学习，不仅帮助教师初步建立起 MTI 教师的身份认同心理基础，还使他们完成了教学类和翻译业务类概念性知识和陈述性知识的吸收与理解，为后续的翻译教学能力发展奠定了坚实的基础，标志着翻译教学能力发展的陈述性阶段。

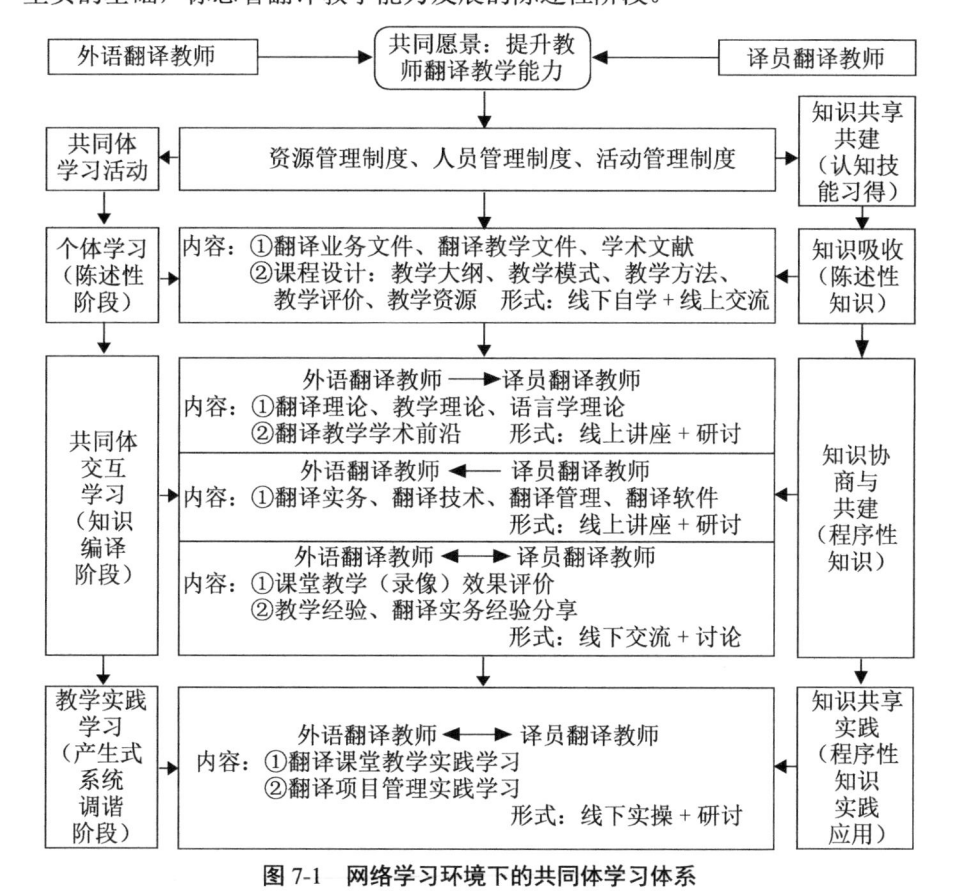

图 7-1 网络学习环境下的共同体学习体系

左侧（共同愿景：提升教师翻译教学能力）连接外语翻译教师与译员翻译教师。

- 共同体学习活动 ← 资源管理制度、人员管理制度、活动管理制度 → 知识共享共建（认知技能习得）
- 个体学习（陈述性阶段）：内容：①翻译业务文件、翻译教学文件、学术文献；②课程设计：教学大纲、教学模式、教学方法、教学评价、教学资源。形式：线下自学+线上交流 → 知识吸收（陈述性知识）
- 共同体交互学习（知识编译阶段）：
  - 外语翻译教师 → 译员翻译教师。内容：①翻译理论、教学理论、语言学理论；②翻译教学学术前沿。形式：线上讲座+研讨
  - 外语翻译教师 ← 译员翻译教师。内容：①翻译实务、翻译技术、翻译管理、翻译软件。形式：线上讲座+研讨
  - 外语翻译教师 ↔ 译员翻译教师。内容：①课堂教学（录像）效果评价；②教学经验、翻译实务经验分享。形式：线下交流+讨论
  - → 知识协商与共建（程序性知识）
- 教学实践学习（产生式系统调谐阶段）：外语翻译教师 ↔ 译员翻译教师。内容：①翻译课堂教学实践学习；②翻译项目管理实践学习。形式：线下实操+研讨 → 知识共享实践（程序性知识实践应用）

（2）共同体交互学习：交互学习是 O2O 协作式互动学习的核心环节，也是翻译教学程序性知识发展的关键阶段。在此阶段，外语教师和译员教师以各自的专业身份，即教学专家和专业译员，通过线上线下的多种方式向对方分享并传递各自专长的课程教学知识和翻译实务知识。这一过程包含三个紧密相连的板块：首先，外语教师利用其在翻译理论和教学理论方面的专长，为译员教师提供了一系列关于翻译理论、教学理论、跨文化交际理论、语言学理论及相关学术前沿的专题讲座。这些讲座不仅增强了译员教师以理论指

导实践和教学的能力，还激发了他们的学术研究兴趣，推动了翻译实践和教学方法的改善与创新。其次，译员教师依托其丰富的翻译实践经验，为外语教师提供了关于翻译实务、翻译技术、翻译工具及翻译管理等方面的专题讲解。这些讲解使外语教师能够深入学习职业译员必备的知识和技能，既掌握了翻译实践的要领，又懂得了如何有效地将这些技能传授给学生。最后，外语教师和译员教师还会进行线下的面对面双向翻译教学研讨和经验分享。他们共同观摩课堂教学录像，基于各自的教学和翻译实务经验提出建设性的意见和建议，对教学过程中存在的问题进行深入的协商求解，实现了翻译教学能力的共建和共享。这一阶段的学习是翻译教学能力发展的知识编译阶段，为后续的实践应用奠定了坚实的基础。

（3）教学实践学习：作为整个学习流程的高级阶段，教学实践学习阶段将外语教师和译员教师紧密地联系在一起，共同走进翻译课堂教学和翻译项目实操情境，进行双师同台教学与实践。这种紧密的合作模式不仅使两类教师能够在翻译教学与实践中相互学习、相互借鉴，而且还能够通过实践检验他们的翻译业务知识和教学知识。在这一过程中，教师们能够及时发现问题并在对方的帮助下及时解决问题，不仅有助于去伪存真、加深理解，还能强化知识的应用，实现知识的共享和实践性应用。这一阶段是认知技能习得过程中产生式系统的精细化调谐阶段，也是翻译教学能力发展的高级阶段。该设计在流程上紧密契合了"知识吸收—协商共建—共享实践"的知识技能发展规律，确保了学习效果的持续性和有效性。在学习内容上，该设计符合EMT翻译教师能力框架（2013）对翻译硕士教师教学能力的要求，不仅涵盖了翻译教学的各个方面，还充分考虑了外语教师和译员教师翻译教学能力发展的共同需要和互补性特征。因此，这一学习流程是MTI翻译教师教学能力发展的一次具有创新意义的尝试，为培养高素质的翻译教师提供了有力的支持。

第五节　基于非正式网络学习共同体的 MTI 教师教学能力发展实验及结果分析

一、研究问题与研究工具

（一）研究问题

（1）当前理工科院校 MTI 翻译教师的翻译教学能力如何、有何特点？

这一问题旨在深入探讨理工科背景院校中 MTI 教师在翻译教学过程中的具体表现及其独特性。通过全面分析，可以揭示理工科院校 MTI 教师在翻译教学上的优势与不足，为后续的教学改革提供实证基础。

（2）外语教师和译员教师的翻译教学能力是否存在差异、有何特点？

在理工科背景院校 MTI 教师群体中，外语教师和译员教师作为两大主要来源，他们的翻译教学能力可能因专业背景、教学经验等因素而有所差异。本实验将细致比较这两类教师在翻译教学能力上的异同，以期发现他们各自的优势和需要改进的地方，为教师队伍的优化配置提供科学依据。

（3）教师共同体能否促进理工科院校 MTI 教师翻译教学能力的发展？

鉴于翻译教学能力的提升是一个持续不断的过程，本实验将探索共同体模式在促进理工科院校 MTI 教师翻译教学能力发展方面的有效性。通过对比分析共同体活动前后教师的翻译教学能力变化，我们可以评估共同体模式在提升教师翻译教学能力方面的实际作用，为理工科院校 MTI 教师的专业成长提供新的路径和策略。

（二）研究工具

为准确测量理工科院校 MTI 教师的翻译教学能力，本实验依据 EMT 翻译教师能力框架（2013）开发了《MTI 翻译教师翻译教学能力调查问卷 A/B》。这两套问卷用于实验前后测试，以全面评估研究对象的翻译教学能力水平及其变化。问卷内容涵盖了职场翻译能力、人际关系能力、组织教学能力、实施教学能力和评估教学能力五大板块，共设 45 个题项。其中，职场翻译能力（1～10 题）主要考查教师在实际翻译工作中的能力表现；人际关系能力（11～22 题）关注教师在教学及职场中与他人的沟通与协作能力；组织教学能力（23～27 题）评估教师在课程规划、教学资源整合等方面的能力；实施教学能力（28～40 题）则着重于教师在课堂教学中的实施与调控能力；评估教学能力（41～45 题）则关注教师对教学效果的评估与反馈能力。两套问卷在考查内容、题型设置、题量分布等方面均保持一致，以确保测量的准确性和可比性。然而，为了降低测量中的误差，我们对题项的文字表述和顺序进行了微调，分别编制了正向问卷（A 卷）和反向问卷（B 卷）。正向问卷采用直接陈述的方式，而反向问卷则采用反向陈述的方式，以检验被测者在不同表述方式下的反应一致性。问卷采用李克特 5 级量表设置，要求被测者根据自身实际情况对题项进行评分。反向问卷的结果在后续分析中会被转换成与正向问卷相同的赋分方式，以便进行统一比较和分析。为了确保问卷的信度和效度，我们采用了极端组比较法、专家效度检验法和克隆巴赫信度检验法等多种方法对问卷进行了严格的检测和修订。问卷的文字和结构经过优化，确保信度和效度在可接受区间内，从而保障了研究的准确性和可靠性。

二、实验过程

实验为期一年，旨在系统探索理工科院校 MTI 教师翻译教学能力提升的有效途径。在这一年内，外语教师和译员教师利用课余时间，结合线下交流与线上互动，参与个体学习、交互学习及翻译课堂实践。具体而言，课题组设计了一套详尽的学习计划，该计划以两周为周期，每两周组织一次共同体学习活动。这些活动严格遵循了个体学习、交互学习和翻译课堂实践学习 3 个核心步骤，并按照这一顺序循环进行，共完成 4 次完整的循环周期。此设计确保教师循序渐进、全面掌握翻译教学的核心知识和技能，并在实践中检验所学，以实现教学能力的持续提升。在实验正式启动之前，为了精确把握共同体教师翻译教学能力的初始状态，课题组对他们进行了翻译教学能力的前测评估。前测的评分工作由他们所授课的 2017 级研一学生（共计 31 人）承担，这一安排确保了评价的客观性和真实性。通过前测，课题组成功收集了教师们翻译教学能力的基准数据，为后续的实验研究提供了坚实的对比基础。经过一年的实验学习与实践，课题组对这些教师进行了翻译教学能力的后测评估，以全面审视他们翻译教学能力的发展状况。后测的评分者换为他们所授课的 2018 级研一学生（共计 34 人）。这样的设计保证了评分标准的连续性和一致性，同时，通过不同年级学生的评价，更全面地、多角度地反映了教师们翻译教学能力的实际变化与提升。

三、实验结果与分析

问卷数据的统计分析采用独立样本 t 检验和配对样本 t 检验，以全面且精确地揭示 MTI 翻译教师翻译教学能力的状况，并评估共同体模式的效果。

（一）翻译教学能力前测和后测独立样本 t 检验

表 7-1 详尽地展示了翻译教学能力前测和后测的独立样本 t 检验结果。从前测的数据来看，外语教师和译员教师的翻译教学能力总评均值分别为 3.61 和 3.43，这两个数值均处在正向偏弱且不稳定的区间内，这表明两类教师在翻译教学能力上整体表现欠佳，学生的满意度有待进一步提升。通过进一步的数据分析，我们发现两类教师翻译教学能力的 Sig. 值为 0.223，这一数值大于通常设定的显著性水平 0.05，因此在统计意义上，我们可以认为他们的翻译教学能力并不存在显著差异。然而，这并不意味着两类教师的翻译教学能力水平是完全相当的。由于外语教师和译员教师各自擅长的能力领域有所不同，他们的教学能力和翻译能力的分布往往呈现出偏态特征，即在各子能力分项上，他们可能表现出此强彼弱、互补分的特点。这一点在两类教师翻译教学能力分项得分上得到了印证。

表 7-1　翻译教学能力前测和后测独立样本 t 检验

测试项目		前测独立样本 t 检验						后测独立样本 t 检验					
		外语教师		译员教师		均值差	Sig.值	外语教师		译员教师		均值差	Sig.值
		均值	标准差	均值	标准差			均值	标准差	均值	标准差		
翻译教学能力	职场翻译能力	2.88	0.70	4.18	0.67	−1.30	0.000	3.73	0.62	4.35	0.56	−0.62	0.000
	人际关系能力	3.16	0.63	3.21	0.75	−0.05	0.676	4.08	0.68	4.24	0.65	−0.16	0.020
	组织教学能力	4.10	0.68	3.35	0.61	0.75	0.000	4.30	.062	3.98	0.70	0.32	0.007
	实施教学能力	4.16	0.65	3.35	0.75	0.81	0.000	4.34	0.69	3.94	0.61	0.40	0.001
	评估教学能力	3.74	0.76	3.05	0.61	0.69	0.000	4.29	0.63	3.76	0.72	0.53	0.000
	能力总评	3.61	0.68	3.43	0.68	0.18	0.223	4.13	0.65	4.10	0.65	0.03	0.368

具体来说，在职场翻译能力方面，外语教师的均值为 2.88，处于负向区间，表明他们的职场翻译能力相对较弱；而译员教师的均值为 4.18，属于正向偏好区间，显示出他们的职场翻译能力相对较高。这一结果指示外语教师在职场翻译能力方面存在不足，而译员教师表现较优，两者间差异显著（Sig.=0.000）。在人际关系能力维度上，两类教师的均值都在 3.2 左右，这显示两类教师的人际关系能力均较弱，且两者间差异不显著（Sig.=0.676）。人际关系能力是翻译能力和教学能力紧密融合的一种综合能力，它涵盖了团队组织能力、时间和资源管理的教学能力、压力管理的教学能力以及有效翻译决策的教学能力等多个方面。外语教师虽然掌握了一定的教学手段，但在翻译能力方面相对欠缺；译员教师虽然翻译能力较强，但在教学能力方面却相对不足。由于两类教师专长领域的不同，他们的翻译能力与教学能力的融合程度往往不够，这导致他们的人际关系能力整体不强。在组织教学能力、实施教学能力和评估教学能力方面，外语教师的均值都显著高于译员教师（Sig.=0.000），而译员教师的得分均较低。这反映出译员教师在教学能力方面存在明显的不足。总体来看，外语教师和译员教师的翻译教学能力整体都偏低，但外语教师在教学能力方面明显优于译员教师，而在职场翻译能力方面则处于明显的劣势。从后测独立样本 t 检验结果来看，尽管两类教师的翻译教学能力总体上仍无明显差异，但他们的均值已经上升到 4.1 左右，这一数值属

于正向较好区间。这说明经过一段时间的培训和实践后,他们的翻译教学能力有了一定的提高。在各项子能力方面,两类教师也都表现出了不同程度的提升:在职场翻译能力上,外语教师仍低于译员教师且差异明显;但在人际关系能力和组织教学能力方面,两类教师之间已无明显差异;在实施教学能力和评估教学能力方面,外语教师仍明显高于译员教师。总体来看,实验后外语教师和译员教师的翻译教学能力均有所提升,外语教师在教学能力方面仍优于译员教师,而在职场翻译能力方面则依然落后。

本书得出的主要结论包括:(1)翻译教学能力是动态且可塑的,它可以通过有针对性的培训和实践得到有效的提升。(2)翻译教学能力的内部架构相对固化,不易发生结构性的改变。这意味着教师在某些能力上的优势或劣势可能会持续存在一段时间。(3)翻译能力和教学能力在两类教师身上的发展程度是不同的,并且它们的发展轨迹呈现出分化对立的特点。这些结论对理工科院校 MTI 翻译教师的专业发展及翻译教学能力提升提供了参考。

(二)翻译教学能力前测和后测配对样本 t 检验

表 7-1 的数据初步显示了实验后两类教师在翻译教学能力及其子能力上的进步。然而,仅凭这些数据,我们还无法确切地判断这种进步是共同体作用的直接结果,还是仅仅因为时间的推移和自然的成长过程。为深入分析共同体模式对教师翻译教学能力提升的影响,本书采用配对样本 t 检验,对比分析了实验前后的测试结果,详见表 7-2。

表 7-2 翻译教学能力前测和后测配对样本 t 检验

测试项目		外语教师前测、后测配对样本 t 检验			译员教师前测、后测配对样本 t 检验		
		标准差	均值差	Sig. 值	标准差	均值差	Sig. 值
翻译教学能力	职场翻译能力	0.8840	0.85	0.000	0.7580	0.17	0.070
	人际关系能力	0.9167	0.92	0.000	1.0397	1.03	0.000
	组织教学能力	0.8110	0.20	0.024	0.8914	0.63	0.000
	实施教学能力	0.8962	0.18	0.052	0.8598	0.59	0.000
	评估教学能力	1.0164	0.55	0.000	0.8374	0.71	0.000
	能力总评	1.0022	0.52	.0000	1.0082	0.67	0.000

表 7-2 详细展示了翻译教学能力前测与后测的配对样本 t 检验结果，提供了对结果的精确和深入分析。对于外语教师群体而言，前测与后测的配对样本 t 检验结果显示，实验后其翻译教学能力得分均值相较于实验前有了显著的增长，增幅达到 0.52，且 Sig. 值为 0.000，说明差异十分显著，充分表明外语教师的翻译教学能力在实验后得到了显著的提升。这一结果表明，本共同体模式显著促进了外语教师的翻译教学能力发展。

进一步分析子能力的分项结果，我们发现与翻译能力紧密相关的职场翻译能力、人际关系能力和评估教学能力均呈现出显著的提升，均值提高幅度在 0.55 至 0.92 之间，且变化均达到了统计上的显著性水平。此外，组织教学能力也实现了 0.2 的提升，且变化显著（Sig.=0.024＜0.05），这表明组织教学能力在实验后也得到了明显的加强。尽管实施教学能力的提升幅度相对较小，仅为 0.18，但仍在一定程度上反映了其对整体教学能力的积极影响（Sig.=0.052＞0.05）。综合数据显示，外语教师翻译教学能力的整体提升主要归功于与翻译能力紧密相关的职场翻译能力、人际关系能力和评估教学能力的显著提升。同时，与教学能力密切相关的组织教学能力也对翻译教学能力的提升起到了积极的推动作用，而实施教学能力的贡献则相对较为有限。对于译员教师而言，前测与后测的配对样本 t 检验结果同样显示出其整体翻译教学能力在实验后有了显著的提升（Sig.=0.000）。在各子能力的分项分析中，除职场翻译能力未表现出明显的提升（Sig.=0.070＞0.05）外，其余四项子能力均呈现出显著的进步趋势（Sig. 值均为 0.000），均值提升幅度在 0.59 至 1.03 之间。这一结果表明，译员教师在教学能力类子能力上的提升幅度相对较大，显示出其在实验教学过程中的积极变化和成长。然而，在翻译能力类子能力上的提升则相对有限，这可能与译员教师的专业背景和实验教学的重点有关。通过配对样本 t 检验的深入分析，我们不仅更清晰地看到了共同体模式对两类教师翻译教学能力提升的积极作用和有效性，还揭示了不同子能力在提升过程中的差异性和特点。这些发现为教学改革和教师专业发展提供了参考，有助于准确把握教师翻译教学能力的发展规律，制订有效的教学策略和培训计划，提升教师专业素养和教学质量。

（三）实验结论

基于实验结果数据的详细分析，本书得出以下结论：

（1）非正式 MTI 翻译教师网络学习共同体在助力 MTI 翻译教师（包括外语教师和译员教师）提升翻译教学能力方面展现出了比较积极的效果。该模式为教师提供了便捷的互动交流平台，还能帮助他们摆脱个人专业发展道路上常常遭遇的无助感、无力感和无为状态，这些问题通常被学术界概括为"三无"难题。在共同体的框架内，教师们得以相互借鉴宝贵经验，共同探索教学方法，从而在专业发展上取得了令人瞩目的效果。这一发现充分证明了非正式网络学习共同体在促进教师专业成长方面的巨大潜力和价值。

（2）外语教师和译员教师在翻译教学能力的内部构架上存在着明显的固化和不均衡问题。具体而言，外语教师凭借其深厚的语言学和教学理论基础，在教学类能力上表现出色。然而，在翻译类能力上却相对薄弱，缺乏足够的实践经验和专业技能。相反，译员教师则凭借其丰富的翻译实践经验和专业知识，在翻译类能力上占据优势，但在教学能力上有所欠缺，难以将翻译知识有效地传授给学生。这种能力上的不均衡，导致翻译能力和教学能力之间未能形成紧密的结合，整体上呈现出割裂和分离的现象，即两者尚未实现真正意义上的融合与协同，从而阻碍了翻译教学能力的全面提升。

（3）外语教师和译员教师在翻译教学能力的发展路径上存在着显著的差异，且发展态势呈现出不均衡的特点。外语教师在提升翻译教学能力时，往往更倾向于优先发展与翻译能力相关的能力，如翻译技巧、翻译理论等，教学能力的发展则相对缓慢，缺乏足够的关注和投入。相反，译员教师则更加注重教学能力的提升，如教学方法、课程设计等，翻译类能力的发展则稍显滞后，未能与教学能力实现同步提升。这一现象可能源于外语教师和译员教师各自作为教学专家和翻译专家，主要关注并学习对方相对薄弱的能力领域，以期实现互补和提升，而对自己已经擅长的能力领域的发展意识和动力不足。另一方面，这也揭示了能力发展的一般规律，即能力并非无限制地线性增长，而是会随着能力的提高，发展步幅逐渐缩小，达到一定程度后，进一步提升的难度和所需时间都会显著增加。

基于以上分析和发现，本书提出以下建议：在招募共同体成员时，应充分考虑成员间的专业造诣层次差异，尽量凸显异质特征。这样不仅可以使成员们更加清晰地认识到自身的不足之处和需要提升的能力领域，还能激发他们的专业发展意识和动力，促使他们更加积极地参与到共同体的学习和交流活动中来。通过成员间的相互学习和借鉴，可以促进共同体内部更加活跃的知识交流与能力提升，从而推动 MTI 翻译教师翻译教学能力的全面发展。

本章针对当前 MTI 教育领域中教师翻译教学能力不足这一普遍现状，在充分借鉴认知技能习得理论和 EMT 教师能力框架（2013）的先进理念基础上，设计并实施了非正式 MTI 翻译教师网络学习共同体模式。该模式打破传统界限，将外语教师和译员教师这两大群体同时纳入共同体活动中，通过灵活多样的线上线下相结合方式，有效促进了实践知识的共建共享，旨在为提升 MTI 教师的翻译教学能力提供新的路径和平台。实验设计了多种教学方法和手段，力求全面覆盖翻译教学能力的各个方面，实现教师能力的综合提升。然而，实验结果的深入分析显示，尽管非正式教师网络学习共同体在一定程度上对理工科院校 MTI 教师的翻译教学能力产生了积极影响，但各子能力的发展仍呈现出不均衡和不充分的特点。

这一结果可能主要归因于本课题存在的几个不足：首先，外语教师和译员教师内部成员间的异质性有待进一步增强。当前成员构成中，行业知识的差异性和互补性尚不够显著，这导致在共同体活动中，成员可能过于关注自身已熟悉的领域，而忽视了其他重要行业知识的学习和发展。为了激发成员的学习潜力和创新能力，未来应更加注重成员间的异质性和互补性，促进多元知识和技能的交流与融合。其次，实验时间的限制也是影响翻译教学能力发展的重要因素。由于时间紧凑，MTI 教师在发展翻译教学能力时可能无法充分经历认知技能发展的各个阶段，特别是程序性阶段训练。这导致以练习为手段的强化机制未能充分发挥作用，技能习得的精细化和自动化效果不够理想，翻译能力和教学能力之间的深度融合也受到影响。因此，未来研究应适当延长实验时间，确保教师有足够的时间进行深入的技能训练和内化。最后，本课题的研究对象仅限于理工科院校 MTI 翻译教师，且样本数量相对有限。这可能导致研究结果具有一定的局限性和片面性，无法全面反映全体

第七章 基于非正式网络学习共同体的 MTI 教师教学能力发展实证研究

MTI 教师翻译教学能力发展的实际情况。为了获得更加全面和准确的研究结果，未来应逐步扩大研究范围，涵盖不同类型高校、不同师资类型、不同翻译方向（如口译和笔译）以及不同语种的教师。这将有助于我们更深入地了解 MTI 翻译教学能力的全貌和发展规律。基于以上分析，未来研究应在以下几个方面进行深入探索：首先，应进一步优化共同体的成员构成和组织架构，确保成员间的异质性和互补性得到充分发挥，以激发成员的学习动力和专业发展意识。其次，在关注外部条件对翻译教学能力发展影响的同时，应更加重视内在心理机制的研究。通过深入挖掘翻译能力和教学能力深度融合的条件、机制、方法和手段，我们可以更全面地了解翻译教学能力的本质和发展规律。这将为 MTI 教师的专业成长提供更加有效的支持和指导，推动 MTI 教育事业的持续发展。

本书将在第八章就 MTI 实习基地建设进行深入的探讨与分析。实习基地作为翻译硕士专业教学质量的重要保障，其建设理念不仅关乎实习基地的布局与规划，更直接影响实习基地建设的系统性和针对性，进而对翻译人才的培养质量产生深远影响。学术界和 MTI 教育界对实习基地建设给予了高度的重视，并通过实践探索发现了实习基地在实际运行中存在的诸多问题，如资源分配不均、管理机制不健全、实习内容与市场需求脱节等，这些问题亟待解决以优化实习基地的功能与效果。然而，目前针对如何解决实习基地建设中存在的这些问题，以及如何通过提升实习基地的质量来更有效地发挥其在翻译人才培养中的作用，还缺乏深入、系统的研究。这导致我们在面对实习基地建设的挑战时，往往缺乏科学的理论依据和有效的实践策略，难以实现实习基地建设的持续优化与升级。因此，有必要梳理当前实习基地建设的现状与挑战，明确实习基地在翻译硕士专业教育中的重要地位及其面临的主要问题，并提出针对性的解决策略与建议，以指导实习基地建设的系统规划和实施。

第八章 理工科院校 MTI 实习基地（校企合作）建设研究

第一节 MTI 实习基地建设研究背景

一、MTI 实习基地建设现状及文献回顾

国务院学术委员会于 2007 年正式启动了首批翻译硕士专业学位点（MTI）的设立工作，这一举措，不仅标志着我国翻译教育迈入了一个崭新的发展阶段，也预示着翻译人才培养模式的深刻变革。截至 2024 年 2 月，全国已有 318 所高等院校获准成为 MTI 教育的试点单位，这些单位在翻译教育的实践中不断探索与创新，推动了 MTI 教育的不断发展。随着 MTI 教育的日益成熟，相关领域的研究与探讨也逐渐从宏观层面的学位特点、学科体系构建等议题，深入到更为具体且更具实践导向的培养模式、教学方法等微观层面。这些研究多维度地揭示了 MTI 教育的职业化、实用性等核心特征，并强调了市场引导在 MTI 教育中的关键地位，为翻译教育的改革与发展提供了重要的理论支撑和实践指导。

在 MTI 教学体系中，市场引导的作用尤为突出，它直接关系如何高效地建设翻译实习基地，以有效培养学生的翻译实践能力。实习基地是连接理论与实践的重要环节，其建设质量直接关系 MTI 教育的整体效果。然而，由于 MTI 教育在我国起步较晚，与实习基地建设相关的研究尚不成熟，存在诸多亟待解决的问题。尽管国内学者在学科基础建设（仲伟合，2006、2007a）、师资队伍建设（庄智象，2007b）以及教学基本设施建设（何刚强，2010）等方面进行了有益的探讨，为实习基地建设提供了一定的指导；同时也有学者深入研究了 MTI 人才培养模式与翻译行业管理的对接问题（李军等，2007；黄友义，2007；仲伟合、穆雷，2008；陈吉荣、李丙奎，2010）以及职业能力培养和多样化教学模式在 MTI 学位教育中的重要性（苗菊、王少爽，2010）等诸多问题，但这些研究大多基于国外理论的综述、经验式的讨论或个别案例的基础数据收集和总结，缺乏对关键因素的系统性和整体性分析，尚无法直接指导 MTI 实习基地的建设实践。

相比之下，国外的翻译硕士专业培养研究已经较为成熟，对培养目标、教学模式以及课程模式等方面都进行了深入的探讨（Gile，1995；Donovan，2004；Niska，2005）。这些研究为我国 MTI 教育提供了一定的借鉴和启示。然而，国外高等院校在培养高级职业翻译人才时，往往更加注重服务于高端市场，如联合国、欧盟以及各国政府机构等，学生在实习期间也更多地参与到各类会议和政治、经济、文化等宏观领域的实践活动中。这种培养模式对于我国少数具有类似培养目标的专业类外语院校来说，具有一定的借鉴意义；但对于大多数理工科院校而言，由于其培养目标的差异和本土化市场的需求，这种模式的可借鉴性相对有限。因此，我们不能简单地照搬国外经验，而需要结合我国实际情况进行创新和改革。

目前，我国 MTI 教育仍面临诸多挑战和问题。首先，无论是源于国外的相对宽泛的翻译硕士专业学位教育培养目标，还是国内学术型翻译硕士培养形成的以理论为导向的传统培养理念，都未能充分考虑理工科院校翻译硕士专业学位的特殊性，因此未能形成专门针对理工科院校 MTI 特点的成熟培养方案，尤其是缺乏实习基地建设的理想模式。其次，现有的研究对象仍然较为零散、个案化，缺乏系统的实证研究成果来支撑理论的构建和实践的指导。这导致我们在实践中往往缺乏科学依据和有效指导，难以取得理想的效果。再次，目前国内设立的许多实习基地在"实习"环节上缺乏切实可行的管理规范，导致实习活动往往流于形式，无法真正提升学生的翻译职业素养。最后，实习基地建设与市场脱节的问题也日益凸显，忽视了本土化市场在翻译实习基地建设中的重要作用。这导致我们的实习基地建设与市场需求脱节，无法有效地服务于学生的职业发展和社会的实际需求。

综上所述，我国理工科院校 MTI 实习基地建设亟须改进和创新。未来的研究应更加注重 MTI 实习基地建设的系统性和整体性分析，结合我国翻译市场的实际需求和发展趋势，探索出适合理工科院校特点的 MTI 实习基地建设模式和管理机制。同时，我们还需要加强实证研究，积累更多的数据和经验，为理论的构建和实践的指导提供有力的支撑。只有这样，我们才能培养出更多符合市场需求的高素质翻译人才，推动我国翻译事业的持续发展。

二、研究设计与实施

鉴于实习基地对 MTI 教育的重要性及其面临的挑战，本书选取燕山大学 MTI 实习基地作为案例进行深入分析，并广泛调研了国内多所理工科院校的 MTI 实习基地，以全面了解其建设现状和所面临的挑战。这些院校在 MTI 教育领域具有重要地位，其实习基地的建设与运行具有代表性和示范作用。

本书在调研中采用了多种方法，包括实地考察、问卷调查收集量化数据，以及深度访谈获取质性信息，全面收集了 MTI 实习基地建设和运行的原始资料。值得注意的是，本书通过与 MTI 教育领域的资深教育工作者深入交流，从理论和实践两个角度理解了实习基地建设的困难与挑战，并吸收了他们的经验和创新思维。基于上述调研与分析，本书提炼了 8 个对理工科院校 MTI 实习基地建设和运行产生深远影响的关键因子。这些影响因子涵盖实习基地的资源配置是否合理、管理机制是否健全、实习内容设计是否贴近实际需求、师资队伍建设是否强大、校企合作模式是否紧密有效、学生参与度是否高涨、市场导向性是否明确以及地域特色是否突出等多个维度。这些影响因子之间并非孤立存在，而是相互交织、相互影响，共同构建了一个错综复杂但又充满生机的理工科院校 MTI 实习基地建设的生态系统。

为明确理工科院校 MTI 实习基地的建设与发展方向，本书深入分析了影响因子间的联系与互动，并提出了结合本地市场、学科优势和地缘优势的新建设理念。这一理念的核心在于强调实习基地的建设必须紧密围绕市场需求这一核心导向，同时充分利用学校自身独特的学科资源和地域特色，以形成难以复制的竞争优势，进而有力提升学生的实践操作技能、职业素养以及就业市场的竞争力。

在此基础上，本书构建了理工科院校 MTI 实习基地建设的关键因子和建设原则，并以燕山大学 MTI 实习基地建设为例展开论述，旨在通过一系列具体措施，如优化资源配置以提高使用效率，完善管理机制以确保规范运行，丰富实习内容以增强实践针对性，深化校企合作以拓宽实践渠道，以及提高学生参与度以激发学习动力等，全面推动理工科院校 MTI 实习基地的建设质量和运行效率迈上新的台阶。

第二节　理工科院校 MTI 实习基地建设应遵循的原则

理工科院校 MTI 实习基地建设应遵循的原则，是确保 MTI 实习基地的建设必须紧密围绕培养翻译专业人才的优势和市场需求，以翻译实践能力为核心，积极探索并实践一条既区别于传统翻译理论研究，又符合理工科院校特色的新路径。为此，建设理工科院校 MTI 实习基地时，应把握好以下几点关键原则。

一、校外实习基地的类型选择和建设要以学校的学科优势为基础

学科优势，作为衡量大学竞争力与综合实力水平的核心指标，对于构建高质量、高效率的实习基地具有举足轻重的意义。理工科院校凭借其独特的工程技术、信息技术等学科优势，为 MTI 实习基地的建设提供了丰富而深厚

的资源基础。因此，在规划和建设 MTI 实习基地的过程中，理工科院校应紧密围绕并充分利用自身的优势学科，设计并实施有针对性的培养方案，培养出既具备深厚专业知识又拥有熟练翻译技能和丰富实践经验的复合型人才。通过将翻译实践与专业学科知识深度融合，理工科院校能够为学生提供更为全面、系统的学习体验。学生不仅可以在此过程中深化对专业知识的理解，还能在翻译实践中锻炼和提升自身的翻译技能，从而更好地适应未来职场的需求和挑战。这种深度融合的培养模式，有助于学生实现从校园到职场的平稳过渡，为他们的职业生涯奠定坚实的基础。建立在优势学科基础上的 MTI 实习基地，应致力于打造一个全方位、多层次的实践平台，为学生提供丰富的实践机会和资源。学生可以在此平台上系统地学习优势学科的核心知识体系，同时结合翻译实践，培养出具有鲜明专业特色和强大翻译实践能力的综合型人才。此外，为了促进实习基地的可持续发展和深化校企合作，理工科院校应充分利用自身的学科优势，与企业建立紧密的合作关系。通过为企业提供技术支持、参与企业员工培训等方式，高校可以进一步增强与企业的联系和互动，而企业则可以借助高校的科研力量和人才资源，共同推动新产品、新技术的研发和应用。这种互利共赢的合作模式，不仅有助于提升实习基地的实践教学水平和质量，还能为企业的技术创新和产业升级提供有力的支撑和保障。

二、校外实习基地的类型选择和建设要以学校的地缘优势为前提

在实习基地的建设过程中，地缘优势是一个不可或缺的重要因素。地缘优势主要源于地理位置上的紧密联系以及由此形成的对特定地区历史、文化、生活习惯等方面的深入了解和熟悉。对于理工科院校而言，充分挖掘和利用地缘优势，有助于建立更加符合地区经济发展需求和产业特色的 MTI 校外实习基地，从而为学生提供更为贴近实际、更具针对性的实践机会和资源。依托地缘优势建立 MTI 校外实习基地，不仅可以有效降低实习成本，提高实习的经济性和可操作性，还能更好地满足地区翻译产业的需求。通过与区域内的重点龙头企业建立合作关系，理工科院校可以更有针对性地培养学生的翻

译实践能力和专业素养，促进学生的特色专业与翻译产业的深度融合。这种合作模式不仅有助于提升学生的就业竞争力和适应能力，还能为地区的经济发展和翻译产业的繁荣贡献力量。为了实现这一目标，理工科院校需要深入挖掘自身的地缘优势，积极与区域内的重点龙头企业和相关机构建立紧密的合作关系。通过共同打造实用性强、学科特色鲜明的MTI实习基地，理工科院校和企业可以共同推动地区经济的发展和翻译产业的繁荣。这种合作模式不仅有助于丰富和完善实习基地的类型和结构，还能为校企间的深度合作奠定坚实的基础，实现互利共赢、共同发展的目标。

三、校外实习基地类型的选择和建设要以就业市场为导向

实习基地，作为高等教育体系中的重要组成部分，扮演着连接学生与职场的关键角色。其核心宗旨在于通过提供真实的实践环境，使学生能够在其中培养实践工作能力和职业素养，为未来的职业生涯做好充分准备。为了确保实习基地能够充分发挥这一桥梁和纽带作用，我们必须确保其实习内容和职位的真实可靠性，使其全面贴近就业市场的实际需求。因此，在校外实习基地的运行管理中，我们必须注重学生的真实融入，确保他们能够在真实的工作环境中获得宝贵的实践经验，从而增强他们的就业竞争力。

在建设和选择校外实习基地时，我们必须以就业市场需求为导向，这是确保实习基地与就业市场之间形成良好互动的关键。通过理顺实习基地与就业市场之间的双向互动反馈机制和培养模式，我们可以实现学生实习与就业的无缝对接，使他们能够更好地适应未来职场的需求。为了实现这一目标，我们应优先考虑那些与学生专业契合度高并具有就业代表性的企业作为实习基地。这样不仅可以规避专业与就业之间的矛盾，还可以避免教学资源的重置和浪费，确保实习基地的针对性和实效性。对于理工科院校而言，在MTI实习基地的建设过程中，应避免简单模仿外语类、综合类大学的培养模式。相反，我们应充分结合院校的学科优势和就业需求，挖掘典型企业的示范作用，让学生深入了解相关领域的发展趋势和本质特征。通过这种方式，我们可以帮助学生建立对行业的全面认知，使他们在未来的就业中能够举一反三，

更好地适应多数企业的需求,从而提高他们的就业竞争力和职业发展潜力。

四、校内实习基地与校外实习基地建设要实现互补性

MTI 实习基地建设是翻译专业教育的重要组成部分,对于提高学生的翻译实践能力具有不可替代的作用。为了确保学生能够获得全面而系统的实践训练,我们必须坚持校内、外实习基地建设相结合的原则。校内实习基地作为校外实习基地的必要补充,其建设质量和效果直接关系到 MTI 实习的整体质量。MTI 校内实习基地通常以翻译语言实验室的形式存在,这种实验室能够模拟口笔译实践环境,为学生提供综合性的翻译训练。在建设校内实习基地时,我们应遵循为学生创造良好翻译实践环境和条件的原则,确保实验室的设施和设备能够满足学生的实践需求。同时,我们还应注重理论教学与翻译实践的有机结合,使学生在实践中能够加深对理论知识的理解,提高翻译实践能力。

从硬件设施方面来看,理想的校内实习基地应配备齐全的仪器设备,并确保其应用状况良好。具体来说,我们要求的仪器设备数应大于学生总数的 90%,以保证每位学生都能拥有足够的实践资源。此外,我们还应确保每位学生都能拥有一台电脑,并安装相应的翻译软件及专业语料库,以便学生进行高效的翻译实践。这些硬件设施的完善,将为学生的翻译实践提供有力的支持。在实习方式方面,校内实习基地可以采用翻译工作坊的方式进行。翻译工作坊是一种注重实践技能培训的教学模式,通过引入翻译公司项目的运作方式,使学生能够在真实的翻译环境中进行实践。这种方式强调翻译实践技能培训优于理论知识的传授,注重翻译过程的管理和指导,强化学习者的中心地位。通过参与翻译工作坊,学生可以更好地将理论知识与实践相结合,提高自身的翻译实践能力,为未来的职业生涯做好充分准备。

五、校外实习基地要注重实习设置的科学合理

校外实习基地的翻译实习在 MTI 教育体系中扮演着举足轻重的角色。该

实习主要围绕实习内容、实习职位及实习时间这三大核心要素展开。实习内容，作为实习活动的核心，其设计需严谨且深入，旨在避免形式主义的同时，确保学生在实习中不被视为简单的劳动力，从而切实维护学生的合法权益。为此，高校与合作企业在规划实习内容时，需经过充分的磋商与论证，确保实习内容既能满足实习基地的实际工作需求，又能与MTI的培养目标紧密相连。在此基础上，应有针对性地策划实习大纲，明确实习的具体任务与目标，以确保实习活动的针对性与实效性。实习职位的设定，是校外实习基地建设的又一重要环节。为确保实习职位能真实体现实习的内容与责任，高校与合作企业需从多维度进行全面评估。这包括业务的成熟度、资料的丰富性、实习职位的正式性以及是否配备专业指导教师等。通过这一系列评估，可以确保学生在实习过程中能接触到真实的工作环境与任务，进而获得宝贵的实践经验，为未来的职业生涯奠定坚实基础。实习时间的安排，在校外实习基地的实习设置中同样占据重要地位。高校应根据实习内容与学生未来就业方向的关联度，合理确定实习时间的长短。对于与学生就业方向紧密相关的实习内容，应适当增加实习时间，以便学生能更深入地了解并掌握该领域的知识与技能；而对于与学生就业方向关联不大的实习内容，则可以适当缩短实习时间，以确保学生能集中精力参与更有价值的实习活动，从而提高实习的效率与效果。

六、校外实习基地要有完善的软件设施建设

软件设施，即实习管理与考核的一系列规章制度，是确保实习质量的重要保障。在MTI教育体系中，应实施双导师制，即校内导师与校外导师共同承担学生的实习指导任务。校内导师与校外导师的职责应根据学生实习地点的不同进行灵活调整。当学生在校内实习时，主要由校内导师负责指导；当学生转至校外实习时，则主要由校外导师承担指导责任。此外，校内导师与校外导师还应保持密切的沟通与交流，就实习任务、学生表现等方面进行及时反馈与讨论，以确保对学生的实习过程进行持续、有效的指导与监督。实习考核，作为评价学生实习成果的重要手段，其公正性与准确性至关重要。

为确保考核的公正、准确，应由校内导师与校外导师共同合作进行。双方导师应依据共同制定的考核细则，对学生的实习表现进行全面、客观的评价。这一评价过程应涵盖学生的工作态度、专业技能、团队协作能力等多个方面，以全面反映学生在实习过程中的成长与进步。同时，考核结果还应作为学生未来就业、奖学金评定及学位论文评审的重要依据，以进一步激发学生的实习积极性与主动性。通过不断完善软件设施建设，可以为校外实习基地的实习活动提供有力的制度保障，从而确保实习质量与学生权益的双重提升，为学生的未来职业发展奠定坚实基础。

第三节　理工科院校 MTI 实习基地建设的影响因子及互动关系分析

实习基地建设是 MTI 教育体系的核心组成部分，是一项复杂的系统工程，需要全面考虑多方面影响因素，以确保实习基地有序、高效且协同运作。燕山大学在建设 MTI 实习基地时，组建了由资深教授和行业专家构成的团队，对国内多所理工科院校的 MTI 实习基地进行了深入调研，不仅详细考察了这些实习基地的建设规模和运营状况，还与相关院校进行了深入的交流和探讨，以期从中汲取宝贵的经验和启示。同时，燕山大学还广泛借鉴了工程硕士、教育硕士等其他专业学位在实习基地建设方面的成熟经验和做法，力求为本校的 MTI 实习基地建设提供全面而有益的参考。

在充分调研和借鉴的基础上，燕山大学紧密结合自身的学科优势和地缘优势，对本地翻译市场的人才需求特点进行了深入而细致的剖析。研究发现，全球化和国际贸易的增长导致市场对高层次、应用型翻译人才的需求增加。因此，经过反复论证和讨论，燕山大学明确提出了其 MTI 教育的培养目标，即培养"学科特色突出，具备翻译职业素养的高层次、应用型翻译人才"。此目标反映了燕山大学对 MTI 教育质量的持续追求和对市场需求的敏感性。为了实现这一宏伟目标，燕山大学在 MTI 实习基地建设上投入了大量的人力、

第八章 理工科院校 MTI 实习基地（校企合作）建设研究

物力和财力。不仅强化了翻译理论的教学，确保学生能够掌握扎实的理论基础，还积极为学生创造与就业市场需求紧密对接的实习机会。通过让学生在真实的翻译实践中深化对翻译理论的理解，锻炼翻译实践能力，并不断提升翻译职业素养，燕山大学力求培养出既符合市场需求又具备高度专业素养的高端翻译人才，为国家的翻译事业和国际化交流贡献力量。此外，燕山大学系统地总结了 MTI 实习基地建设的影响因素，并确定了 8 个关键因子：培养优势、就业市场、校外实习基地、校内实习基地、硬件设施、翻译实习、软件设施和实习导师。这 8 个影响因子之间相互作用、相互影响，共同构成了实习基地的框架基础。如图 8-1 所示，这些因子之间的紧密联系和互动关系为燕山大学 MTI 实习基地的建设提供了有力的理论支撑和实践指导。通过不断优化这些影响因素的配置和协调，燕山大学致力于打造一个高效、协同且富有特色的 MTI 实习基地，为培养高层次、应用型的翻译人才提供坚实的保障，同时也为我国的翻译教育事业和国际化交流事业作出积极的贡献。

图 8-1 显示，就业市场、高校学科优势和地域地缘优势之间存在紧密联系与互动，共同构成影响校外实习基地类型选择和内涵建设的核心要素。就业市场，作为翻译人才培养的重要导向，不仅直接反映了行业对翻译人才的具体需求和未来趋势，而且还深刻影响着院校在选定校外实习基地时的决策过程。院校在选定实习基地时，会更加注重与市场需求的匹配度，以期通过实习活动，使学生能够更好地适应未来的就业环境，实现学生实习与未来就业的无缝对接。高等院校的学科优势，则是决定实习基地所能提供的专业深度和广度的关键因素。学科优势的存在，确保了实习内容与学术研究的前沿性相契合，使学生能够在实习过程中接触到最新的翻译理论和实践技能，从而提升自身的专业素养和竞争力。地域的地缘优势则为实习基地提供了独特的资源和环境，地方文化、经济特色等地域性因素，不仅能够丰富实习的内涵，使学生能够在实践中深入了解和体验不同的文化和社会背景，还能增强学生的实践能力，使他们在未来的职业生涯中更加游刃有余。

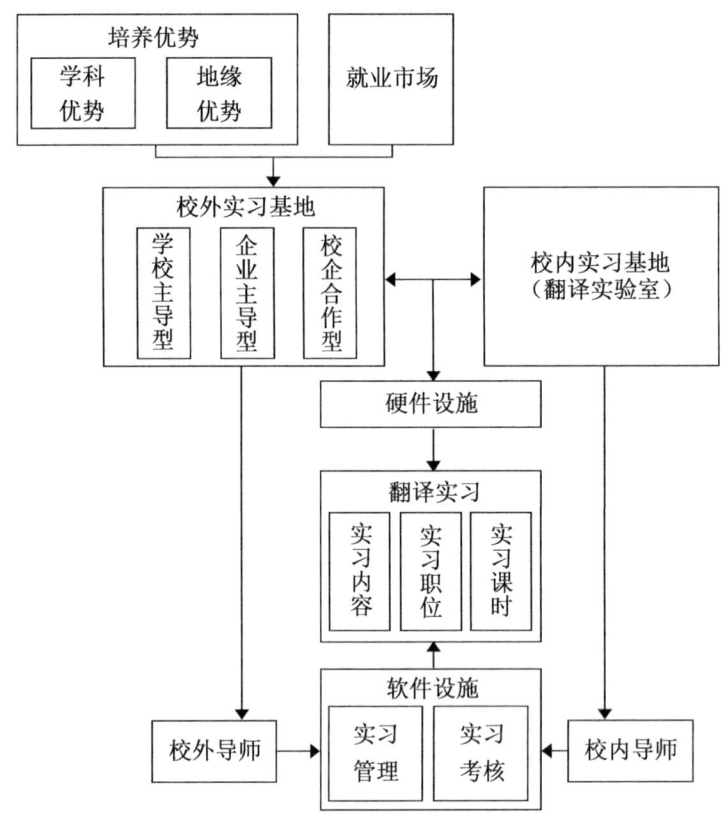

图 8-1　实习基地建设影响因子互动关系

校内实习基地是校外实习基地的重要补充和延伸，校内和校外实习基地在功能上相辅相成，共同为学生提供了全面而系统的翻译实习活动硬件基础。它们不仅为学生提供了必要的实践场所和设施，确保了实习活动的顺利进行，还通过共同界定翻译实习的具体内容、实习职位的设置以及实习课时的安排，确保了实习活动的系统性和全面性，使学生在实习过程中能够得到全面的锻炼和提升。在实习活动的具体实施过程中，来自校外实习基地的校外导师与来自校内实习基地的校内导师发挥着举足轻重的作用。他们通过一系列必要的软件设施，如高效的导师沟通渠道、完善的实习管理制度以及科学的实习考核规章制度，实现了对实习活动的有效管理和考核。这些软件设施的存在，不仅促进了导师之间的沟通与合作，确保了实习活动的顺利进行和高效完成，还通过科学合理的考核制度，对学生的实习成果进行了客观公正的评价，从而保障了实习的效果和效率。

综上所述，这 8 个影响因子对实习基地建设至关重要，可归纳为三个核心问题：首先，如何根据院校的培养优势和就业市场的实际需求，精准定位并选择适合的校外实习基地类型，以确保实习活动与市场需求和学术研究的前沿性相契合；其次，如何充分利用校外实习基地与校内实习基地的各自优势以及它们所能提供的硬件设施资源，制定出既符合实际又行之有效的翻译实习活动方案，以确保学生在实习过程中能够得到全面的锻炼和提升；最后，如何有效协调校外导师与校内导师之间的沟通互动，并通过建立健全实习管理和考核制度来确保实习活动的顺利进行和高效完成，最终实现实习效果的最大化和效率的最优化。

第四节 理工科院校 MTI 实习基地的建设
——以燕山大学为例

实习基地建设的核心目标是为学生提供从学习到就业的过渡平台，巩固其职业生涯的基础。实现此目标需要就业市场的深度参与，要求高校与企业建立紧密合作，共同建设与发展实习基地。此种合作模式促进了学生知识与实践工作的结合，增强了实践能力，同时为企业提供了培养潜在人才的机会，实现互利共赢。

在我国，校企合作建设实习基地的实践已经形成了三种具有代表性的模式。首先是高校主导型模式，该模式下，高校作为实习基地的主要推动者和规划者，负责构建实习活动的整体框架和流程。企业则依据高校的具体需求，提供必要的物质资源和设施支持，以协助高校完成实践教学任务。然而，在这一模式中，企业更多处于辅助地位，其主动性和积极性可能受到一定限制（屠萍官、吴庆余，2002）。高校主导型实习基地的建立，往往是高校主动适应市场经济需求，寻求自身生存和发展的结果。但值得注意的是，这种模式可能难以充分激发企业的合作热情，因为企业在合作中更多扮演的是被动配合的角色（易洪雷等，2011）。其次是企业主导型模式，这一模式下，企业以多种方式向高校注入资源，包括设备、场地、技术、师资和资金等，以实现深度合作办学。企业不仅参与实习基地的管理和决策，还分享办学带来的收益（屠萍官、吴庆余，2002）。这种合作模式在民办高校中尤为常见，因为它能够为企业提供更直接的人才培养和选拔途径。最后是校企合作型模式，这是一种更为深入和全面的合作模式。它强调高校与企业之间的强强联合，要求双方共同参与人才培养的全过程。企业不仅参与培养目标、教学计划、教学内容和培养方案的制定，还直接承担与产业紧密结合的培养任务（孟庆繁等，2006）。这种模式显著提高了人才培养的针对性和有效性，能够大幅缩短学生适应职场的时间，使学生更快地融入企业环境并发挥专业优势。

这三种实习基地模式在结构和运作上具有不同特点、优势和局限。因此，在建设校外实习基地之前，我们必须对影响实习基地类型的各种因素进行全面深入的分析。这些因素包括但不限于高校的学科优势、企业的行业地位、地域的经济特色等。只有通过全面细致的考量，我们才能确定最适合的MTI实习基地类型，从而为培养高素质的翻译人才提供有力的支持和保障。

一、校外实习基地建设

（一）充分发挥培养院校的学科优势与特色

校外实习基地类型的选择与确立，应当紧密围绕并依托学校的学科优势来展开。学科优势，作为高校在学术研究和教育教学中的核心竞争力，不仅凝聚了学校长期积累的独特传统和深厚学术底蕴，而且为学生提供了全面、系统且高质量的前期知识基础。在构建校外实习基地的过程中，充分发挥高校自身的学科优势，尤其是理工科院校在特定学科领域的强项和特色，对于有针对性地培养翻译人才具有举足轻重的意义。此模式可促进优势学科发展，增强学校实力，并在学生中建立翻译与其他学科间的联系，促进交叉融合，帮助学生顺利开启职业生涯。以燕山大学为例，该校在机械工程、电气工程、信息科学、材料科学和经济管理等学科领域拥有显著的优势。这些学科不仅具备独特的研究平台和先进的实验设备，还配备了完整的实践教学环节和丰富的实践资源。因此，在规划 MTI 实习活动时，燕山大学没有仅仅局限于翻译专业的具体内容，而是让学生有机会利用这些优势学科提供的全面实践平台，系统地接触并深入了解机械工程等学科的整体特点、技术背景和应用前景。这种做法旨在真正培养出具有专业特色和实践能力的 MTI 学生，使他们在翻译领域能够展现出独特的专业素养和跨学科的综合能力。燕山大学凭借其优势学科，与本地多家企业建立了稳固且成熟的合作关系。学校拥有学科上的优势和丰富的教学资源，而企业则具备技术和基础设施上的实力以及实际的市场需求。双方通过合作实现了利益的互补和资源的共享，共同推动了 MTI 实习基地的建设和发展。在此基础上，共同建设 MTI 实习基地成为一种水到渠成的选择，既符合学校的教育教学目标，也满足了企业的实际需求。燕山大学希望企业能够提供先进的技术、设施设备和相关的技术人员，对 MTI 学生进行实习指导和训练，以提升学生的实践能力和职业素养。而企业则期望与燕山大学携手合作，共同研发新技术、新产品，并借助学校的师资力量和学科优势为企业员工培训提供支持，提高企业的整体竞争力和创新能力。这种互相依赖、互利共赢的合作关系形成了一种共生关系，有助于实习基地的稳定发展和长期运行。因此，在综合考虑学校的学科优势、企业的实际需求以及双方的合作潜力和发展前景后，燕山大学选择了校企合作型作为其实习基地的主要类型。这种选择不仅符合学校的实际情况和发展需求，也为企业提供了宝贵的人才资源和技术支持，实现了双方的共同发展和进步。

（二）充分发挥院校的地缘优势和特色

实习基地的建设应当紧密结合地缘优势，这是提升实习质量与效率的关键所在。地缘优势，根植于地理位置的特殊性及其所带来的资源集聚效应，特别是在特定区域内形成的相对于外部群体的竞争优势。高校在构建校外实习基地时，若能有效依托并利用这一地缘优势，不仅能确保实习活动的经济性和可行性，还能极大地增强实习的可操作性，从而推动高校 MTI 项目与翻译产业的深度融合。这一融合过程要求我们必须尊重并深入理解本地翻译行业的地缘结构，积极探寻其与区域内重点及龙头行业的潜在结合点，以此为基础，打造出既实用又富有特色的实习基地。以燕山大学为例，该校地处秦皇岛这一北方重要的港口城市，秦皇岛港不仅是其地理位置的显著标识，更是其依托京津冀协同发展国家战略享受独特物流地缘优势的生动体现。燕山大学敏锐地捕捉到了这一优势，主动出击，与机械生产制造和物流管理行业的多家领军企业建立了紧密的合作关系，共同打造了一系列实习基地。这些基地为学生提供了丰富多样的实践机会，使他们在真实的工作场景中锤炼了翻译实践能力，为日后的职业生涯奠定了坚实的基础。

（三）充分以市场就业为导向

基地类型的选择与建设应当明确以市场就业为导向，致力于为学生创造一个贴近职场实际的实习环境。为实现这一目标，我们必须全力以赴，确保实习内容和实习职位的真实性与可靠性，使学生能够在实习过程中获得与未来职业紧密相关的实践经验和技能。同时，实习基地的建设还需紧密跟踪市场需求的变化，建立起实习基地与就业市场之间的双向互动反馈机制和培养模式。这种机制能够确保学生实习与就业的无缝对接，使学生在在校期间就能接触到真实的职场环境，从而增强学生的整体竞争力，使他们在未来的就业市场中占据有利地位。然而，当前 MTI 培养计划在市场针对性方面仍存在显著不足，就业方向与培养目标之间存在明显的偏差（钱多秀、杨英姿，2013）。这一现状凸显出翻译市场需求与人才培养之间的脱节问题依然严峻。在此背景下，多数 MTI 实习基地未能充分发挥其应有的就业示范引导作用，导致教学资源的浪费和重置。因此，在建设实习基地时，我们应优先考虑那些具备就业代表性的企业，通过合理引导学生就业，避免教学资源的无谓消耗。特别是对于理工科院校的 MTI 项目而言，更应避免盲目跟风，简单模仿外语类、综合类大学的 MTI 培养模式，而应充分发挥实习基地对相关产业典型企业的示范作用。通过这种示范效应，帮助学生深入理解相关领域的发展趋势和本质特征，培养他们的创新思维和解决问题的能力，使他们在未来的实习和就业中能够举一反三，迅速适应多数企业的需求。燕山大学所选择的企业在秦皇岛乃至华北地区相关产业领域内具有广泛的认可度和典型的示范作用。学生在这些实习基地获得的实习经验，不仅提升了他们的专业技能和实践能力,还使他们对相关领域内的企业文化、工作流程和职业发展有了更深入的了解。这对于他们在相关领域内找到并迅速适应工作具有至关重要的意义。同时,这种实习经历也极大地提升了学生的就业竞争力,为他们的职业生涯发展奠定了坚实的基础。

二、校内实习基地建设

校内实习基地是高等教育机构中的重要组成部分,提供规模适当且稳定的实习和社会实践活动场所,对实习教学体系至关重要。在 MTI 项目的框架内,校内实习基地,特别是翻译语言实验室,在校内实习基地中扮演着重要角色。这些实验室能够模拟口笔译工作情境,为学生提供综合实践的翻译训练平台。鉴于此,校内实习基地的建设务必紧密围绕 MTI 人才培养的总体目标,深度融合翻译专业的独特性质、翻译实践的具体流程及翻译技术设备的最新发展趋势进行系统化、多维度的合理规划。该规划涉及硬件设施更新及实习方式的改进,旨在为学生建立高效、优质的翻译实践环境,以提高实习质量与成效。

燕山大学 MTI 校内实习基地在硬件设施与实习方式两个维度上均展开了深入的探索与实践。外国语学院旗下的多媒体语言翻译实验室,不仅配备了 40 台高性能电脑,还安装了前沿的翻译软件及专业语料库。同时,实验室还配备了投影仪、视频设备、发言讨论会议系统以及高速互联网接入等现代化教学设施,这些硬件资源为学生翻译工作的顺利开展奠定了坚实的物质基础。在实习方式的创新上,燕山大学 MTI 校内实习基地独树一帜地采用了"翻译工作坊"模式。这一模式不仅为学生构筑了一个高强度、高仿真度的翻译实训平台,还通过引入翻译项目管理的运作机制,使学生在实践中学习翻译,不断磨砺翻译技能,提升翻译素养。翻译工作坊严格遵循翻译市场笔译任务的实际操作流程,学校特邀翻译公司的资深业务人员,通过讲座与参观的形式,对学生进行深入的翻译业务培训与指导,使学生能够熟练掌握翻译公司的业务操作流程、规范与标准。在此基础上,遴选燕山大学机械学院、材料学院等优势学科教师在国内外公开发表的学术论文作为翻译素材,让学生按照翻译公司承接翻译任务的工作模式，全程参与翻译活动的各个环节。从项目经理的推选到翻译工作的全面统筹，包括合同签订、任务分配、分项工作负责人的明确、资料搜集与术语库建设、统一术语表的制定、翻译文本要求的细化、译文起草、小组间的交叉审核与讨论、译文术语及风格的统一、图表制作与排版，直至最终译文的交付，每一个细节都力求贴近翻译市场的实际需求，使学生在实践中不断成长，逐步具备独立从事翻译工作的能力。基于翻译工作坊的 MTI 校内实习基地强调翻译技能培训的重要性，超越了理论知识的传授。该基地以翻译过程为导向，充分尊重学生的主体地位，通过采用翻译项目运作的方式，为学生提供了一个全方位、多层次的实训平台。这一平台不仅有助于学生翻译能力的显著提升，还使他们能够深入洞悉翻译行业的运作机制，为日后独立从事翻译活动、实施翻译项目、承接翻译任务奠定坚实的基础。同时，这一模式也为 MTI 人才培养提供了新的思路与借鉴，有助于推动翻译教育的持续创新与发展。

三、翻译实习活动建设

在校外实习基地所开展的翻译实践活动，是一个多维度、深层次的教育体系，其核心构成要素——实习内容、实习职位及实习课时，共同构筑了实习活动的整体架构与质量衡量标准。实习内容，作为实习活动的精髓所在，其设计必须确保既具有实用性，又蕴含教育价值。这要求我们在设计实习内容时，既要避免实习活动沦为简单的任务执行，缺乏深度与广度，又要防止学生被当作低成本劳动力使用，忽视其教育成长的需求。因此，在实习基地的筹建初期，学校与目标实习单位应进行深入细致的沟通与协商，共同对实习内容进行周密的规划与论证。这一过程应确保实习内容既能精准对接实习基地的实际工作需求，又能紧密贴合 MTI 教育的培养目标与实习教学大纲。以燕山大学与美铝（中国）投资有限公司秦皇岛分公司共同建设的实习基地为例，该公司因业务发展需要，频繁引进并安装大型生产设备，这一过程通常耗时长达半年至一年。同时，公司现有设备的日常维护也是其对外服务的重要组成部分。基于此背景，校企双方经过多轮磋商，最终确定了实习内容：

企业技术人员将向学生系统介绍生产设备的结构原理、运行机制、维护保养知识以及企业的整体运营模式；而学生则需全程深度参与，不仅要在语言层面为技术人员提供外文资料的翻译支持，还要紧密配合工程师完成从设备调查、安装、调试到生产、维护的全流程工作。这种实习内容的设计，不仅精准满足了企业的实际需求，更为学生提供了难能可贵的实践锻炼机会，从而形成了校企双方紧密合作的利益共同体，确保了实习活动的实际成效。

选择实习职位时应严谨考虑业务成熟度、行业资料丰富性、实习职位正式性及专业指导配备情况等关键维度。这一评估体系不仅是学校选择实习基地的重要依据，也是学校建设实习基地的明确目标与方向。在与美铝公司的合作中，该公司为学生提供了正式的实习岗位，并配备了相应的岗位工资、福利待遇等。这种正式的实习职位不仅确保了实习内容的系统性与可靠性，还让学生有机会全方位、多角度地感受职场氛围，为学校未来实习基地建设树立了主要的目标类型。至于实习课时的安排，则应根据实习基地的实际情况与需求进行灵活调整与优化。一般来说，实习内容与翻译业务的关联程度越高，实习岗位所提供的资源越丰富多样，实习时间就应相应延长，以确保学生能够充分深入实践，获得更多的学习与成长机会。同时，如果实习内容与本校 MTI 学生的未来就业方向紧密相关，学校也应适当增加实习时间，以帮助学生更好地适应未来的职业环境，提升其就业竞争力。对于理工类院校而言，学生的就业方向多集中在大、中型生产制造企业或服务行业，因此，学校在设计实习内容时，应尽量避免安排与学生未来就业方向不一致的实习项目，如以会议翻译为主的实习，或减少此类实习的课时分配。相反，如果实习内容是到企业、工厂等一线从事科技、生产等工科类专业的翻译实践活动，则应适当增加实习课时，以确保学生能够充分深入实践，获得最佳的实习效果。在燕山大学的实践中，学校安排了MTI 研二学生的实习计划：上半年在校内实习基地进行"翻译工作坊"实习，以提升学生的翻译技能与团队协作能力；下半年则在校外实习基地进行全职实习，让学生深入企业一线，感受职场氛围，积累实践经验。鉴于校外实习基地多与机械、物流等行业相关，与学生就业方向相符，故安排较长期实习以强化学生与未来职业的联系，为职业发展打下坚实基础。

四、实习基地软件设施建设

软件设施,作为翻译实习管理与考核体系的核心构成要素,其重要性不言而喻。它集成了一系列的规章制度,这些制度旨在从多个维度全面提升翻译实习的质量与成效。这些制度安排为实习活动提供支撑体系,确保了翻译教育质量提升。在实习实践的深入实施过程中,一个既合理又全面的考核与评估机制成为准确评判学生实习成效的关键工具。这一机制如同一座沟通的桥梁,将教师、学生及管理层紧密相连,通过及时、有效的反馈,显著促进了教学效果的深化,进一步巩固了学生的学习成果,并为实习经验的系统总结与提炼提供了珍贵的第一手资料,为后续的教育改进提供了有力支撑。

在着手构建实习管理与考核体系的过程中,学校不仅要制定一套详尽、周密细致且具有可行性的规章制度,更要重视导师团队的有效组建与高效协作。与众多专业硕士学位项目的培养模式相呼应,MTI教育也应积极探索并实践双导师制这一先进模式。双导师制着重强调了校内导师与校外导师之间的紧密配合与合理分工,双方需携手合作,共同为学生的实习过程提供全方位、深层次且个性化的指导与帮助。具体而言,在实习地点不同的情境下,校内与校外导师的职责应灵活调整,以适应实习环境的变化:当学生在校内进行实习时,校内导师应承担起安全监管、思想引导、生活关怀以及业务指导等多重职责,确保学生实习的顺利进行;而当学生转战校外实习时,则主要由校外导师接力承担这些工作,确保学生实习的连贯性与一致性。为确保学生实习经历的顺畅与统一,校内与校外导师之间需建立常态化的沟通机制,就实习任务的具体安排、学生的实习表现等核心议题保持密切的交流与协作,从而有效避免因地点转换而带来的实习管理断层,确保学生实习的连续性和稳定性。

实习考核环节作为检验学生实习成果的重要关卡,其公正性、客观性与全面性至关重要。在这一关键环节,校内外导师应通力合作,依据前期共同制定的考核细则,对学生的实习表现进行细致入微、全面客观的评估。以燕山大学为例,该校在实习期间要求学生每周撰写实习心得,并认真填写实习情况记录表,以便实时追踪学生的实习进展与收获,为后续的考核提供翔实的依据。同时，实习单位的相关负责人也会对学生的实习表现给出专业的鉴定与评价，为学生的成长与进步提供具体的指导与建议。此外，实习单位还会对学生的整体实习表现进行综合评价，对实习环节的控制与监控过程进行全面总结与反馈，以便为后续的实习指导方案提供有针对性的改进建议，不断优化实习管理流程。实习结束后，学院将组织成立实习验收答辩委员会，对学生的实习成果进行严格把关与考核。考核流程严谨而有序，包括学生先就实习情况进行详细陈述，随后接受现场答辩的考验。答辩会议结束后，学生还应与校内外导师就实习中遇到的具体问题进行深入的剖析与探讨，以确保实习工作的实际效果得到充分挖掘与展现。

MTI 实习基地，作为培育具备职业化素养、实用性技能及高层次知识结构的翻译人才的核心场所，其建设与发展对于全面提升翻译教育质量、显著增强学生实践能力以及有力促进学生未来就业竞争力，均扮演着不可替代的重要角色。本书所阐述的 MTI 实习基地建设，是在对 MTI 教育各组成环节进行深入剖析，充分理解其内在联系与外部需求的基础之上，通过周密的规划设计与精心的组织实施而构建形成的。这一模式不仅全面覆盖了 MTI 教育所必需的理论教学与实践训练两大方面，而且尤为注重 MTI 培养的实践导向性及其最终的价值实现，旨在借助实习这一关键环节，有效地将学生所掌握的知识与技能转化为实际工作中的核心能力与优异表现。

在建设 MTI 实习基地建设的过程中，学校要始终秉持着充分尊重并发挥学校人才培养特色与优势的原则，力求在坚守学术严谨性的基石之上，巧妙融入创新与实践的活力元素。通过高效整合校内外的优质资源，为学生打造一个既能深入研习理论知识，又能充分锻炼实际操作技能的实习环境。此外，该模式还紧密贴合翻译市场的实际需求，通过与企业、翻译机构等行业伙伴的深度合作与紧密联动，确保学生实习内容的实用性、前沿性和真实性。学生在实习过程中能够亲身接触到最真实的翻译项目，从而有效地缩短了理论知识与实际操作之间的距离，进而提升实践能力。

参 考 文 献

[1] ABDI H, WILLIAMS L J. Principal component analysis [J]. Wiley Interdisciplinary Reviews:Computational Statistics, 2010, 2 (4): 433-459.

[2] AHEARN L M. Language and agency [J]. Annual Review of Anthropology, 2001, 30: 109-132.

[3] ALBIR A. Competence-based curriculum design for training translators [J]. The Interpreter and Translator Trainer, 2014, 1 (2): 163-195.

[4] ALBIR A, GALÁN-MAAS A, KUZNIK A, et al. Competence levels in translation:working towards a European framework [J]. The Interpreter and Translator Trainer, 2018, 12: 111-131.

[5] ALBIR A, GALÁN-MAAS A, KUZNIK A, et al. Translation competence acquisition:Design and results of the PACTE group's experimental research [J]. The Interpreter and Translator Trainer, 2020, 14 (2): 95-233.

[6] ALCINA A, SOLER V, GRANELL J. Translation technology skills acquisition [J]. Perspectives, 2007 (4): 230-244.

[7] ANDERMAN G, ROGERS M. Translator training between academic and profession:A Europe perspective [C]// SCHÄFFNER C, ADAB B J. Developing Translation Competence. John Benjamins, 2000: 63-73.

[8] ANDERSON J R. Acquisition of cognitive skill [J]. Psychological Review,

1982.

[9] ANDERSON J R. Rules of the mind [M]. Mahwa：Lawrence Erlbaum Associates，1993.

[10] ANDERSON L W，KRATHWOHL D R. A taxonomy for learning，teaching，and assessing：A revision of Bloom's taxonomy of educational objectives [M]. Boston：Allyn & Bacon，2001.

[11] ANDERSON J R，BOTHELL D，BYRNE M D，et al. An integrated theory of the mind [J]. Psychological Review，2004，111：1036-1060.

[12] ANDERSON J R. Cognitive psychology and its implications [M]. 7th ed. NewYork：Worth Publishers，2009.

[13] ARIEVITCH I M. Exploring the links between external and internal activity from a cultural-historical perspective [C]// VAN OERS B，WARDEKKER W，ELBERS E，et al. The transformation of learning：Advances in cultural-historical activity theory.Cambridge：Cambridge University Press，2008：38-58.

[14] BANDURA A. A social learning theory [M]. New Jersey：Prentice Hall，1977.

[15] BANDURA A. Social foundations of thought and action：A social cognitive theory [M]. New Jersey：Prentice Hall，1986.

[16] CAO Z，YU S，HUANG J. A qualitative inquiry into undergraduates' learning from giving and receiving peer feedback in L2 writing：insights from a case study [J]. Studies in Educational Evaluation，2019.

[17] CHESTERMAN A. Quantitative aspects of translation quality [J]. Lebende Sprachen，1994，39（4）：153-156.

[18] DE GUERRERO M C M，VILLAMIL O S. Activating the ZPD：Mutual scaffolding in L2 peer revision [J]. The Modern Language Journal，2000，84（1）：51-68.

[19] DEKEYSER R M. Practice in a second language：Perspectives from applied linguistics and cognitive psychology [M]. Cambridge：Cambridge University

Press，2007.

[20] DEKEYSER R M. Skill acquisition theory [C]// VANPATTEN B，WILLIAMS J. Theories in second language acquisition：An introduction. 2nd ed. London：Routledge，2015：94-112.

[21] DONOVAN C. European Masters Project Group：Teaching simultaneous interpretation into a B language：Preliminary findings [J]. Interpreting，2004，6（2）：205-216.

[22] EMT. EMT competence framework 2017 [R]. The European Master's in Translation Network，2017.

[23] EMT EXPERT GROUP. European Master's in Translation-EMT competence framework [R]. European Commission，2017.

[24] ENGESTRÖM Y. Learning by expanding：An activity-theoretical approach to developmental research [M]. Cambridge：Cambridge University Press，1987.

[25] WENGER E，MCDERMOTT R，SNYDER W M. Cultivating communities of practice：A guide to managing knowledge [M]. Boston：Harvard Business School Press，2002.

[26] EYCKMANS J，ANCKAERT P. Item-based assessment of translation competence：Chimera of objectivity versus prospect of reliable measurement [J]. Lingua Antverpiensia，2017，16：40-56.

[27] FLANAGAN M，HEINE C. Peer-feedback as a translation training tool in web-based communication [J]. HERMES-Journal of Language and Communication in Business，2015（54）：42-45.

[28] FRASER J. The broader view：How freelance translators define translation competence [C]// SCHÄFFNER C，ADAB B J. Developing translation competence. John Benjamins，2000：51-62.

[29] GALÁN-MAÑAS A. Learning portfolio in translator training：The tool of choice for competence development and assessment [J]. Interpreter & Translator Trainer，2016，10（1）：1-22.

[30] GEE J P. Literacy and education [M]. London：Routledge，2015.

[31] CAINE G, CAINE R N. Strengthening and enriching your professional learning community: The art of learning together [M].Alexandria: ASCD, 2010.

[32] GILE D. Basic concepts and models for interpreter and translator training [M]. Amsterdan: John Benjamins Publishing Company, 1995.

[33] GILE D. Mirror mirror on the wall: An introduction [J]. Target, 1995: 1-6.

[34] GILE D. Basic concepts and models for interpreter and translator training [M]. Shanghai: Shanghai Foreign Language Education Press, 2011.

[35] GÖLLAN T H, et al. Self-ratings of spoken language dominance: A multilingual naming test (MINT) and preliminary norms for young and aging Spanish-English bilinguals [J]. Bilingualism: Language and Cognition, 2012, 15 (3): 594-615.

[36] GÖPFERICH S. Translation competence: Explaining development and stagnation from a dynamic systems perspective [J]. Target, 2013, 25 (1): 61-76.

[37] GRANELL X. Multilingual information management: Information, technology, and translators [M]. Witney: Chandos Publishing, 2015.

[38] HATIM B, MASON I. The translator as communicator [M]. London: Routledge, 1997.

[39] HERREID C F, SCHILLER N A. Case studies and the flipped classroom [J]. Journal of College Science Teaching, 2013, 42 (5): 62-66.

[40] HORTON D. Translation assessment: Notes on the interlingual transfer of an advertising text [J]. IRAL, 1998, 36 (2): 95-119.

[41] HOUSE J. A model for translation quality assessment [M]. Germany: Gunter Narr, 1981.

[42] JONASSEN D. Thinking technology: Context is everything [J]. Educational Technology, 1991 (6): 36-45.

[43] CARRASCO FLORES J A. Analysing English for translation and interpreting materials: Skills, sub-competences and types of knowledge [J]. The

Interpreter and Translator Trainer, 2019（2）: 1-17.

[44] KALAJA P, et al. Beliefs, agency and identity in foreign language learning and teaching [M]. London: Palgrave Macmillan, 2015.

[45] KEAR K L. Online and social networking communities: A best practice guide for educators [M]. London: Routledge, 2010.

[46] KELLY D. Training the trainers: Towards a description of translator trainer competence and training needs analysis [J]. TTR: Traduction, Terminologie, Rédaction, 2008, 21（1）: 99-125.

[47] KIRALY D C. Pathways to translation: Pedagogy and process [M]. Kent: Kent State University Press, 1995.

[48] KIRALY D C. A social constructivist approach to translator education [M]. Manchester: St. Jerome Publishing, 2000.

[49] KIRALY D. A passing fad or the promise of a paradigm shift in translator education [C]// JAMES B, GEOFFREY S K. Beyond the ivory tower: Rethinking translation pedagogy. Amsterdam: John Benjamins Publishing Company, 2003.

[50] KOZULIN A. Mediation and internalization: Conceptual analysis and practical applications [C]// LANTOF J P, POEHNER M E, SWAIN M E. The Routledge handbook of sociocultural theory and second language development. Routledge, 2018: 23-42.

[51] KRINGS H P. Wege ins Labyrinth: Fragestellungen und Methoden der Übersetzungsprozessforschung im Überblick [J]. Meta, 2005, 50（2）: 342-358.

[52] LAKOFF G, JOHNSON M. Women, fire, and dangerous things [M]. Chicago: University of Chicago Press, 1987.

[53] LAKOFF G, JOHNSON M. Philosophy in the flesh [M]. Chicago: University of Chicago Press, 1999.

[54] LAMBERT C, ZHANG G. Engagement in the use of English and Chinese as foreign languages: The role of learner-generated content in instructional task

design [J]. The Modern Language Journal, 2019, 103 (2): 391-411.

[55] LANTOF J P. Introducing sociocultural theory [M]// LANTOF J P. Sociocultural theory and second language learning. Oxford: Oxford University Press, 2000.

[56] LANTOF J P, POEHNER M E. Sociocultural theory and the pedagogical imperative in L2 education [M]. London: Routledge, 2014.

[57] LATORRACA R, AIELLO J. Investigating translation trainees' self-perceived competence: A process-oriented, collaborative seminar on translation and translation revision [J]. International Journal of Translation, 2021: 460-481.

[58] LAWSON M A, LAWSON H A. New conceptual frameworks for student engagement research, policy, and practice [J]. Review of Educational Research, 2013, 83 (3): 432-479.

[59] LEE J H. Feedback on feedback: Guiding student interpreter performance [J]. Translation and Interpreting, 2018, 10 (1): 152-170.

[60] LEHKA-PAUL O, WHYATT B. Does personality matter in translation? Interdisciplinary research into the translation process and product [J]. Poznan Studies in Contemporary Linguistics, 2016, 52 (2): 317-349.

[61] LIN Z, et al. Peer feedback in translation training: A quasi-experiment in an advanced Chinese-English translation course [J]. Frontiers in Psychology, 2021, 12: 1-9.

[62] MARTÍNEZ S M, FABER P. Terminological competence in translation [R]. 2011.

[63] MASSEY G. Translation competence development and process-oriented pedagogy [M]. Hoboken: John Wiley & Sons, Inc., 2017.

[64] MASSEY G, EHRENSBERGER-DOW M. Investigating information literacy [J]. Across Languages and Cultures, 2011, 12 (2): 193-211.

[65] MCCONNELOGUE T. Making judgements: Investigating the process of composing and receiving peer feedback [J]. Studies in Higher Education, 2015, 40 (9): 1495-1506.

[66] MCMAHON T. Peer feedback in an undergraduate programme: Using action research to overcome students' reluctance to criticise [J]. Educational Action Research, 2010, 18 (2): 273-287.

[67] MILMAN N B. The flipped classroom strategy: What is it and how can it best be used? [J]. Distance Learning, 2012, 9 (3): 85-87.

[68] MIN H T. The effects of trained peer review on EFL students' revision types and writing quality [J]. Journal of Second Language Writing, 2006, 15 (2): 118-141.

[69] NELSON M, SCHUNN C D. The nature of feedback: How different types of peer feedback affect writing performance [J]. Instructional Science, 2009, 37: 375-401.

[70] NEUBERT A. Competence in languages, and in translation [C]// SCHÄFFNER C, ADAB B J. Developing translation competence. John Benjamins, 2000: 3-18.

[71] NISKA H. Training interpreters: Programmes, curricula, practices [C]// TENNENT M. Training for the new millennium. John Benjamins, 2005.

[72] NITZKE J, et al. Risk management and post-editing competence [J]. The Journal of Specialised Translation, 2019 (31): 239-259.

[73] O'DONOVAN B. How student beliefs about knowledge and knowing influence their satisfaction with assessment and feedback [J]. Higher Education, 2017, 74: 617-633.

[74] O'MALLEY J M, et al. Some applications of cognitive theory to second language acquisition [J]. Studies in Second Language Acquisition, 1987, 9: 287-306.

[75] OXFORD R L, BURRY-STOCK J A. Assessing the use of language learning strategies worldwide with the ESL/EFL version of the strategy inventory for language learning (SILL) [J]. System, 1995, 23 (1): 1-23.

[76] PACTE. Investigating translation competence [J]. Meta, 2005, 50 (2): 609-619.

[77] PACTE. First results of a translation competence experiment: Knowledge of translation and efficacy of the translation process [C]// KEARNS J. Translator and interpreter training: Issues, methods and debates. Continuum, 2008: 106-107.

[78] PANADERO E. Is it safe? Social, interpersonal, and human effects of peer assessment: A review and future directions [C]// BROWN G T L, HARRIS L R. Handbook of human and social conditions in assessment. Routledge, 2016: 247-266.

[79] PARRA-GALIANO S. Translators' and revisers' competences in legal translation: Revision foci in prototypical scenarios [J]. Target, 2021, 33 (2): 228-253.

[80] PHILP J, DUCHESNE S. Exploring engagement in tasks in the language classroom [J]. Annual Review of Applied Linguistics, 2016, 36: 50-72.

[81] PRASSL F. Translators' decision-making processes in research and knowledge integration [C]// GÖPFERICH S, ALVES F, MEES I M. New approaches in translation process research. Samfundslitteratur, 2010.

[82] PRIETO-VELASCO J A, FUENTES-LUQUE A. A collaborative multimodal working environment for the development of instrumental and professional competences of student translators: An innovative teaching experience [J]. The Interpreter and Translator Trainer, 2016, 10 (1): 76-91.

[83] PYM A. Redefining translation competence in an electronic age: In defense of a minimalist approach [J]. Meta, 2003, 48 (4): 481-497.

[84] ROBERT I S, et al. Conceptualising translation revision competence: A pilot study on the "tools and research" subcompetence [R]. 2018.

[85] ROBERT I S, SCHRIJVER I, UREEL J J. Measuring translation revision competence and post-editing competence in translation trainees: Methodological issues [J]. Perspectives: Studies in Translation Theory and Practice, 2022: 177-191.

[86] ROTHWELL A, SVOBODA T. Tracking translator training in tools

and technologies: Findings of the EMT survey 2017 [J]. The Journal of Specialised Translation, 2019 (32): 26-60.

[87] SADLER D R. Beyond feedback: Developing student capability in complex appraisal [J]. Assessment & Evaluation in Higher Education, 2010, 35 (5): 535-550.

[88] SANNINO A, et al. Formative interventions for expansive learning and transformative agency [J]. Journal of the Learning Sciences, 2016, 25 (4): 599-633.

[89] SCHAEFFER M, HUEPE D, HANSEN-SCHIRRA S, et al. The translation and interpreting competence questionnaire: An online tool for research on translators and interpreters [J]. Perspectives: Studies in Translatology, 2019, 28: 90-108.

[90] SCHAUFELI W B, SALANOVA M, GONZÁLEZ-ROMÁ V, et al. The measurement of engagement and burnout: A two sample confirmatory factor analytic approach [J]. Journal of Happiness Studies, 2002: 90-108.

[91] SHREVE G M. Cognition and the evolution of translation competence [C]// DANKS J. Cognitive processes in translation and interpreting. Sage, 1997.

[92] SHREVE G. The deliberate practice: Translation and expertise [J]. Journal of Translation Studies, 2006, 9 (1): 27-42.

[93] SKINNER E A, PITZER J R. Developmental dynamics of student engagement, coping, and everyday resilience [C]// CHRISTENSON S L, RESCHLY A L, WYLIE C. Handbook of research on student engagement. Springer, 2012.

[94] MARTÍNEZ S M, FABER P. Terminological competence in translation [R]. 2011.

[95] SOLOVYEVA E, et al. Forming students' linguistic and cultural competence in academic translation and interpretation studies [J]. Procedia - Social and Behavioral Sciences, 2015, 199: 415-422.

[96] BENDER T. Community and social change in America [M]. Baltimore:

Johns Hopkins University Press, 1982.

[97] SERGIOVANNI T J. Organizations or communities? Changing the metaphor changes the theory [J]. Educational Administration Quarterly, 1994, 30 (2): 214-226.

[98] TOURY G. Descriptive translation studies and beyond [M]. Amsterdam: John Benjamins Publishing Company, 1995.

[99] ULRYCH M. Real-world criteria in translation pedagogy [C]// DOLLERUP C, APPEL V. Teaching translation and interpreting 3: New horizon. John Benjamins, 1996.

[100] ULRYCH M. Training translators: Programmes, curricula, practices [C]// TENNENT M. Training for the new millennium: Pedagogies for translation and interpreting. John Benjamins, 2005.

[101] UREEL J J, et al. The development of L2 sociolinguistic competence in translation trainees: An accommodation-based longitudinal study into the acquisition of sensitivity to grammatical (in) formality in English [J]. Interpreter and Translator Trainer, 2022, 16 (1): 78-95.

[102] VYGOTSKY L S. Mind in society: The development of higher psychological processes [M]. Cambridge: Harvard University Press, 1978.

[103] VYGOTSKY L S. Thought and language [M]. Cambridge: The MIT Press, 1986.

[104] WADDINGTON C. Different methods of evaluating student translations: The question of validity [J]. Meta, 2001, 46 (2): 331-325.

[105] WANG K, HAN C. Accomplishment in the multitude of counsellors: Peer feedback in translation training [J]. Translation and Interpreting, 2013 (5): 62-75.

[106] WENNESTAM S, et al. Critical thinking dispositions among newly graduated nurses [J]. Journal of Advanced Nursing, 2010, 66 (10): 2170-2181.

[107] WERTSCH J V. Mind as action [M]. Oxford: Oxford University Press,

1998.

[108] Wilss W. Perspectives and Limitations of a Didactic Framework for the Teaching of Translation[M]//Brislin R W. Translation，Applications and Research. New York：Gardner Press，1976：117-137.

[109] WILSS W. Knowledge and skills in translator behaviour [M]. Amsterdam：John Benjamins，1996.

[110] WU D，et al. Developing translation competence：Understanding trainers' beliefs and training practices [J]. The Interpreter and Translator Trainer，2019，13（3）：233-254.

[111] LI X，KE P. An empirical study of peer feedback in translation didactics：Quality，response and student perceptions [J]. Assessment & Evaluation in Higher Education，2022，47（8）：1231-1244.

[112] YAN J X，et al. Mapping interpreting studies：The state of the field based on a database of nine major translation and interpreting journals（2000—2010）[J]. Perspectives，2013，21（3）：446-473.

[113] 白丽茹. 基础英语写作同伴互评反馈模式的可行性及有效性检验 [J]. 解放军外国语学院学报，2013（1）：51-56，127-128.

[114] 鲍川运. 大学本科口译教学的定位及教学 [J]. 中国翻译，2004（5）：29-33.

[115] 鲍川运. 口译的职业化 [J]. 中国翻译，2007，28（1）：50-51.

[116] 鲍川运. 翻译师资培训：翻译教学成功的关键 [J]. 中国翻译，2009（2）：45-47.

[117] 本尼迪克特·安德森，想象的共同体：民族主义的起源与散布 [M]. 吴叡人，译. 上海：上海人民出版社，2016：31-33.

[118] 曹达钦，戴钰涵. 人工智能时代高校翻译技术实践环境建设研究 [J]. 外语界，2021（3）：30-36.

[119] 曹莉. 翻译硕士专业学位（MTI）研究生教育的课程设置探讨 [J]. 学位与研究生教育，2015（10）：30-34.

[120] 陈吉荣，李丙奎. MTI 翻译策略与翻译产业需求：以大连为区域背景的

研究 [J]. 学理论，2010（4）：80-82.

[121] 陈坚林. 计算机网络与外语课程的整合 [M]. 上海：上海外语教育出版社，2010.

[122] 陈菁，肖晓燕. 口译教学：从理论到课堂 [M]. 上海：上海外语教育出版社，2014.

[123] 陈水平. 项目翻译教学模式：意义、问题与对策：项目翻译教学的行动研究 [J]. 外语教学理论与实践，2013（8）：82-87.

[124] 陈卫红. 网络环境下口译课多模态教学模式的构建 [J]. 上海翻译，2014（3）：51-54.

[125] 陈怡. 英语专业高年级学生汉译英能力与文本测试评分研究 [D]. 上海：上海外国语大学，2010.

[126] 崔启亮. 全国翻译硕士专业学位研究生教育与就业调查报告 [M]. 北京：对外经济贸易大学出版社，2017.

[127] 崔启亮. AI 时代的译者技术应用能力研究 [J]. 外国语言与文化，2020，4（1）：104-110.

[128] 崔维霞，王均松. 翻译技术与 MTI 人才培养：问题与反思 [J]. 中国科技翻译，2018，31（4）：23-25.

[129] 邓燕，陆梅. 批改网同伴互评反馈对不同水平英语学习者汉英翻译的影响 [J]. 江西理工大学学报，2017（6）：65-69.

[130] 丁素萍. 建立翻译硕士专业学位（MTI）双导师制可持续发展的合作机制 [J]. 教育与职业，2012（11）：181-182.

[131] 董洪学，韩大伟. 理工科院校翻译专业硕士教学中计算机辅助翻译课程的设计研究 [J]. 中国大学教学，2012（9）：63-65.

[132] 董洪学，张晴. 翻译硕士（MTI）专业学位实习基地建设模式创新思考 [J]. 外语电化教学，2015（3）：30-34.

[133] 董洪学，张坤媛. 云计算学习平台下 MTI 翻译工作坊教学模式研究 [J]. 外语电化教学，2016（2）：56-61.

[134] 董洪学，初胜华，张坤媛. 基于 MTI 职业翻译能力培养的翻转课堂项目式教学模式研究 [J]. 外语电化教学，2017（4）：49-55.

[135] 董洪学，韩大伟，初胜华．基于 MobiMooc 的口译翻转课堂教学模式研究：以口译技能学习为例 [J]．外语电化教学，2018（6）：65-72．

[136] 斐迪南·滕尼斯．共同体与社会：纯粹社会学的基本概念 [M]．林荣远，译．北京：商务印书馆，1999：65．

[137] 冯曼，贾兰兰．个性化 MTI 教育模式初探 [J]．广东外语外贸大学学报，2013（11）：98-102．

[138] 冯全功，苗菊．实施案例教学，培养职业译者：MTI 笔译教学模式探索，山东外语教学 [J]．2009（6）：28-32．

[139] 冯全功．从认知视角试论翻译能力的构成 [J]．外语教学，2010，31（6）：110-113．

[140] 冯全功，张慧玉．以职业翻译能力为导向的 MTI 笔译教学规划研究 [J]．当代外语研究，2011（1）：33-38．

[141] 高方，许钧．现状、问题与建议：关于中国文学走出去的思考 [J]．中国翻译，2010（6）：5-9．

[142] 高黎．培养环境对翻译硕士职业胜任力影响研究 [D]．南京：南京大学，2015．

[143] 高黎，崔雅萍．翻译硕士培养环境实证研究 [J]．中国外语，2016（1）：56-66．

[144] 高文，徐斌艳，吴刚．建构主义教育研究 [M]．北京：教育科学出版社，2008．

[145] 郭来福．翻译教师教学能力研究：结构、现状、发展 [M]．外语教学与研究出版社，2009．

[146] 郭玲义．专业翻译硕士培养模式之探索 [J]．上海理工大学学报（社科版），2011（3）：239-42．

[147] 郭燕，周江林．计算机网络环境下的自主英语学习：一项针对非英语专业研究生的调查报告 [J]．山东外语教学，2007（1）：45-48．

[148] 郭燕，秦晓晴．研究生英语自主学习能力及相关影响因素的研究 [J]．北京第二外国语学院学报，2010（6）：66-71．

[149] 韩博文．翻译能力测试构念和效度研究：以俄语翻译硕士专业学位为例

[J]. 外语学刊, 2021（3）: 65-69.

[150] 韩子满. 西方翻译研究的转向与进展: 评《翻译研究的多重转向》[J]. 中国翻译, 2007（5）: 42-45.

[151] 何刚强. 精艺谙道, 循循善诱: 翻译专业教师须具备三种功夫 [J]. 外语界, 2007（3）: 24-29.

[152] 何刚强. 切实聚焦应用, 务实培育译才: 应用翻译与应用翻译教学刍议 [J]. 上海翻译, 2010（1）: 37-40.

[153] 何克抗. 建构主义: 革新传统教学的理论基础（中）[J]. 电化教育研究, 1997（4）: 25-27.

[154] 何克抗. 从 Blending Learning 看教育技术理论的新发展 [J]. 电化教育研究, 2004（3）: 5-14.

[155] 何瑞清. 对翻译硕士（MTI）笔译方向课程设置的思考: 以国外和台湾笔译硕士课程为参照 [J]. 北京第二外国语学院学报, 2011（12）: 37-41.

[156] 黄友义. 谈谈职业翻译人才培养与翻译人才评价以及翻译行业管理的接轨 [J]. 中国翻译, 2007（4）: 8-9.

[157] 黄友义. 翻译硕士专业学位教育的发展趋势与要求 [J]. 中国翻译, 2010（1）: 49-50.

[158] 黄友义. 疫情之后看外语和翻译的多与少 [J]. 中国外语, 2020, 17（6）: 1, 11-12.

[159] 贾兰兰. 专题口译课程中的知识积累与技能强化: 广外口译专业教学体系理论与实践（之三）[J]. 中国翻译, 2017, 38（2）: 52-56.

[160] 焦宝聪, 苏古杉, 陈楠. 微课程设计的三重属性和六大要素 [J]. 现代远程教育研究, 2015（6）: 89-95.

[161] 焦丹. 口译教学动态模式构建研究 [J]. 外语电化教学, 2016（5）: 83-89.

[162] 李洪修, 张晓娟. 大学"学习共同体"的实践困境 [J]. 江苏高教, 2015, （5）: 46-49.

[163] 黎加厚. 云计算辅助教学 [M]. 上海: 上海教育出版社, 2010.

[164] 李军, 黄宝印, 朱瑞. 改革和完善外语专业研究生培养模式培养翻译硕士专业学位人才 [J]. 中国翻译, 2007（4）: 6-7.

[165] 李明, 仲伟合. 翻译工作坊教学探微 [J]. 中国翻译, 2010（4）：32-37.

[166] 李清华, 孔文. 外语形成性评估的效度验证框架 [J]. 外语教学理论与实践, 2015（1）：24-31.

[167] 李瑞林. 从翻译能力到译者素养：翻译教学的目标转向 [J]. 中国翻译, 2011（1）：46-51.

[168] 李小撒, 柯平. 过程教学法在翻译教学中的应用：以同伴互评和评注式翻译为例 [J]. 外语教学, 2013a（5）：106-109.

[169] 李小撒, 柯平. 同伴互评在翻译教学中的应用效果及其教学法意义 [J]. 外语教学理论与实践, 2013（2）：83-88.

[170] 李小撒, 柯平. 同伴互评在翻译教学中的应用实证研究：有效性、学生认识和认知特征 [J]. 外语测试与教学, 2021（4）：22-32.

[171] 黎妍. 近十年国内有关翻译教师的研究现状和问题 [J]. 成都师范学院学报, 2015, 31（7）：6-10.

[172] 廖七一. MTI中的翻译理论教学 [J]. 中国翻译, 2011（3）：25-28.

[173] 刘和平. 再谈翻译教学体系的构建 [J]. 中国翻译, 2008（3）：35-39.

[174] 刘和平. 中国口译教育十年：反思与展望 [J]. 中国翻译, 2016, 37（3）：46-52.

[175] 刘剑. 基于多模态语料库的口译教学模式研究 [J]. 外语电化教学, 2017（2）：9-14, 21.

[176] 刘进, 许庆美. 立体式口译教学模式探究与实践：以现代教育信息技术为视角 [J]. 外语教学, 2011, 32（6）：66-69.

[177] 刘梦莲. IVY虚拟现实口译训练模式研究 [J]. 上海翻译, 2018（5）：78-83.

[178] 刘庆雪. 英语口译课程多模态教学模式研究 [J]. 前沿, 2012（10）：160-161.

[179] 刘振, 何明霞. 国内计算机辅助口译教学研究的现状与思考 [J]. 外语电化教学, 2014（3）：55-61.

[180] 刘熠, 许宏晨. 高校MTI教师的职业发展现状及困境 [J]. 外语教学理论与实践, 2020（3）：29-35, 9.

[181] 龙吉星，刘瑾. 我国翻译师资建设的回顾与前瞻 [J]. 上海翻译，2018（5）：66-69，95.

[182] 卢植. 认知与语言：认知语言学引论 [M]. 上海：上海外语教育出版社，2006.

[183] 罗慧芳，鲍川运. 翻译专业师资培训路径与模式探索：以"全国高等院校翻译专业师资培训"为例 [J]. 中国翻译，2018（3）：60-64.

[184] 吕冰. 近二十年国内外翻译教师研究综述 [J]. 上海翻译，2018a（2）：48-53.

[185] 吕冰. 翻译教师笔译教学实践性知识的个案研究 [D]. 上海：上海外国语大学，2018.

[186] 马会娟，管兴忠. 论汉英翻译的语言能力 [J]. 西安外国语大学学报，2012（3）：117-121.

[187] 马会娟. 汉译英翻译能力研究 [M]. 北京：北京师范大学出版社，2013.

[188] 缪静敏，汪琼. 高校翻转课堂：现状、成效与挑战：基于实践一线教师的调查 [J]. 开放教育研究，2015（10）：71-82.

[189] 苗菊. 翻译能力研究：构建翻译教学模式的基础 [J]. 外语与外语教学，2007（4）：47-50.

[190] 苗菊，王少爽. 翻译行业的职业趋向对翻译硕士专业（MTI）教育的启示 [J]. 外语与外语教学，2010（3）：63-67.

[191] 孟庆繁，周慧，逯家辉，等. 生命科学创新实验教学体系的构建与实践 [J]. 实验室研究与探索，2006（12）：1547-1549，1610.

[192] 莫爱屏，吴迪，刘吉林. 社会建构模式下职业化翻译能力培养新探 [J]. 外语教学理论与实践，2015（3）：68-73.

[193] 穆雷. 翻译测试及其评分问题 [J]. 外语教学与研究，2006（6）：466-471.

[194] 穆雷. 翻译硕士专业学位论文模式探讨 [J]. 外语教学理论与实践，2011（1）：77-82.

[195] 穆雷，王巍巍. 翻译硕士专业学位教育的特色培养模式 [J]. 中国翻译，2011（2）：29-32.

[196] 穆雷，邹兵. 翻译硕士专业学位毕业论文与写作探索 [J]. 中国翻译，2011

（5）：40-45.

[197] 穆雷，邹兵，杨冬敏. 翻译硕士专业学位论文参考模式探讨 [J]. 学位与研究生教育，2012（4）：24-30.

[198] 穆雷，杨冬敏. 翻译硕士学位论文评价方式初探 [J]. 外语教学，2012（4）：89-93.

[199] 穆雷，沈慧芝，邹兵. 面向国际语言服务业的翻译人才能力特征研究：基于全球语言服务供应商 100 强的调研分析 [J]. 上海翻译，2017（2）：8-16.

[200] 穆雷，李雯，蔡耿超. MTI 实践能力培养考核制度的改革设想：来自临床医学专业硕士的启示 [J]. 上海翻译，2018（4）：56-62.

[201] 穆雷. 我国翻译硕士专业学位现状与问题：基于《翻译硕士专业学位发展报告》的分析研究 [J]. 中国翻译，2020，41（1）：87-96.

[202] 倪传斌. 外语磨蚀的影响因素研究 [M]. 北京：世界图书出版公司，2012.

[203] 潘洪建. "学习共同体"相关概念辨析 [J]. 教育科学研究，2013（8）：12-16.

[204] 平洪. 把握机遇，积极探索，开创翻译专业学位研究生教育的新局面 [J]. 中国翻译，2011（3）：31-33.

[205] 平洪. 对我国翻译硕士专业学位教育发展的反思 [J]. 中国翻译，2016，37（5）：49-53.

[206] 齐丹. 基于网络的学习共同体的研究与设计 [D]. 长春：东北师范大学，2004.

[207] 钱春花. 翻译能力构成要素及其驱动关系分析 [J]. 外语界，2012（3）：60-67.

[208] 钱春花，徐剑，胡洁雯. 译者胜任力构建：共词分析、翻译行为事件访谈与实证研究 [J]. 外语界，2015（4）：71-79.

[209] 钱多秀，杨英姿. 北京地区翻译硕士专业学位（MTI）教育：经验、反思与建议 [J]. 中国翻译，2013（2）：50-55.

[210] 钱研，陈晓慧. 南加州大学翻转课堂设计原则及其启示 [J]. 中国电化教育，2015（6）：99-103.

[211] 乔萍,翟淑蓉,宋洪玮. 英汉翻译教程 [M]. 北京:北京大学出版社,2009.

[212] 任庆梅. 大学生英语课堂学习投入多维评价体系的理论框架 [J]. 外语界,2021(2):58-66.

[213] 任学印,周淑艳,连玉生. 论教师授权与教师专业发展 [J]. 外国教育研究,2010(4):1-4.

[214] 邵红杰. 翻译硕士(MTI)专业设置现状引发的思考 [J]. 继续教育研究,2012(6):111-113.

[215] 施蕴中. 翻译教学:实践、思考与展望 [M]. 上海:上海外语教育出版社,2004.

[216] 石坚,王家湘. 美国文学史 [M]. 北京:中国人民大学出版社,2008.

[217] 宋铁花. EFL 写作教学中修正性反馈研究 [J]. 西安外国语大学学报,2011(4):103-106.

[218] 覃芳芳,刘军平. 职业化时代 MTI 学生翻译能力的测评:以 CATTI 考试为例 [J]. 学术论坛,2017,40(1):176-180.

[219] 覃俐俐. 翻译专业教师研究的现状与展望 [J]. 外国语文,2013,29(5):124-129.

[220] 覃俐俐,王克非. 从译者到教师:翻译教师职业身份转化案例研究 [J]. 上海翻译,2018(4):24-29,94.

[221] 唐昉. 面向国际传播的翻译能力培养:以《习近平谈治国理政》英译赏析课程为例 [J]. 外国语文,2022(3):33-41.

[222] 唐继卫. 加强翻译硕士教育工作适应翻译产业发展需要 [J]. 中国翻译,2010(1):50-52.

[223] 屠萍官,吴庆余. 生命科学实验教学体系构建与创新人才培养 [J]. 实验技术与管理,2002(2):4-7.

[224] 王爱琴."实习式"翻译实践教学模式探索与思考 [J]. 外语教学理论与实践,2011(2):59-65.

[225] 王斌华. 口译能力的评估模式及测试设计再探:以全国英语口译大赛为例 [J]. 外语界,2011(1):44-50.

[226] 王斌华. 从口译能力到译员能力：专业口译教学理念的拓展 [J]. 外语与外语教学，2012（6）：75-78.

[227] 王传英. 本地化行业发展与MTI课程体系创新 [J]. 外语教学，2010（7）：110-113.

[228] 王传英. 从"自然译者"到PACTE模型：西方翻译能力研究管窥 [J]. 中国科技翻译，2012，25（4）：21-24.

[229] 王丹. 口译专业教学体系中的技能教学：广外口译专业教学体系理论与实践（之二）[J]. 中国翻译，2017，38（1）：61-67.

[230] 王刚毅. 新时代翻译专业师资培训的机遇和挑战 [J]. 上海翻译，2018(4)：1-3.

[231] 王海丽. 云计算时代翻译专业教学改革探索 [J]. 教育理论与实践，2016，36（6）：61-62.

[232] 王洪林. 基于O2O的口译深度翻转学习行动研究 [J]. 翻译界，2018（2）：96-111，153.

[233] 王华树. 语言服务行业技术视域下的MTI技术课程体系构建 [J]. 中国翻译，2013（6）：26-32.

[234] 王华树. MTI"翻译项目管理"课程构建 [J]. 中国翻译，2014（7）：54-58.

[235] 王华树，王少爽. 信息化时代翻译技术能力的构成与培养研究 [J]. 东方翻译，2016（1）：11-15，73.

[236] 王华树，刘世界. 国内外翻译技术研究述评（2000—2021）[J]. 外语电化教学，2022（1）：81-88，92，113.

[237] 王建华. 多元化评估口译学习动机对口译能力的影响研究 [J]. 外语学刊，2014（3）：122-126.

[238] 王立非，王婧. 翻译硕士专业学位研究生就业能力实证研究 [J]. 上海翻译，2016（2）：6-12.

[239] 王利娜，吴勇毅. 翻译教学中教师反馈和同伴反馈教学效果的实证研究 [J]. 天津师范大学学报（社会科学版），2021（5）：51-58.

[240] 王树槐，栗长江. 中国翻译教学研究：发展、问题、对策 [J]. 外语界，

2008（2）：6-11.

[241] 王树槐. 西方翻译教学研究：特点、范式与启示 [J]. 上海翻译，2009（3）：1-6.

[242] 王湘玲. 建构主义的项目式翻译能力培养研究 [M]. 长沙：湖南大学出版社，2012.

[243] 王湘玲，陈罗霞. 翻译认知过程视角下译者控制加工与自动化加工研究 [J]. 湖南大学学报（社会科学版），2013，27（1）：92-96.

[244] 王巍巍. 口译教学体系中的质量评估：广外口译专业教学体系理论与实践（之五）[J]. 中国翻译，2017，38（4）：45-52.

[245] 文军，刘威. 任务型教学法运用于口译教学的实验研究 [J]. 中国翻译，2007（4）：42-46，94.

[246] 文军，穆雷. 翻译硕士（MTI）课程设置研究 [J]. 外语教学，2009（7）：92-95.

[247] 文军，李红霞. 以翻译能力为中心的翻译专业本科课程设置研究 [J]. 外语界，2010（2）：24-30.

[248] 文军. 关于翻译专业教师发展的几点思考 [J]. 语言教育，2018（2）：5-8.

[249] 武光军. 翻译课程设计的理论体系与范式 [J]. 中国翻译，2006（5）：14-18.

[250] 武俊学，李向英. 构建网络环境下教师学习共同体：教师专业发展的创新途径 [J]. 现代教育技术，2006（1）：69-72，52.

[251] 吴青. 本科翻译专业培养模式的探索与实践：谈北京外国语大学翻译专业教学理念 [J]. 中国翻译，2010（6）：37-41.

[252] 吴青. 学习日志呈现的笔译能力发展进程及其对笔译教学的启示 [J]. 中国翻译，2014，35（4）：66-71.

[253] 吴育红. 同伴互评对自我效能感的影响：一项基于大学英语写作的实证研究 [J]. 山东外语教学，2013（6）：68-72.

[254] 肖维青. 多元素翻译能力模式与翻译测试的构念 [J]. 外语教学，2012（1）：66-69.

[255] 谢天振. 学科建设不能搞"大跃进"：对近年来国内翻译学学科建设的

一点反思 [J]. 东方翻译, 2011（2）: 4-7.

[256] 熊兵. 美国翻译研究的发展及现状 [J]. 中国翻译, 2014, 35（3）: 60-65.

[257] 徐锦芬, 程相连, 秦凯利. 优秀高校英语教师专业成长的叙事研究: 基于教师个人实践知识的探索 [J]. 外语与外语教学, 2014（6）: 1-6.

[258] 许钧. 翻译论 [M]. 武汉: 湖北教育出版社, 2003.

[259] 许钧. 关于翻译硕士专业学位教育的几点思考 [J]. 中国翻译, 2010（1）: 52-4.

[260] 许钧. 从国家文化发展的角度谈谈翻译研究和学科建设问题 [J]. 中国翻译, 2012, 33（4）: 5-6.

[261] 徐小贞. 中国高职英语专业教育理论研究 [M]. 北京: 外语教学与研究出版社, 2006.

[262] 许悦婷, 刘骏. 基于匿名书面反馈的二语写作反馈研究 [J]. 外语教学理论与实践, 2010（3）: 37-44.

[263] 薛焕玉. 对学习共同体理论与实践的初探 [J]. 中国地质大学学报（社会科学版）, 2007（1）: 1-10.

[264] 严明. 大学英语自主学习能力培养模式研究 [M]. 哈尔滨: 黑龙江人民出版社, 2010.

[265] 闫文培. 中西翻译史 [M]. 北京: 外语教学与研究出版社, 2008.

[266] 杨滨. 论云计算辅助教学（CCAI）中协作学习产生的设计机制: 以Google sites下的协作学习为例 [J]. 现代教育技术, 2009（11）: 84-87.

[267] 杨刚, 杨文正, 陈立. 十大"翻转课堂"精彩案例 [J]. 中小学信息技术教育, 2012（3）: 43-46.

[268] 杨丽娟, 杨曼君, 张阳. 我国英语写作教学三种反馈方式的对比研究 [J]. 外语教学, 2013（3）: 63-67.

[269] 杨晓华. 基于问题学习的翻译教学研究: 以MTI文化翻译课程为例 [J]. 中国翻译, 2012（1）: 54-58.

[270] 杨晓荣. 翻译批评导论 [M]. 上海: 华东师范大学出版社, 2018.

[271] 杨志红, 王克非. 翻译能力及其研究 [J]. 外语教学, 2010（6）: 61-65.

[272] 杨志红. 中国学生英语能力与汉译英能力关系的实证研究 [J]. 外语与外

语教学，2014（1）：55-59.

[273] 姚斌. MTI口译教材编写：问题与展望[J]. 上海翻译，2017（6）：74-78.

[274] 姚小平. 源于实，而反诸实：许钧《翻译论》读后[J]. 外语教学与研究，2004（4）：317-318.

[275] 易洪雷，薛元，张彩云，等. 基于校企合作联盟模式的校外实习基地建社[J]. 实验技术与管理，2011（4）：139-142.

[276] 俞敬松，陈泽松. 浅析MOOC与翻转课堂在"翻译技术实践"课程中的应用[J]. 工业与信息化教育，2014（11）：75-79.

[277] 余胜泉，毛芳. 非正式学习：e-Learning研究与实践的新领域[J]. 电化教育研究，2005（10）：19-24.

[278] 于艳玲. MTI教育"产学研"立体化教学模式建构[J]. 广东外语外贸大学学报，2014（7）：98-101.

[279] 詹成. 中国口译教学三十年：发展及现状[J]. 广东外语外贸大学学报，2010，21（6）：89-92.

[280] 詹成. 口译教学体系中的语言技能强化：广外口译专业教学体系理论与实践（之四）[J]. 中国翻译，2017，38（3）：47-50.

[281] 张福慧，成晓光，闫光泽. 写作同学互评理据溯源[J]. 东北师大学报（哲学社会科学版），2015（4）：203-207.

[282] 张金磊，王颖，张宝辉. 翻转课堂教学模式研究[J]. 远程教育杂志，2012，30（4）：46-51.

[283] 张瑞娥. 翻译能力构成体系的重新建构与教学启示：从成分分析到再范畴化[J]. 外语界，2012（3）：56-63.

[284] 张瑞娥，陈德用. 中国翻译师资基本状况变化分析[J]. 外语研究，2012（2）：67-71.

[285] 赵健. 学习共同体：关于学习的社会文化分析[D]. 上海：华东师范大学，2005.

[286] 张威. 工作记忆与口译技能在同声传译中的作用与影响[J]. 外语教学与研究，2012，44（5）：751-764，801.

[287] 张苇，陶友兰. 基于SPOC英语专业翻译课程的翻转课堂教学研究[J].

外语电化教学，2017（2）：3-8.

[288] 赵海娟. 同伴互评在英语专业翻译教学中的应用研究[J]. 天津外国语大学学报，2020（5）：117-127.

[289] 郑朝红，郑悦. 对外文化传播中MTI教师的角色定位[J]. 河北大学学报（哲学社会科学版），2014，39（2）：67-71.

[290] 郑杨. 关于地方院校翻译专业硕士培养的思考[J]. 黑龙江高教研究，2019（6）：115-118.

[291] 郑晔，穆雷. 近50年中国翻译教学研究的发展与现状[J]. 广东外语外贸大学学报，2007（5）：60-62，66.

[292] 周季鸣，束定芳. 同伴互评中的教师实践与学生认识互动研究[J]. 外语界，2019（5）：48-55.

[293] 周亚莉，何东敏. 基于职业笔译员胜任特征的翻译人才培养[J]. 中国翻译，2013，34（6）：49-53.

[294] 朱波. 试析翻译专业硕士导师的多重角色[J]. 中国翻译，2011（5）：53-55.

[295] 朱波. MTI教师的职业化：以近三年全国MTI研究生教育研究项目为例[J]. 外语教学，2016，37（3）：105-108.

[296] 朱珊，刘艳芹. MTI口译课程设置反思：以教学实践为例[J]. 上海翻译，2015（3）：74-77.

[297] 朱振武，綦亮. 理论·操守·权益：翻译硕士（MTI）专业设置引发的思考[J]. 上海翻译，2011（3）：55-59.

[298] 庄智象. 我国翻译专业建设：问题与对策[M]. 上海：上海外语教育出版社，2007.

[299] 庄智象. 关于我国翻译专业建设的几点思考[J]. 外语界，2007（3）：14-23.

[300] 仲伟合. 口译训练：模式、内容、方法[J]. 中国翻译，2001（2）：30-33.

[301] 仲伟合. 翻译硕士专业学位（MTI）的设置：翻译学学科发展的新方向[J]. 中国翻译，2006（1）：32-35.

[302] 仲伟合. 翻译硕士专业学位及其对中国外语教学的挑战[J]. 中国外语，2007a（4）：4-8.

- [303] 仲伟合. 口译课程设置与口译教学原则 [J]. 中国翻译, 2007b, 28（1）: 52-53.
- [304] 仲伟合. 专业口译教学的原则与方法 [J]. 广东外语外贸大学学报, 2007c（3）: 5-7, 21.
- [305] 仲伟合, 穆雷. 翻译专业人才培养模式探索与实践 [J]. 中国外语, 2008（6）: 4-8, 14.
- [306] 仲伟合. 我国翻译专业教育的问题与对策 [J]. 中国翻译, 2014, 35（4）: 40-44.
- [307] 祝朝伟. 基于翻译能力培养的MTI课程设置研究 [J]. 外语界, 2015（5）: 61-69.
- [308] 邹佳青. 华人社会中的社会关系网络: 社会网络中的中等关系与本土化解释 [J]. 当代青年研究, 2003（4）: 45-49.

后　　记

在翻译教学的讲台上执教了二十多个春秋，送走了一届又一届立志译笔报国的学生，也亲历了全球化浪潮如何重塑翻译的需求与内涵。这些年来，一个感受日益强烈：我们国家比以往任何时候都更需要能真正"挑大梁"的高层次、应用型翻译人才。然而，现实中 MTI 教育面临的挑战——理念与实践的脱节、师资的瓶颈、技术的冲击、市场需求的快速变化——也实实在在地摆在我们这些一线翻译教育者面前。这份沉甸甸的责任感和对翻译教育未来的关切，最终促使我提笔，将多年的观察、思考与实践探索凝结成这本书。它称不上鸿篇巨制，只是一位普通教师在二十多年的教学实践中，对"如何培养新时代所需翻译人才"这一命题的系统总结，也是我对此交出的一份真诚答卷。

本书的核心目标，是期望通过多维度、系统性的探讨，为 MTI 教育的创新发展提供一些新的视角和思路。我尝试追溯其设立的背景与动因，深入剖析其培养理念、课程体系、教学模式、师资建设及实践环节等核心要素的内在关联，并针对实践中存在的理念模糊、供需脱节、师资瓶颈、方法滞后等问题，提出了融合现代教育理念与技术的教学模式创新方案，以及加强师资建设和实践基地建设的路径。所有这些探索，最终都指向一个朴素的愿望：希望能为提升 MTI 教育质量、培养出真正符合时代和国家发展需求的卓越翻译人才贡献一份微薄的力量。

后　记

回首这段漫长的研究与写作旅程，我心中充满了感激。

首先，我要向在我学术道路上给予无私指导和宝贵支持的师友们致以最深的谢意。特别感谢王林海教授、董洪学教授、杜俊杰副教授、张坤媛副教授（燕山大学外国语学院），韩大伟教授（海南经贸职业技术学院），董哲博士（辽宁师范大学）等诸位同人。他们不仅在百忙之中细致审阅书稿，提出了许多极具洞见的修改意见，更以其深厚的学养和严谨的态度为我树立了榜样。他们的点拨，常常令我茅塞顿开，是本书得以成形的重要支撑。

我还要特别感谢燕山大学外国语学院历届参与本项研究的 MTI 学生们，正是他们在课堂上的提问、在实习中的困惑、在问卷调查和访谈中的坦诚反馈，以及在实践案例中的积极参与，为本书提供了最接地气的素材和思考的源泉。看着他们成长、成才，我深感慰藉，他们是驱动我不断前行的根本动力。

本书的顺利出版，离不开燕山大学出版社编辑团队的专业付出与辛勤劳动。他们严谨细致的工作态度和对学术出版的热忱，确保了书稿的质量。在此，谨向他们表示诚挚的谢意。

最后，这份感激必须献给我的家人。多少个本应陪伴你们的夜晚和周末，我把自己关在书房。谢谢你们长久以来的理解、包容和毫无保留的支持。你们是我最坚实的后盾，这本书也属于你们。

囿于个人学养与精力所限，本书的研究必然存在诸多不足和遗憾。例如，对于翻译技术日新月异的发展及其与教学的深度融合，探讨尚显浅尝辄止；对于不同区域、不同类型高校 MTI 教育的差异化发展路径，研究深度有待加强；对于翻译能力评价体系的构建，也需要更深入的实证探索。这些未尽之处，恳请各位专家、同行、读者朋友们不吝批评指正。

展望未来，MTI 教育研究仍有广阔天地。翻译技术与工具的智能化应用（如 AI 辅助翻译、译后编辑、术语库管理）、翻译能力内涵的拓展与培养模式的持续创新、翻译教学与实践的深度融通、科学客观的翻译质量评估标准建立、翻译伦理与职业规范的研究，以及翻译在文化国际传播与本土化中的平衡等问题，都亟待我们进一步深入探索。我期待与学界同人一道，继续为翻译教育事业的进步尽一份心力。

书稿完成，心绪难平。有对过往探索的小结，更多的是对翻译教育未来的期许。愿此书能引发一些思考，带来些许启发，为培养更多优秀的中国译者添一块砖，加一片瓦。

谨以此书，献给我热爱的翻译教育事业。

初胜华

于燕山大学

2025 年 6 月